VERA SCHAUBER

Das Buch der Namen

VERA SCHAUBER

Das Buch der Namen

Mit den Biografien aller wichtigen Namenspatrone und Heiligen

PATTLOCH

Die verwendeten Bilder stammen aus dem Archiv
Schindler/Schauber.

Umschlaggestaltung: Agentur ZERO, München
unter Verwendung von Fotos von FinePic
Satz, Layout und Herstellung:
Hartmut Czauderna, München
Reproduktion: Repro Ludwig, Zell am See
Druck und Bindung: Ebner & Spiegel, Ulm
Printed in Germany
ISBN 3-629-01674-X

www.pattloch.de

2 4 5 3 1

Ein Name mit Geschichte

So spricht der Herr, der dich geschaffen hat: Fürchte dich nicht, denn ... ich habe dich bei deinem Namen gerufen, du gehörst mir.
(Jes 43,1)

Ein Mut machendes, befreiendes und erlösendes Bibelwort, das auch an die Schöpfungsgeschichte erinnert: Adam erhält von Gott den Auftrag, allen Lebewesen einen Namen zu geben. Auftrag ist in diesem Fall Verpflichtung: Mit jeder Namensgebung verpflichtet sich der Mensch zu einem verantwortlichen Umgang mit den ihm zur Seite gestellten Lebewesen, auch mit seinen Nachkommen, mit seinen Kindern. Ein Name prägt nicht nur Länder, Orte, Lebewesen und Gegenstände, sondern auch Menschen und begleitet sie ein Leben lang als Teil ihrer Persönlichkeit.

Unser »Buch der Namen« gibt Anleitung und Hilfe bei der Suche nach einem Namen, der Wurzeln hat: Ausgewählt wurden die 300 beliebtesten Vornamen der letzten 50 Jahre, beruhend auf der Statistik der Gesellschaft für deutsche Sprache. Hinzu kommt ein Blick auf die christlichen Wurzeln dieser Namen.

Vorgestellt werden diese Vornamen nicht nur mit einem Blick auf ihre Etymologie, auf die riesige Fülle der Namensvarianten (3500!) und berühmte Namensträger.

Im Mittelpunkt dieses Vornamenbuches stehen Menschen, die durch ihr außergewöhnliches Leben teilweise über Jahrhunderte hinweg bis heute große Vorbilder für uns sind: Glaubenszeugen, die ihrem Namen durch ihr engagiertes und tiefgläubiges Leben ein unvergleichliches Profil gegeben haben. Sie stehen für Werte und Tugenden, die heute mehr denn je gefragt sind: soziales und politisches Engagement, Zivilcourage, bedingungslose Treue und christliche Nächstenliebe.

Über die Heiligen hinaus werden aber auch andere berühmte Personen, die durch ihr besonderes, vorbildliches Engagement in die Fußspuren der Heiligen getreten sind, die »sich einen Namen gemacht haben«, in unserem Namenbuch erwähnt und gewürdigt.

Mit diesem Handbuch halten Sie ein Nachschlagewerk in Händen, das für alle gedacht ist, die mit ihrem Namen und der Namensgebung ihres Kindes Leben wecken wollen, das sich einer großen christlichen Tradition verpflichtet weiß: Ein Name, mit dem es sich zu leben lohnt ...

Der Verlag

Weibliche Vornamen

A

Agnes

GRIECH. (H)AGNOS, KEUSCH, REIN; SPÄTER AUCH LAT. AGNUS, LAMM

Agnita, Agnete, Agnet(h)a, Agnesa, Agna, Agi, Agnese, Ines, Nesa, Nete

AGNES VON ROM. Märtyrerin. Der Bericht über ihr Martyrium gilt als eine der ältesten Erzählungen unter den Heiligenlegenden. Von ihrer jährlichen Verehrung am 21. Januar wird schon ab 354 berichtet. Sie war eine überzeugte Christin und lebte im 3. Jh. in Rom. Den um sie werbenden Sohn des römischen Stadtpräfekten wies sie mehrmals mutig mit dem Hinweis auf ihren wahren Bräutigam Jesus Christus zurück. Der wütende Vater, der in Rom die Macht hatte, verurteilte sie daraufhin zum Tod durch Verbrennen, aber sie überlebte wie durch ein Wunder die Flammen auf dem Scheiterhaufen. Als der entsetzte Präfekt dies sah, ließ er sie im Glauben an überirdisch wirkende Kräfte mit dem Schwert töten. Das ungefähre Todesdatum soll um die Mitte des 3. Jh. oder Anfang des 4. Jh. gelegen haben. Sie wurde an der Via Nomentana in Rom beigesetzt. Über ihrer Grabstätte entstand die Kirche S. Agnese fuori le mura, die bis heute von zahlreichen Gläubigen besucht wird. – Gedenktag: 21. Januar

Agnes von Rom, Märtyrerin

AGNES VON BÖHMEN (1205/1211–1282), Königstochter, Ordensfrau – Gedenktag: 2. März;
AGNES VON MONTEPULCIANO (1274–1317), Ordensfrau, Priorin – Gedenktag: 20. April;
AGNES VON BAYERN (1345–1352), Kaisertochter, Klosterschülerin – Gedenktag: 11. November

Agnes Baltsa (griech. Opernsängerin), Agnes Fink (dt.-schweiz. Schauspielerin), Agnes Miegel (dt. Dichterin) – Agnetha Faeltskog (schwed. Popsängerin), Ines de la Fressange (franz. Model)

Alexandra

WEIBLICHE FORM VON > ALEXANDER, GRIECH. ALEXEIN, SCHÜTZEN, VERTEIDIGEN, UND ANER, MANN = DER SCHÜTZENDE, DER VERTEIDIGER

Alexia, Alexa, Alex (auch männlicher Vorname), Lexa, Alessandra, Sandra, Alessa, Alessia, Alejandra, Sandrina, Sandrine, Sanja, Sandy, Alja, Andra, Asja, Alice

ALEXANDRA. Kaiserin, Märtyrerin. Nach der Legende war sie die Ehefrau des römischen Kaisers Diokletian, der um 300 die jungen Christengemeinden im ganzen Römischen Reich verfolgen und die Christus-Gläubigen foltern und töten ließ. Dann aber geschah es, dass auch die Kaiserin sich bekehrte; das Martyrium des heiligen Georg soll sie so tief berührt haben, dass sie dem Heidentum entsagte und sich fortan zu Jesus bekannte. Diokletian tobte, als er davon erfuhr; persönlich fügte er seiner Frau und drei Dienern, die sich ebenfalls bekehrt hatten, schwerste Martern zu. Als aber keiner von ihnen vom Glauben abfiel, ermordete Diokletian alle vier. Das Todesjahr soll 302 gewesen sein. – Auf Abbildungen ist Alexandra als Märtyrerin im Königsornat mit Krone zu sehen. – Gedenktag: 18. Mai

Alexandra (dt. Sängerin), Alexandra (Alice) Feodorowna (letzte russische Zarin) – Alice Schwarzer (dt. Publizistin)

Alice

> Kurzform zu > Alexandra, > Adelheid oder > Elisabeth

Amalie, Amalia

Nebenform zu Namen mit Amal- (besonders Amalberga)

Amelie, Amelia, Amely, Ameline, Amalina, Amalindis, Alma, Mala, Male, Mali, Meline, Malchen

Amelie Fried (dt. Schriftstellerin), Alma Mahler-Werfel (Ehefrau von Gustav Mahler)

Amelie

Nebenform zu > Amalia

Andrea

Weibliche Form von > Andreas, griech. andreios, tapfer, mannhaft

Andra, Andrée, Andreane, Andrejana – In Italien ist Andrea ein männlicher Vorname

Andrea Berg (dt. Schlagersängerin), Andrea Henkel (dt. Biathletin)

Angela

LAT. ANGELA, WEIBLICHER ENGEL = DIE ENGELSGLEICHE

Angelina, Angeline, Angelia, > Angelika, Angie, Angel, Angiola, Ange, Aniela, Agnola, Gela, Gala

ANGELA MERICI. Ordensgründerin. Der bedeutende Ursulinen-Orden ist dieser Heiligen zu verdanken. Geboren am 1. März 1474 in Desenzano am Gardasee, Italien, blieb sie als junge Frau bewusst unverheiratet und widmete sich mit ganzem Herzen vielen karitativen Tätigkeiten. 1525 unternahm sie, inzwischen 51 Jahre alt, eine anstrengende Wallfahrt nach Palästina, um dort die Stätten der frühen Christenheit zu besuchen. Nach ihrer Rückkehr in die Heimat erkannte sie, dass ihre Berufung in der Erziehung und der christlichen Ausbildung von jungen Mädchen lag. Zu diesem Zweck rief sie in Brescia eine Gemeinschaft von Frauen ins Leben und nannte sie nach der von ihr verehrten heiligen > Ursula die Ursulinen. Am 25. November 1535 bestätigte Papst Paul III. die Vereinigung als Orden, deren Oberin Angela Merici war. Die Ursulinen entwickelten sich in der Folge zum bedeutendsten Frauenorden für die Erziehung und den Unterricht der weiblichen Jugend und genießen bis heute hohes Ansehen. Sie starb am 27. Januar 1540 in Brescia und wurde in der Kirche S. Afra in Brescia (heute S. Angela Merici) beigesetzt. – Gedenktag: 27. Januar

Angela Merici, Ordensgründerin

ANGELA VON FOLIGNO (1248–1309), Mystikerin, Ordensgründerin, Ordensfrau – Gedenktag: 4. Januar;
ANGELINA VON MARSCIANO (1377–1435), Ordensgründerin – Gedenktag: 14. Juli;

ANGELA ASTORCH (1592–1665), Ordensfrau, Mystikerin – Gedenktag: 2. Dezember;
ANGELA AUTSCH (1900–1944), Ordensfrau – Gedenktag: 23. Dezember

Angela Davis (amerik. Bürgerrechtlerin), Angela Merkel (dt. Politikerin) – Angelina Jolie (amerik. Filmschauspielerin), Angie Dickinson (amerik. Filmschauspielerin), Gala Elena Dalí (Ehefrau von Salvador Dalí)

Angelika

WEITERBILDUNG VON > ANGELA, LAT. ANGELUS, ENGEL

Angelica, Anjelica, Angélique, Aggie, Aggy

ANGÉLIQUE ARNAULD. Äbtissin. Sie war eine der großen Ordensfrauen des 17. Jh. und ging als »Mère Angélique« in die Geschichte Frankreichs ein; in ihrem Heimatland bezeichnete man sie sogar als »Kirchenmutter«. Geboren wurde sie am 8. September 1591 in Paris. Sie wurde eine engagierte Äbtissin mehrerer wichtiger Klöster, die sie jeweils erst reformierte und danach zu großer Blüte brachte. Ihr Hauptkloster war ihr Leben lang Port-Royal-des-Champs bei Paris, in das ihre Eltern sie im Alter von neun Jahren zur Erziehung gegeben hatten und dessen Äbtissin sie bereits als junges Mädchen geworden war. Später machte sie die Abtei zum Zentrum des Jansenismus, einer Reformbewegung innerhalb des Katholizismus, die sie und ihre Familie mehrere Jahrzehnte tatkräftig unterstützten. Ihr Todestag, der auch ihren Gedenktag markiert, ist der 6. August 1661.

Angelika Domröse (dt. Schauspielerin), Angelika Kauffmann (dt. Malerin) – Anjelica Huston (amerik. Filmschauspielerin)

Angelina

> ANGELA

Anita

> ANNA

Anja

> ANNA

Anke

> ANNA

Anna

HEBR. CHANNA, GNADE, ZUNEIGUNG GOTTES; ANNA IST EINE GRIECHISCHE WEITERBILDUNG = DIE BEGNADETE

Anne, Anni, Annie, Ann, An(ne)li, Annerl, Anneke > An(n)ette, > Antje, Anke, Anka, Anja, Anjuta, Anjuschka, Ania, Ana, Anica, Anita, Annik, An(n)ika, An(n)uschka, An(n)ouk, Asja, Hanna(h), Hanne, Nane, Nannerl, Nancy, Nanette, Nanon, Nanine, Nanni, Nanny – Zusammensetzungen: Annemarie, Annamaria, Annerose, Ann-Kathrin

ANNA. Mutter von Maria. Das apokryphe Jakobus-Evangelium (auch Protevangelium des Jakobus) berichtet, dass Anna mit ihrem Ehemann Joachim in Jerusalem lebte. Beide waren schon älter und zu ihrem großen Leid kinderlos geblieben. Nach 20-jähriger Ehe erschien beiden ein Engel und verkündete ihnen, dass sie doch noch ein Kind zusammen haben werden. Bald darauf wurde Tochter Maria geboren, die spätere Mutter Jesu. Das Fest Mariä Opferung (21. 11.) erinnert bis heute an den Tag,

Anna, Mutter von Maria

an dem Anna und Joachim die kleine Maria im Tempel Gott weihten. – Der Höhepunkt in der Verehrung für Anna war im 15./16. Jh. erreicht, als 1481 Papst Sixtus IV. den Anna-Tag in den römischen Kalender aufnahm und 1584 Papst Gregor XIII. das Anna-Fest anordnete. Besonders die Orden der Kapuziner und der Karmeliter förderten die Anna-Verehrung, aber auch Benediktiner und Augustinerchorherren. In zahlreichen Ländern gab es früher Anna-Wallfahrten. – Namenstag: 26. Juli (gemeinsam mit Joachim)

ANNA MARIA REDI (1747–1770), Ordensfrau, Mystikerin – Gedenktag: 7. März;
ANNA KATHARINA EMMERICK (1774–1824), Ordensfrau, Mystikerin – Gedenktag: 9. Februar;
ANNA SCHÄFFER (1882–1925), Dienerin Gottes, Mystikerin – Gedenktag: 5. Oktober

ANNE FRANK (1929–1945) *schrieb als Kind einer 1942 in einem Amsterdamer Hinterhaus untergetauchten jüdischen Familie ein Tagebuch über Erlebnisse und Erfahrungen im Versteck, das 1944 jedoch verraten wurde. Die Bewohner des Hinterhauses wurden verhaftet und deportiert.*

ANNE SULLIVAN (1866–1936) *war Tochter irischer Einwanderer in die USA und stammte aus ärmsten Verhältnissen. Krankheitsbedingt erblindete sie im Alter von zwei Jahren und wuchs schließlich in einem Waisenhaus auf. Nachdem sie durch zwei Operationen ihr Augenlicht zurückerlangen konnte, wurde sie Lehrerin eines gehörlosen und blinden Mädchens – eine Beziehung, die sich zu einer Freundschaft entwickelte und bis an ihr Lebensende andauerte. Durch ihre ständige intensive aufopfernde Hilfe verhalf sie der gehörlosen Helen Keller zu einer beispiellosen Karrie-*

re. Gemeinsam setzten sich die beiden für die Rechte von Menschen mit gleicher Behinderung ein und wurden auch politisch aktiv.

Anna Lindh (schwed. Ministerin), Anna Magnani (ital. Filmschauspielerin), Anna Seghers (dt. Schriftstellerin) – Anne von England (Prinzessin), Anni Friesinger (dt. Eisschnellläuferin), Annie Lennox (engl. Sängerin), Anny Ondra (dt.-poln. Filmschauspielerin), Ann Bancroft (amerik. Filmschauspielerin), Anke Engelke (dt. TV-Unterhalterin), Anja Fichtel (dt. Fechterin), Anita Ekberg (schwed. Filmschauspielerin), Anouk Aimée (franz. Filmschauspielerin), Nancy Sinatra (amerik. Popsängerin), Ann-Kathrin Kramer (dt. Schauspielerin)

Annemarie

> Anna und > Maria

Annemarie von Griechenland (Königin), Annemarie Moser-Pröll (österr. Skirennläuferin)

Anneliese

> Anna und Lisa (> Elisabeth)

Anneliese Fleyenschmidt (dt. TV-Ansagerin), Anneliese Rothenberger (dt. Opernsängerin)

Annette

Franz. Koseform von > Anna

Annet(t), Anette, Netta, Netti, Netty

Annette von Droste-Hülshoff (dt. Dichterin), Annette Dytrt (dt. Eiskunstläuferin), Annett Benning (amerik. Schauspielerin)

Antje

NIEDERL./FRIES. FORM VON > ANNA

Antine

Antje Buschschulte (dt. Schwimmerin), Antje-Katrin Kühnemann (dt. TV-Moderatorin)

Antonia

WEIBLICHE FORM VON > ANTON, LAT. NAME EINER FAMILIE (VIELLEICHT ANTIUS)

Antonie, Antonina, Antonetta, Antonella, Antoinette, Toni, Tony, Tonja, Nina (auch > Elisabeth, > Christiane)

ANTONIA VON FLORENZ. Äbtissin. Geboren 1401 in Florenz, Italien, trat sie nach dem frühen Tod ihres Ehemannes als Terziarin in ein Kloster ein. Später gründete sie in L'Aquila ein Klarissenkloster, dem sie bis zu ihrem Tod am 29. Februar 1472 als Äbtissin vorstand. Über Jahrzehnte ertrug sie klaglos schlimmste seelische und körperliche Schmerzen und war ein hoch verehrtes Vorbild ihrer Zeit. Zu ihrer Beisetzung strömten Tausende Menschen aus dem ganzen Land herbei. – Gedenktag: 29. Februar

Antonia Rados (dt. TV-Reporterin) – Toni Braxton (amerik. Popsängerin), Tony Morrison (amerik. Schriftstellerin), Nina Hoger (dt. Schauspielerin), Nina Ruge (dt. TV-Moderatorin)

Astrid

ALTSCHWED. AS, GOTT, UND ALTNORD. FRIDOR, SCHÖN = GOTT IST SCHÖN

Estrid, Asta, Astra, Asteria

ASTERIA. Märtyrerin. Die heilige Asteria starb auf Grund ihres Glaubens 304 bei der Christenverfolgung Diokletians 304 in Bergamo, Oberitalien, den Märtyrertod. – Gedenktag: 10.August

ASTRID LINDGREN (1907–2002), *die wohl erfolgreichste Kinderbuchautorin der Welt, hat sich mit ihren zahlreichen Kinderbüchern nicht nur in die Träume der Kinder hineingeschrieben, sondern hat mit ihren mutigen und unbeschwerten Romanfiguren den Kindern der Welt eine zeitlose Botschaft ins Herz gelegt: Die Welt ist keine heile Welt, aber eine Welt mit Zukunft, die nicht Angst machen muss, sondern die gemeistert werden kann und will, die uns aber vor allem zu einem mahnt: »Niemals Gewalt!«*

Asta Scheib (dt. Schriftstellerin)

B

Barbara

GRIECH. BARBAROS, FREMD, AUS EINEM ANDEREN LAND. LAT. BARBARA, DIE FREMDE

Bärbel, Barbi, Barbe, Barbli, Babette, Barberina, Balba, Barbra, Babro, Barbro, Warwara, Basia

BARBARA. Märtyrerin, Nothelferin. Nach der mit Legenden ausgeschmückten Vita lebte sie im 3. Jh. in Nikomedien, heute Izmid, Türkei. Sie soll ein außergewöhnlich schönes, heidnisches Mädchen gewesen sein, das aber alle um sie werbenden Jünglinge zurückwies. Immer wieder begab sie sich zu einer Gruppe von Christen, die zu jener Zeit in ständiger Angst vor den Christenverfolgern lebten. Als ihr Vater dies bemerkte, ließ er bei seinem Haus einen Turm erbauen, in den er seine Tochter einsperrte. Ihr gelang es aber trotzdem, heimlich einen Priester in den Turm kommen zu lassen, der sie taufte. Als sie ihrem Vater davon erzählte, tobte der vor Wut und schleppte sie vor den Statthalter, der zu den erbittertsten Christenverfolgern gehörte; dieser ließ sie geißeln. Mit Fackeln wurden ihr Brandmale zugefügt, mit Keulen wurde sie geschlagen, und man ließ ihre Brüste abschneiden. Als sie durch immer neue Wunder alle Martern überlebte, ordnete der völlig entsetzte Statthalter ihre Enthauptung an; ihr eigener Vater tötete sie mit dem Schwert. Das Todesjahr soll 306 gewesen sein. Reliquien gelangten um das Jahr 1000 in den Markus-Dom nach Venedig und von dort später auf die Venedig vorgelagerte Insel Torcello. Seit dem Mittelalter gehört Barbara zu den Vierzehn Nothelfern. Um ihre Person entwickelte sich ein reiches Brauchtum: das Schneiden der Barbara-Zweige am 4. Dezember im Garten, die dann an Weihnachten blühen; das Barbara-Licht, das die Bergleute anzünden; das Barbara-Lied der Bergmänner (»Sang an St. Barbara«); Barbara als Begleiterin von Nikolaus (vor allem im Rheinland). – Gedenktag: 4. Dezember

BARBARA VON BAYERN (1454–1472), Ordensfrau – Gedenktag: 24. Juni;
BARBARA PFISTER (1867–1909), Ordensfrau, Mystikerin – Gedenktag: 9. März

Barbara Rudnik (dt. TV-Schauspielerin), Barbara Wood (amerik. Schriftstellerin) – Bärbel Schäfer (dt. TV-Moderatorin), Babette Einstmann (dt. TV-Moderatorin), Barbra Streisand (amerik. Sängerin)

Beate

LAT. BEATUS, BEATA, GLÜCKLICH = DIE GLÜCKLICHE, AUCH > BEATRIX

Beata, Bea, Beke

BEATE VON SENS. Märtyrerin. Sie lebte Mitte des 3. Jh. mit ihrer Familie in Spanien; als sie sich als junges Mädchen zum christlichen Glauben bekehrte, wurde sie von Glaubensgegnern verfolgt und drangsaliert. Gemeinsam mit ihren zwei Freunden Augustinus und Sanziano, die ebenfalls Christen geworden waren, floh sie aus Spanien ins damalige Gallien (heute Frankreich) in der Hoffnung, in Frieden leben zu können. Doch auch dort gab es Christenverfolgungen, die drei wurden in der Nähe der Stadt Sens gefangen genommen und zu Tode gefoltert. Das Todesjahr war 273. Bis heute werden alle drei in Sens verehrt. – Gedenktag: 6. September

BEATA VON MECKLENBURG (gest. 1399), Ordensfrau – Gedenktag: 8. April

Beate Kittsteiner (dt. Jazzmusikerin), Beate Uhse (dt. Unternehmerin)

Beatrix

LAT. BEATUS, BEATA, GLÜCKLICH = DIE GLÜCKLICHE, GLÜCKBRINGENDE, AUCH > BEATE

Beatrice, Beatrixa, Bea, Beatriz, Trixa, Trixi, Trixie, Trix

BEATRIX DA SILVA MENESES. Ordensgründerin. Geboren um 1425 in Marokko, wurde sie zunächst Hofdame von Königin Isabella von Kastilien. Nach Schwierigkeiten am Hof zog sie sich ins Kloster der Dominikanerinnen in Toledo (Spanien) zurück, wo sie 30 Jahre lebte, ohne aber die Gelübde abzulegen. 1484, inzwischen fast 60 Jahre alt, gründete sie in Toledo die »Kongregation der Konzeptionistinnen von der Unbefleckten Empfängnis Mariens für ein beschauliches Leben«; Grundlage war die Ordensregel der Benediktiner. Die Ordensgemeinschaft traf den Geist der Zeit und verbreitete sich rasch in ganz Europa und in Amerika. Sie starb am 16. August 1490 in Toledo. Heiligsprechung am 3. Oktober 1976. – Gedenktag: 16. August

Beatrix von Este (geb. um 1200–1226), Ordensfrau – Gedenktag: 10. Mai;
Beatrix von Nazareth (1200–1268), Priorin, Mystikerin – Gedenktag: 29. August

Beatrix von Holland (Königin) – Beatrice Richter (dt. Schauspielerin)

Bettina

Nebenform von > Elisabeth, ital. Kurzform von Elisabetta oder Benedetta

Betina, Betine

Bettina von Arnim (dt. Schriftstellerin), Bettina Böttiger (dt. TV-Moderatorin), Bettina Zimmermann (dt. TV-Schauspielerin)

Birgit

Schwed. Form von > Brigitte

Birgitt, Birgitte, Birgitta, Birgida, Birgid, Bergit, Bergita, Birkide, Berit, Birte, Birthe, Birke, Birga

Birgitta von Schweden. Ordensgründerin. Geboren um 1303 in Finstad, Schweden. Birgitta hatte schon ab ihrem siebten Lebensjahr Visionen des gekreuzigten Jesus. 13-jährig heiratete sie den Adligen Ulf Gudmarsson, mit dem sie in glücklicher Ehe acht Kinder bekam. Sie war eine große Wohltäterin und genoss höchstes Ansehen im Volk. Nach dem Tod ihres Ehemannes 1344 mehrten sich ihre Visionen, sie schrieb alles nieder,

Birgitta von Schweden, Ordensgründerin

was sie dabei sah und erlebte. 1346 errichtete sie auf dem schwedischen Gut Wadstena, das sie von König Magnus Eriksson in Anerkennung ihrer wohltätigen Arbeit geschenkt bekommen hatte, ein Frauenkloster. Für die Nonnen erarbeitete sie eine eigene Regel, aus der schließlich der Birgittenorden (Erlöserorden) entstand. 1349 ging sie nach Rom und wirkte von dort aus nochmals fast 25 Jahre lang für die Ausbreitung und die Stärkung ihres Ordens. Ihre Tochter Katharina von Schweden, die später ebenfalls heilig gesprochen wurde, unterstützte sie tatkräftig. Sie starb am 23. Juli 1373 in Rom; ein Jahr später überführte Katharina die Gebeine der Mutter nach Wadstena. 1391 Heiligsprechung. – Gedenktag: 23. Juli

Birgit Breuel (dt. Politikerin), Birgit Nilsson (schwed. Opernsängerin) – Birgitta von Hohenzollern (Prinzessin)

Brigitte

KELT.-IR., BRIGIT, ERHABEN = DIE ERHABENE

Brigitta, Brigitt, Brigida, Brigide, Briga, Britta, Brit, Britt, Breite, Gitta, Gitte, Bridget, Bridged, Bride, Briddy, Biddy

BRIGIDA VON KILDARE. Patronin von Irland. Historische Fakten sind kaum bekannt, was ihre starke Verehrung jedoch nicht beeinträchtigte. Geboren um 453 in Kildare in Irland, soll sie von > Patrick, dem späteren Nationalheiligen Irlands, getauft worden sein. Im Alter von 14 Jahren baute sie sich in Kildare unter einer großen Eiche eine Zelle, aus der nach und nach ein Nonnenkloster entstand, weil viele Frauen so leben wollten wie sie und sich ihr einfach anschlossen. Später kam ein Männerkloster hinzu; das Doppelkloster von Kildare wurde eines der bekanntesten Klöster in Irland. Sie starb am 1. Februar 525 in Kildare. Reliquien befinden sich an vielen Orten in Europa, so ein Stück ihres Schuhs aus Silber, Messing und Juwelen im Nationalmuseum in Dublin. Schon in alten Sagen wird sie als Patronin Irlands (Mary of the Gael) erwähnt. – Gedenktag: 1. Februar

BRIGIDA MORELLO (1610–1679), Gründerin – Gedenktag: 3. September

Brigitte Bardot (franz. Filmschauspielerin), Brigitte Fassbaender (dt. Opernsängerin), Brigitte Mira (dt. Schauspielerin) – Britta Becker (dt. Hockeyspielerin), Britt Ekland (schwed. Filmschauspielerin), Gitte Haenning (dän. Schlagersängerin)

Britta

> BRIGITTE

C

Cäcilia

ALTRÖM. GESCHLECHTERNAME (FAMILIA CAECILIA)

Cäcilie, Cecilie, Zäzilie, Cecilia, Cécile, Cecily, Cicely, Celia, Cilli, Cilly, Zilla, Ciss, Sheila – Silke, Sylke, Silje, Silja – Auch > Gisela

CÄCILIA VON ROM. Märtyrerin. Eine der schönsten Kirchen Roms erinnert heute an die viel verehrte Heilige: S. Cecilia in

Trastevere, ein anrührender Ort, der den Besucher gleich gefangen nimmt. Nach der legendarischen Überlieferung soll sie um 200 in Rom geboren worden sein und sich schon als Mädchen heimlich mit Jesus Christus verlobt haben. Auf Anordnung ihrer Eltern musste sie aber den heidnischen Jüngling Valerianus heiraten, dem sie in der Hochzeitsnacht gestand, dass sie ewige Keuschheit geschworen hatte. Sie konnte ihren jungen Ehemann bekehren. Auch er ließ sich taufen und wurde zu einem der überzeugtesten Christen überhaupt, was in jener Zeit der schlimmen Christenverfolgungen oft einem Todesurteil gleichkam. Gemeinsam kümmerte sich das Paar mit dem inzwischen ebenfalls bekehrten Bruder von Valerianus, Tiburtius, aufopfernd um verfolgte Christen in Rom, tröstete die Gefangenen in den Kerkern und begrub die Hingerichteten. Aber dann wurden auch sie gefangen genommen, Valerianus und Tiburtius erlitten den Märtyrertod, sie selbst wurde tagelang gefoltert. Als die Häscher sie schließlich enthaupten wollten, überlebte sie das Schwert wie durch ein Wunder dreimal. Tage später, es soll der 22. November 230 gewesen sein, starb sie an ihren Verletzungen. Papst Urban I. bestattete ihren Leichnam in der Callixtus-Katakombe in Rom neben den Gräbern der Bischöfe. Über ihrem Elternhaus wurde schon im 4. Jh. eine Kirche errichtet, der Vorgängerbau der heutigen Kirche S. Cecilia; Papst Paschalis I. ließ 822 ihren wieder aufgefundenen Leichnam dorthin übertragen. – Gedenktag: 22. November

Cecilia Bartoli (ital. Opernsängerin), Sheila Young (amerik. Eisschnellläuferin), Silke Otto (dt. Rennrodlerin), Sylke Kraushaar (dt. Rennrodlerin) – Auch > Gisela

Carina

> Katharina

Carla

> Charlotte

Carola

Weibliche Form zu > Karl (Karol), ahdt. kar(a)l, Mann, später mittelhochdt. kerl(e), freier Mann. Weiterbildung zu > Caroline

Karola, Karlin(e), Carol(e), Caroll, Carrie, Carry, Calla – Auch > Caroline

Carola Höhn (dt. Schauspielerin) – Carole Lombard (amerik. Filmschauspielerin), Carrie Otis (amerik. Filmschauspielerin)

Caroline

Weiterbildung von > Carola; weibliche Form zu > Karl (Karol), ahdt. kar(a)l, Mann, später mittelhochdt. kerl(e), freier Mann

Carolina, Carolin, Karoline, Karolina, Karolin, Caro, Karo, Karlina, Karelina, Karilina, Karlina, Carlina, Lina, Line, Ina, Lola (auch > Charlotte), Carolyn(e) – Auch > Carola

Karolina Kózka. Märtyrerin. Sie gehört zu den »jungen« Seligen der Kirche; Papst Johannes Paul II. sprach sie am 10. Juni 1987 selig. Geboren am 2. August 1898 als viertes von elf Kindern einer frommen, armen Bauernfamilie in Wal-Ruda (Polen), musste sie schon von frühester Kindheit an auf dem Feld mitarbeiten. In ihrer wenigen freien Zeit widmete sie sich mit großem Einsatz Aufgaben in der Pfarrei, sie erteilte Kindern Religionsunterricht und stand alten und kranken Menschen helfend zur Seite. Kurz nach Ausbruch des Ersten Weltkriegs wurde sie eines Tages, inzwischen 16 Jahre alt, von einem russischen Soldaten überfallen und in den Wald, der an ihr Elternhaus angrenzte, geschleppt. Als der Mann sie dort vergewaltigen wollte, wehrte sie sich so lang mit aller Kraft, bis er sie tötete. Der Todestag war der 18. November 1914. – Gedenktag: 18. November

Caroline Barbara Carré de malberg (1829–1891), Gründerin – Gedenktag: 28. Januar

Caroline Kennedy (Tochter von US-Präsident John F. Kennedy), Caroline von Monaco (Prinzessin) – Carolin Reiber (dt. TV-Moderatorin), Lola Montez (Geliebte von Ludwig I. von Bayern, > Charlotte)

Catharina

> Katharina

Charlotte

Franz. Form von Karla. Karla weibliche Form von > Karl, ahdt. kar(a)l, Mann, später mittelhochdt. kerl(e), freier Mann

Charlott, Lotte, Lola (auch > Caroline), Lolo, Lolita, Carlot(t)a, Karla, Carla

Carla Ronci. Ordensfrau. »Heilige auf der Vespa« wurde sie schon zu Lebzeiten genannt. Geboren am 11. April 1936 in Torre Pedrera in Italien, hörte sie 14-jährig während einer Predigt in der Kirche plötzlich eine innere Stimme, die ihr verbot, weiterhin zum Tanzen und ins Kino zu gehen. Sie war tief berührt und sah dies als ein Zeichen Gottes an; kurze Zeit später fasste sie den Entschluss, in ein Kloster einzutreten, aber ihr Vater untersagte es ihr. Da legte sie heimlich ein Keuschheitsgelübde ab und widmete von nun an ihr weiteres Leben karitativen Werken und der Hilfe für Arme und Verlassene in ihrer Heimat. Unterwegs war sie immer auf einer Vespa, alle Menschen liebten und verehrten sie. Im Alter von nur 34 Jahren starb sie am 2. April 1970, betrauert von der ganzen Bevölkerung. Nach ihrem Tod ereigneten sich um ihre Person zahlreiche Wunder. – Gedenktag: 2. April

Charlotte Link (dt. Regisseurin), Charlotte Rampling (amerik. Filmschauspielerin) – Lotte Lenya (österr.-amerik. Schauspielerin), Lola Montez (Geliebte von Ludwig I. von Bayern, > Caroline), »Lolita« Ditta Einzinger (österr. Schlagersängerin), Carlotta Bonaparte (Schwester von Napoleon), Carla Bruni (ital. Model)

Christa

EIGENSTÄNDIGE KURZFORM VON > CHRISTIANE

Krista, Christ(e)l (auch > Christiane), Christele, Christela, Karsta, Krystel, Crystel

Christa Kinshofer (dt. Skirennläuferin), Christa Ludwig (dt. Opernsängerin), Christa Wolf (dt. Schriftstellerin) – Krista Sager (dt. Politikerin), Christl Cranz (dt. Skirennläuferin)

Christel, Christl

> CHRISTA, > CHRISTIANE

Christiane

GRIECH. CHRISTOS, GESALBT, ZU CHRISTUS GEHÖREND = ANHÄNGERIN CHRISTI

Christian(n)a, Christianne, > Christa, Christ(e)l, Kristian(n)e, Kristiana, > Christine, > Christina, Christin, Christiona, Kristine, Kristina, Kerstin, Kersten, Kerstina, Kersti, Kirstin, Kirsti, Kirsten, Kris-

tin, Chris, Chrissy, Tiana, Jane (auch > Johanna), Dina, Nane, Nina – Auch > Antonia, > Elisabeth

CHRISTIANA VON GEORGIEN. Dulderin. Sie geriet Anfang des 4. Jh. während der Herrschaft von Kaiser Konstantin in ihrer Heimat Georgien in Kriegsgefangenschaft. In den Jahren der furchtbaren Kerkerhaft war sie ihren Mitgefangenen ein Vorbild an Mut und Gottvertrauen. Viele rettete sie vor dem sicheren Tod. Außerdem besaß sie die Gabe der Wunder. Durch ihr eindringliches christliches Beispiel, das sie im ganzen Land berühmt machte, soll sie 322 die königliche Familie und das ganze georgische Volk zum Christenglauben bekehrt haben. Sie starb um 330 in Georgien und wird dort bis heute verehrt. – Gedenktag: 15. Dezember

CHRISTINA VON FLANDERN (viell. 8. Jh.) – Gedenktag: 26. Juli; CHRISTINA VON LUCCA (1240–1310), Mystikerin, Klostergründerin – Gedenktag: 4. Januar

Christiane Herzog (Ehefrau des dt. Ex-Bundespräsidenten Roman Herzog), Christiane Hörbiger (österr. Schauspielerin), Christiane Vulpius (Ehefrau von Goethe) – Kristin Otto (dt. Schwimmerin), Chris Evert (amerik. Tennisspielerin), Nina Ruge (dt. TV-Moderatorin), Nina Hoger (dt. Schauspielerin) – Auch > Johanna

Christina

NEBENFORM VON > CHRISTIANE

CHRISTINA VON BOLSENA. Märtyrerin. Die teilweise legendarische Vita berichtet, dass sie im 3. Jh. im umbrischen Bolsena, Italien, als Tochter eines heidnischen Ehepaares geboren wurde. Als der Vater erfuhr, dass sie von ihrer Amme heimlich im christlichen Glauben erzogen wurde, ließ er sie zur Strafe foltern. Sie aber blieb dem Christenglauben treu, worauf der to-

Christina von Bolsena, Märtyrerin

bende Vater ihre Tötung anordnete. Auf einer Basaltplatte wurde sie ins offene Meer hinausgetrieben. Auf wundersame Weise, durch die Hilfe von Engeln, wurde sie gerettet und wieder ans Land zurückgespült. Da töteten die Häscher sie auf der Stelle. Das Todesjahr soll 304 gewesen sein. Die Christina-Reliquien ruhen bis heute unter dem Hauptaltar der Kirche S. Cristina in Bolsena. Auch die Steinplatte mit ihren angeblichen Fußspuren wird dort gezeigt. In Italien wird Christina von Bolsena noch heute stark verehrt. – Gedenktag: 24. Juli

Christina von Belgien (ca.1150–1124), Hirtin, Mystikerin – Gedenktag: 24. Juli;
Christina Ebner (1277–1356), Priorin, Mystikerin – Gedenktag: 27. Dezember;
Christina von Spoleto (1435–1456), Ordensfrau – Gedenktag: 13. Februar

Christina Aguilera (amerik. Popsängerin), Christina Onassis (griech. Reedertochter), Christina Rau (Ehefrau von Bundespräsident Johannes Rau)

Christine

Nebenform von > Christiane

Christine von Stommeln (die Kölnische). Mystikerin. Geboren 1242 in Stommeln bei Köln, hatte sie schon als Kind erste

Heiland-Visionen, von ihrer Jugendzeit an durchlebte sie dämonische Versuchungen. Verschiedene gesicherte Überlieferungen berichten, dass sie etwa ab 1258 die Stigmata (Wundzeichen) Jesu trug. Bis zu ihrem Tod am 6. November 1312 lebte sie in einer klösterlichen Gemeinschaft in Stommeln. Noch bis Mitte des 20. Jh. gab es eine starke Verehrung in Jülich, wo seit 1586 ihre Reliquien aufbewahrt wurden. 1908 Approbation des Kults. – Gedenktag: 6. November

Christine Brückner (dt. Schriftstellerin), Christine Kaufmann (dt. Schauspielerin)

Clara

> KLARA

Claudia

WEIBLICHE FORM VON CLAUDIUS, LAT., VOM RÖMISCHEN GESCHLECHT DER CLAUDIER

Klaudia, Klaudiana, Claudiana, Claudiane, Claudine, Claudette, Claudinette, Claude, Clodia

CLAUDIA. Märtyrerin. In der Zeit um 300, als die jungen Christengemeinden noch immer von den herrschenden Römern verfolgt und Gläubige oft getötet wurden, bekannte sich Claudia, ein junges Mädchen aus Amisium in Kleinasien (heutige Türkei), mutig als Christin. Der Statthalter war wütend darüber, er befürchtete weitere Nachahmer; deshalb ordnete er ihre Ermordung an. Nach der Legende wurde sie aufgehängt und mit eisernen Haken zerfleischt; als sie aber während der Martern keinen Klagelaut von sich gab und immer mehr Menschen herbeiströmten, bekamen es die Schergen mit der Angst zu tun und verbrannten sie schnell in einem Ofen. – Gedenktag: 20. März

Claudia Bachofen von Echt (1863–1922), Ordensfrau – Gedenktag: 6. Oktober

Claudia Schiffer (dt. Model), Claudia Cardinale (ital. Filmschauspielerin), Claudia Pechstein (dt. Eisschnellläuferin), Claudia Jung (dt. Schlagersängerin) – Claudette Colbert (franz.-amerik. Filmschauspielerin), Claude von Frankreich (»die gute Königin«)

Constanze

> Konstanze

Cordula

Lat. cordula, Herzchen; griech. kore, Mädchen, Jungfrau

Kordula, Cordelia, Kordelia, Cora (auch > Corinna), Kora, Cordel, Kordel, Corrie und Corry (beide auch > Cornelia), Coretta, Corette

Cordula von Köln. Märtyrerin. Der Legende nach war sie eine Gefährtin der heiligen > Ursula, die im 3./4. Jh. mit »11 000 christlichen Jungfrauen« auf dem Rhein bei Köln den Martertod fand. Ihre Schiffe fielen Heiden, die zu jener Zeit die Stadt Köln belagerten, in die Hände, alle Frauen wurden ermordet. Sie ist neben Ursula Patronin von Köln. Angebliche Gebeine von ihr werden auch in einem Prachtschrein im Osnabrücker Dom aufbewahrt.

Coretta Scott King (geb. 1927) *ist die Witwe des ermordeten amerikanischen Pfarrers und Bürgerrechtlers Martin Luther King, die an der Seite ihres Mannes über viele Demütigungen und Gewaltandrohungen hinweg bis hin zu seiner Ermordung den Weg des Einsatzes für ein friedliches und gleichberechtigtes Miteinander von Menschen unterschiedlicher Hautfarbe ging. Nach seinem Tode wirkte sie für die Sache ihres Mannes als Präsidentin des Martin Luther King jr. Center for Nonviolent Social Change (Zentrum für gewaltlosen gesellschaftlichen Wandel) weiter.*

Cordula Trantow (dt. Schauspielerin)

Corinna

GRIECH. KORE, JUNGFRAU, MÄDCHEN. AUCH > CORDULA

Corina, Corin(n)e, Korinna, Korinne, Kore

Corinna Halke (dt. Eiskunstläuferin), Corinna Harfouch (dt. Schauspielerin) – Corinne Hofmann (schweiz. Schriftstellerin)

Cornelia

WEIBLICHE FORM ZU CORNELIUS, LAT., NACH DEM GESCHLECHT DER CORNELIER. AUCH LAT. CORNU, HORN (SYMBOL FÜR STÄRKE)

Kornelia, Cornélie, Cornela, Cornell, Cora, Corny, Corry und Corrie (beide auch > Cordula), Conny und Connie (beide auch > Konstanze), Ne(h)le, Nella, Neela, Nelli, Nelly, Nel, Nelie, Nelia, Lia, Neelke

CORNELIA. Märtyrerin. Obwohl ihre genauen Lebensdaten unbekannt sind, wird sie schon seit langer Zeit als Märtyrerin hoch verehrt und auf vielen Heiligenbildern als junge Frau mit Palme, dem Zeichen der Märtyrer, dargestellt. Überliefert ist, dass sie zusammen mit anderen Christen in Nordafrika von Glaubensgegnern gefangen genommen und ermordet wurde; ihre Leidensgenossen waren die Märtyrer Teodulus, Anesius und Felix. Seit Jahrhunderten schon wird das Cornelia-Fest am 31. März begangen. – Gedenktag: 31. März

Cornelia Funke (dt. Kinderbuchautorin), Cornelia »Conny« Froboess (dt. Schlagersängerin und Schauspielerin), Cornelia Hanisch (dt. Fechterin) – Connie Francis (amerik. Schlagersängerin), Nelly Sachs (dt. Schriftstellerin)

D

Dagmar

DÄN. DAG, TAG, UND MAR, BERÜHMT. WEIBLICHE FORM VON MÄNNLICH DAGOMAR

Dagmara, Daggi, Daggy, Dagny, Dortje, Dragomira

Dagmar Berghoff (dt. TV-Nachrichtensprecherin), Dagmar Altrichter (dt. Schauspielerin)

Dana

> DANIELA

Daniela

WEIBLICHE FORM VON DANIEL, HEBR. DANIJJEL, MEIN RICHTER IST GOTT ODER: GOTT HAT AUFGERICHTET

Daniella, Danielle, Danièle, Danila, Danaila, Danela, Dania, Dana, Danja, Dany, Danie, Danilka, Nila

Daniela Ziegler (dt. Schauspielerin) – Danielle Darrieux (franz. Schauspielerin), Dana Vavrova (tschech.-dt. Schauspielerin)

Denise

WEIBLICHE FORM VON DENIS, FRANZ. FÜR DIONYSIUS; GRIECH. GOTT DIONYSOS, GOTT DES WEINES

Dionysia, Dionisia, Denice, Dénise, Denny, Döniz

DIONYSIA. Märtyrerin. Sie lebte im 5. Jh. in Tunesien und war tiefgläubige Christin. Als Vandalenkönig Hunerich das Volk aufforderte, sich zum arianischen Glauben zu bekennen, widerstand sie tapfer und ließ sich nicht bekehren. Darauf ließ Hunerich sie und ihren kleinen Sohn foltern und dann töten. Nach den überlieferten Berichten fand die Hinrichtung von Mutter und Kind am 6. Dezember 484 in Tunis statt. – Gedenktag: 6. Dezember

Denise Bielmann (schweiz. Eiskunstläuferin), Denise Darcel (amerik. Filmschauspielerin)

Désirée

FRANZ. FÜR DESIDERIA, LAT. DESIDERARE, ERSEHNEN, ERWÜNSCHEN = DIE ERSEHNTE, DIE ERWÜNSCHTE

Desidera, Desideria, Desire

Désirée Nosbusch (luxemb. TV-Moderatorin)

Diana

LAT. NAME DER RÖMISCHEN JAGDGÖTTIN

Diane, Dianne, Dionne, Dian

DIANA VON BOLOGNA. Ordensfrau. Sie entstammte der berühmten italienischen Familie Carbonesi aus Bologna und erlangte Berühmtheit, weil sie und zwei Freundinnen (Cäcilie und Amata) im 13. Jh. die ersten weiblichen Mitglieder in dem vom heiligen > Dominikus neu gegründeten Dominikanerorden wurden; in Bologna traten sie in das erste Dominikanerinnenkloster ein. Zuvor hatte sie schwere Kämpfe mit ihren Eltern zu bestehen, die bereits einen Ehemann für sie ausgesucht hatten und ein Klosterleben ablehnten. Nach erfüllten Jahren im Kloster starb sie am 10. Juni 1236 in Bologna. Seligsprechung 1891. – Gedenktag: 10. Juni

Diana (engl. Kronprinzessin, Lady Di), Diana Rigg (engl. TV-Schauspielerin) – Diane Fossey (amerik. Tierforscherin), Diane Keaton (amerik. Filmschauspielerin), Dionne Warwick (amerik. Popsängerin)

Doreen

ENGLISCHE FORM IRISCHEN URSPRUNGS VON DOROTHY > DOROTHEA

Doris

GRIECH., DIE DORERIN, DIE VON DER SEE; DORIS WAR DAS STAMMLAND DER DORER IM ALTEN MITTELGRIECHENLAND. AUCH KURZFORM VON > DOROTHEA

Dora, Dore, Dorle, Doria, Dorit, Dorita, Doriet, Dorice, Dorise, Dorris

Doris Day (amerik. Filmschauspielerin), Doris Dörrie (dt. Regisseurin), Doris Lessing (engl. Schriftstellerin)

Dorothea

GRIECH. DORON, GESCHENK, UND THEOS, GOTT = GESCHENK GOTTES; UMKEHRFORM: THEODORA

Thea, Theda, Dorotea, Dorothée, >Doris, Dora, Dore, Dorle, Dorothy, Dorota, Doret, Doriet, Dorette, Doretta, Dorina, Dorita, Dorota, Dorinda, Dorinde, Doreen, Dory, Doro, Dorofea, Dolly, Dodo, Dorte, Dortje, Dortel, Dörte, Dutti, Orthia

DOROTHEA. Märtyrerin. Der Legende nach war sie ein junges, schönes Mädchen, das um 300 als Christin in Cäsarea in Kappadokien, Türkei, lebte. Als der heidnische Statthalter um sie warb und sie heiraten wollte, wies sie ihn freundlich, aber bestimmt zurück und erklärte ihm, dass Jesus Christus ihr Bräutigam sei. Der gekränkte Statthalter verurteilte sie daraufhin zu Folter und Tod durch Enthaupten. Auf dem Weg zur Hinrichtungsstätte murmelte sie immer wieder den Namen Christi, ihres Bräutigams. Ein junger heidnischer Rechtsanwalt, der neben ihr ging, forderte sie spöttisch auf, sie möge ihren Bräutigam doch um Blumen und Früchte bitten. Kurz darauf erschien plötzlich ein Engel (ein Kind) und brachte einen Korb mit Obst und Blumen. Der junge Mann warf sich zu Boden und bekannte sich zum Christentum. Dorothea wurde mit dem Schwert getötet. Vor allem im späten Mittelalter genoss sie große Verehrung im deutschen Sprachraum; sie wurde in allen Nöten angerufen, da die Überlieferung berichtet, dass sie noch im Augenblick ihrer Hinrichtung laut dafür betete, dass Gott all den Menschen helfe, die in Not sind. Sie ist die Patronin der Bräute und frisch verheirateten Paare und auch die der Gärtner und Blumenhändler. – Gedenktag: 6. Februar

Dorothea, Märtyrerin

DOROTHEA VON MONTAU (1347–1394), Reklusin, Mystikerin – Gedenktag: 25. Juni

Dorothea Röschmann (dt. Opernsängerin), Dorothea Erxleben (erste dt. Ärztin) – Thea von Harbou (dt. Drehbuchautorin), Dorothy Sayers (engl. Schriftstellerin), Doro Pesch (dt. Rocksängerin), Dolly Parton (amerik. Countrysängerin)

E

Edith

ALT-ENGL. EAD, BESITZ, UND GYTH, KAMPF = DIE KÄMPFERIN FÜR BESITZ UND ERBE

Edite, Edit(h)a, Edithe, Edyth, Eydie, Edda, Ada, Dita, Ditte

EDITH STEIN. Konvertitin, Märtyrerin. »Jüdische Christin – christliche Jüdin« wurde sie am Tag ihrer Heiligsprechung am 11. Oktober 1998 genannt, vier Worte, die ihr Leben charakterisieren. Geboren am 12. Oktober 1891 in Breslau (Polen) als jüngstes von elf Kindern, verlor sie im Alter von zwei Jahren ihren Vater; ihre Mutter erzog die Geschwister streng in jüdischer Tradition. Als junges Mädchen rebellierte sie gegen Mutter und Regeln und bezeichnete sich von nun an als Atheistin. Sie studierte in Breslau und Göttingen Germanistik, Geschichte und Philosophie und promovierte. Eines Tages lernte sie eine junge Witwe kennen, deren Gottvertrauen sie zutiefst berührte. Sie schrieb: »Es war der Augenblick, in dem mein Unglaube zusammenbrach, das Judentum verblasste und Christus aufstrahlte.« 1922 trat sie zum katholischen Glauben über und empfing als Teresia Hedwig Stein die Taufe. Ihre Familie, vor allem die Mutter, waren über den Schritt tief betroffen. 1934 trat sie in Köln in den Karmeliterorden ein. Als die Judenverfolgung durch die Nationalsozialisten begann, ging sie 1939, um ihr Kloster nicht zu gefährden, in den Karmel von Echt, Niederlan-

Edith Stein, Märtyrerin

de. Begleitet wurde sie von ihrer Schwester Rosa, die inzwischen auch Karmeliterin geworden war. Edith Stein hätte kurz darauf noch die Möglichkeit gehabt, in ein sicheres Kloster in der Schweiz zu fliehen, doch sie hätte Rosa nicht mitnehmen können, deshalb blieb sie. Am 2. August 1942 wurden beide Schwestern im Kloster Echt von der Gestapo verhaftet. Im Augenblick der Gefangennahme sagte sie zu Rosa: »Komm, wir gehen für unser Volk.« Im Konzentrationslager Auschwitz starben beide in der Gaskammer. Der Todestag der »Märtyrerin mit dem Judenstern« war der 9. August 1942. – Gedenktag: 9. August

EDITH VON CAESTRE (gest. 819), Märtyrerin – Gedenktag: 8. Dezember;
EDITH VON WILTON (961–984), Jungfrau – Gedenktag: 16. September

Edith Piaf (franz. Chansonsängerin), Edith Hanke (dt. TV-Schauspielerin) – Edita Gruberova (slowak. Opernsängerin), Edda Moser (dt. Opernsängerin)

Elena

> HELENA

Eleonore

ARAB. ELLINOR, GOTT IST MEIN LICHT; ODER ABLEITUNG VON DER PROVENZALISCHEN FORM ALIENOR ZU > HELENA

Eleonora, Elinore, Elinor, Ellinor, Eleanor, Eleanora, Eleonora, Leonore, Lenore, Leonora, Lenorka, Nora, Nore, Noor, Noreen, Norina, Nortje, Elle (auch > Elisabeth), Elly (auch > Elisabeth), Eli, Nel, Nelli, Lee

Eleonora von England. Königin. Obwohl nie offiziell heilig gesprochen, wird sie in England seit Jahrhunderten wie eine Heilige verehrt. Geboren 1222 als Tochter des Grafen der Provence, musste sie auf Wunsch der Eltern 14-jährig König Heinrich III. von England heiraten. Die Ehe wurde glücklich und dauerte 37 Jahre bis zum Tod Heinrichs 1273. Unerschrocken befreite sie Heinrich einmal sogar zusammen mit dem Heer aus einer Gefangennahme (1261). 1274 zog sie sich in das Benediktinerinnenkloster Amresbury in England zurück und lebte dort in aller Stille bis zu ihrem Tod am 25. Juni 1291. – Gedenktag: 21. Februar

Eleonora Duse (ital. Schauspielerin), Eleanor Roosevelt (Ehefrau von US-Präsident Franklin D. Roosevelt), Nora Jones (amerik. Popsängerin), Noor von Jordanien (Königin), Elle MacPherson (amerik. Model, auch > Elisabeth), Lee Strasberg (amerik. Schauspiellehrerin)

Elfriede

Weibliche Form von Aelfred, altengl. aelf, Naturgeist, Elf, und raed, Rat(-geber)

Elfrieda, Elfreda, > Fri(e)da, Fried(e)l, Alfreda, Alfrida, Adelfrida, Elfi, Elfie, Elfe, Effi, Elfrith, Alfryth, Etheldritha

Etheldritha von England. Königin. Obwohl nur wenig über ihr Leben bekannt ist, wird sie im angelsächsischen Raum bis heute verehrt. Geboren Mitte des 8. Jh. wohl in Birmingham (England) als Tochter von König Offa von Mercia, heiratete sie den jungen König Ethelbert, den Herrscher von Ostanglien. Auf Anstiftung ihrer neidischen Stiefmutter wurde Ethelbert 794 ermordet (man verehrte ihn schon bald als Märtyrer), und sie zog sich in ihrer tiefen Trauer als Einsiedlerin in die einsamen Sümpfe von Lincolnshire auf Croyland Island vor der Küste zurück. Bald sprach man im ganzen Land von der klugen Einsiedlerin draußen in der Wildnis. Ratsuchende kamen von überall her zu ihr in die Einöde. Ihr Todesjahr war wahrscheinlich 834, ihr Schrein auf Croyland Island wurde zum Wallfahrtsort. – Gedenktag: 2. August

Elfriede Jelinek (österr. Schriftstellerin) – Elfie Pertramer (dt. Schauspielerin)

Elisabeth

HEBR. ELISCHEBA, MEIN GOTT IST VOLLKOMMENHEIT

Elisabetha, Elizabeth, Elisabetta, Elzbieta, Elisawet(w)a, Jelisaweta, Erzsebet, Elsbeth, Elsabe, Elisa, Elise, Elsa, Else, Elske, Elisenda, Elsina, Elixane, Elle (auch > Eleonore), Ela, Ella, Elli, Elly, Eila, Eliette, Lilly, Lilli und Lil (beide auch > Julia), Lilian, Lia, Li(e)se, Lies(e)l, Lisa, Lis, Lies, Liza, Liz, Lisbeth, Lisetta, Lisette, Lisenka, Lissy, Liessie, Sissy, Sissi, > Bettina, Betty, Bette, Betta, Beth, Babette, Babetta, Jette, Bess, Bessie, Bessy, Betsy, Beke, Bele, Isa, > Isabel(le), Isabella, Bella, Ilse, Ilsa, Isabeau, Ilsabe, Sabela, Alison, Alice (auch > Alexandra), Nina – Auch > Antonia, > Christiane

ELISABETH VON THÜRINGEN. Landgräfin. Geboren 1207 in Ungarn als Tochter von König Andreas II. von Ungarn und Gertrud von Andechs, wurde sie als Kind aus politischen Gründen mit dem thüringischen Landgrafensohn Ludwig IV. verlobt; als sie 14 Jahre alt war, fand die Hochzeit statt, die Ehe wurde glücklich. Ihre ganze Liebe und Zuwendung galten neben ihrem Mann und den drei Kindern den Armen in ihrem Reich, regelmäßig stieg sie von der Thüringer Wartburg hinab, um sich um die Bedürftigen zu kümmern. Wegen dieses unhöfischen Lebens war sie vielen Angriffen von Seiten des Adels und von Ludwigs Familie ausgesetzt; ihr tiefgläubiger Ehemann unterstützte sie jedoch in ihrem Handeln (»Wenn sie mir nur die Wartburg nicht verschenkt, bin ich's wohl zufrieden.«). Während des verheerenden Hungerjahres 1225/1226 nahm sie Geld aus der Staatskasse, um die größte Not zu lindern, und wurde deshalb von ihren Gegnern als Verschwenderin angeklagt. Nach dem frühen Tod von Ludwig 1227 übernahm dessen Bruder die Macht; er stellte sie vor die Wahl, sich den höfischen Sitten anzupassen oder die Wartburg zu verlassen. Sie zögerte nicht und ging und wurde sofort ihres gesamten Witwengutes beraubt. Mit dem, was sie noch hatte, gründete sie, jetzt 20 Jahre alt, in Marburg in Hessen ein Spital, in dem sie von nun an jene Seuchenkranken pflegte, die kein anderes Krankenhaus mehr aufnehmen wollte. Ihr einziger Wunsch war es, wie Christus das Kreuz der Leiden und der Selbsterniedrigung zu tragen. Nur 24 Jahre alt, starb sie völlig ausgezehrt am 17. November 1231 in Marburg. Stauferkaiser Friedrich II. stiftete nach ihrem Tod eine Krone für ihr Haupt. Bereits am 27. Mai 1235 wurde sie heilig gesprochen. Ihr Reliquienschrein steht noch in der – heute evangelischen – Elisabethkirche in Marburg. Sie ist Patronin unter anderem von Hessen und Thüringen sowie der Caritas-Vereine. – Gedenktag: 19. November

Elisabeth von Thüringen, Landgräfin

ELISABETH, Mutter von Johannes dem Täufer – Gedenktag: 5. November;
ELISABETH VON SCHÖNAU (1128–1164), Ordensfrau, Mystikerin – Gedenktag: 18. Juni;
ELISABETH VON FRANKREICH (1225–1270) Klostergründerin – Gedenktag: 22. Februar;
ELISABETH VON REUTE, »die gute Beth« (1386–1420), Ordensfrau, Mystikerin – Gedenktag: 25. November

ELISABETH KÜBLER-ROSS (1926–2003) *wurde schon als Kind wegen ihrer missionarischen Hilfsbereitschaft »Doktor Pestalozzi« genannt. Bei ihrer Arbeit als Ärztin musste sie immer wieder die schwierige Erfahrung machen, dass »Tod« und »Sterben« nicht nur bei Angehörigen, sondern auch bei ihren Berufskollegen Tabuthemen waren. Mit ihrem 1969 erschienenen Buch »Interviews mit Sterbenden«, das schnell Bestsellerzahlen erreichte, holte sie diese Themen aus der Tabuzone und verlieh damit Sterbenden Wort und Stimme. »Der Tod ist nur ein Übergang in eine neue Frequenz und ein wunderbares Erlebnis«, ist ein viel zitierter Satz von ihr. Ihr unermüdlicher Einsatz für ein würdevolles Sterben schlug sich auch in ihrem Engagement für die Hospizbewegung nieder.*

Elisabeth Flickenschildt (dt. Schauspielerin), Elisabeth (Sissi) von Österreich (Kaiserin) – Elizabeth II. von England (Königin), Elizabeth »Liz« Taylor (amerik. Filmschauspielerin), Else Lasker-Schüler (dt. Dichterin), Ella Fitzgerald (amerik. Bluessängerin), Elly Ney (dt. Pianistin), Lilli Palmer (dt. Schauspielerin), Lil Dagover (dt. Schauspielerin), Lilian Harvey (engl. Filmschauspielerin), Liesl Karlstadt (dt. Kabarettistin), Lisa della Casa (ital. Opernsängerin), Lis Verhoeven (dt. Schauspielerin), Liza Minnelli (amerik. Filmschauspielerin/Sängerin), Liz Hurley (engl. Model), Sissy Spacek (amerik. Filmschauspielerin), Bette Davis (amerik. Filmschauspielerin), Ilse Werner (dt. Schauspielerin) – Auch > Isabel

Elke

FRIES.-NIEDERDT. KOSENAME FÜR ADELHEID; AHDT. ADAL, VORNEHM, EDEL, UND HEIT, WESEN, GESTALT = VON EDLER ART

Elka, Eltje, Elleke, Alke, Aleke, Adelheid

Elke Sommer (dt. Schauspielerin), Elke Heidenreich (dt. Autorin, Literaturkritikerin)

Emily

ENGL. FORM VON EMILIE. EMILIE WEIBLICHE FORM VON EMIL, LAT. AEMULUS, EIFRIG (RÖM. FAMILIE DER ÄMILIER)

Emilie, Emilia, Emila, Emmi, Emi, Ämilia, Emele, Miele, Mielchen, Migeli, Miggi, Milli(e), Emelka, Emilka, Mila, Milka, Miliane

EMILIE SCHNEIDER. Mystikerin. Geboren am 6. September 1820 in Neuhaaren in Nordrhein-Westfalen, trat sie 25-jährig der Kongregation der Töchter vom Heiligen Kreuz bei. Ab 1852 war sie die Leiterin des Theresienhospitals in Düsseldorf, einem Krankenhaus ihres Ordens. Regelmäßig durchlebte sie im Gebet mystische Erfahrungen, weshalb sie vielen Anfeindungen und Verleumdungen ausgesetzt war. Briefe an ihren Beichtvater sind erschütternde Zeugnisse dieser Zeit. Dass sie nach außen nie klagte und alles still erduldete, brachte ihr große Bewunderung ein. Erst 38 Jahre alt, starb sie ausgezehrt am 21. März 1859 in ihrem Hospital; ihre Grabstätte in der Hospitalkirche wird von den Gläubigen bis heute viel besucht. – Gedenktag: 21. März

Emilie Schneider, Mystikerin

Emilia bicchieri (1238–1314), Klostergründerin – Gedenktag: 3. Mai;
Emilie de Rodat (1787–1852), Gründerin – Gedenktag: 19. September;
Emilie de Vialar (1797–1856), Ordensgründerin, Mystikerin – Gedenktag: 24. August

Emily Brontë (engl. Schriftstellerin), Emily Dickinson (amerik. Schriftstellerin), Emily Green Balch (amerik. Friedensnobelpreisträgerin)

Emma

Kurzform zu Namen, die sich aus Erm- oder Irm- zusammensetzen. Ahdt. ermin, erhaben, groß

Emmy, Emmi, Emme, Emmie, Ema, Emi, Em, Emmeline, Emmelina, Hemma, Imme, Imma, Im(m)ina, Imke

Emma Üffing. Ordensfrau. »Engel der Liebe« wurde sie zu Lebzeiten genannt. Geboren am 8. April 1914 in Halverde, Nordrhein-Westfalen, trat sie 1934 dem Orden der Barmherzigen Schwestern von Münster, den Clemensschwestern, bei. Im Zweiten Weltkrieg leistete sie heroischen Krankendienst, als sie sich aufopfernd um kranke Kriegsgefangene kümmerte, ohne dabei auf Nationalität oder Sprache zu achten. Bald war sie in den Lazaretten und Krankenhäusern als »Engel der Liebe« bekannt. Für Verletzte und Sterbende war sie Glaube, Hoffnung und Liebe zugleich.

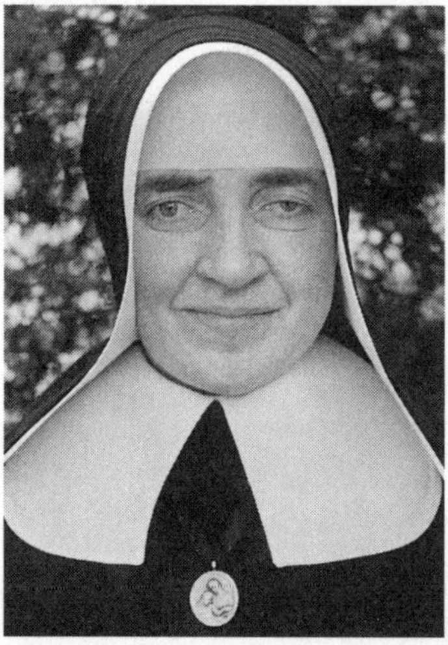

Emma Üffing, Ordensfrau

Sie starb, ausgezehrt von den Anstrengungen der Kriegsjahre, im Alter von 41 Jahren am 9. September 1955 in Münster, Nordrhein-Westfalen. Als am 17. Juni 1985 ihre Gebeine auf dem Zentralfriedhof in Münster neu beigesetzt wurden, nahmen mehrere Tausend Menschen teil. Papst Johannes Paul II. sprach sie am 7. Oktober 2001 selig. – Gedenktag: 9. September

IMMINA VON KARLSBURG (um 700–750), Äbtissin – Gedenktag: 25. November;
KÖNIGIN HEMMA (um 808–876), Wohltäterin – Gedenktag: 31. Januar;
HEMMA VON GURK (980–1045), Stifterin, Klosterfrau – Gedenktag: 27. Juni;
EMMA VON PADERBORN (um 980–1040), Wohltäterin – Gedenktag: 19. April

EMMELINE PANKHURST (1857–1928) *war eine englische Frauenrechtlerin, die sich vehement für die Rechte der Frauen einsetzte. Trotz mehrmaliger Inhaftierung ließ sie von ihren Forderungen nicht ab. Zu den Zielen, für die sie sich erfolgreich einsetzte, zählte z. B. das Frauenwahlrecht in England. Auch ihre Töchter Christabel und Sylvia folgten ihrer Mutter beim Einsatz für die Gleichberechtigung der Frau in der Gesellschaft.*

Emma Hamilton (Geliebte von Admiral Nelson), Emma Thompson (engl. Filmschauspielerin)

Erika

WEIBLICHE FORM ZU ERIK > ERICH, AHDT. ERA, EHRE, UND RIHHI, MACHTVOLL, ALLEIN HERRSCHEND, REICH

Erica, Rika, Riken, Eri

Erika Köth (dt. Opernsängerin), Erika Pluhar (österr. Schauspielerin) – Erica de Jong (amerik. Schriftstellerin)

Esther

PERS., STERN; HEBR., JUNGE FRAU

Ester, Hester, Eister, Esta, Essie, Essa, Esterina, Esfira, Hadassa

ESTER. Gestalt aus dem Alten Testament. Sie war die jüdische Ehefrau des Perserkönigs Xerxes I. (486–464 v. Chr.) und lebte in Susa, der Hauptstadt des antiken Persien. Das »Buch Ester« aus der Bibel gehört zu den Meisterwerken der erzählenden Literatur, es berichtet, wie Ester durch Klugheit, Mut und Geschick das Leben ihrer jüdischen Landsleute im persischen Reich rettete. Das jüdische Purimfest erinnert bis heute an den glücklichen Ausgang der politischen Ereignisse damals, im 5. Jh. vor Christi Geburt. – Gedenktag: 24. Mai

Esther Ofarim (israel. Sängerin), Esther Schweins (dt. Schauspielerin), Esther Williams (amerik. Filmschauspielerin)

Eva

HEBR. CHAWWAH, DIE LEBENDIGE, LEBEN SCHENKEND = LEBENSSPENDERIN

Evi, Eve, Ev, Everl, Evchen, Evie, Ewa, Ewe, Eveke, Evken, > Evelyn, Evita, Jeva, Jevka – Mit Eva zusammengesetzte Namen: Evamaria, Evalilli, Everose, Evamarete

EVA VON LÜTTICH. Mystikerin. Geboren zu Beginn des 13. Jh. in Lüttich, wurde sie durch das Vorbild ihrer Freundin Juliane von Lüttich ebenfalls Reklusin (Zurückgezogene). Gemeinsam kämpften beide für die Einführung des Fronleichnamfestes in der katholischen Kirche. Nach dem Tod Julianes 1258 bemühte sie sich allein weiter, mit Erfolg: Papst Urban IV. führte 1264 Fronleichnam als offizielles Kirchenfest ein; in einem Brief schreibt er, dass Eva und Juliane von Lüttich dies maßgeblich bewirkt hätten. Sie starb 1265 in Lüttich, von wo aus sich ihr Kult weit verbreitete. – Gedenktag: 5. April (mit Juliane)

Eva, bibl. Stammmutter – Gedenktag: 24. Dez. (Adam und Eva)

Eva Bartok (ungar. Filmschauspielerin), Eva Herzigova (tschech. Model), Eva Matthes (dt. Schauspielerin) – Evi Sachenbacher (dt. Skilangläuferin), Evita (Maria Eva) Perón (argent. Politikerin)

Evelyn

WEITERBILDUNG VON > EVA; AUCH KURZFORM VON AVELINA; URSPRGL. ZU ALTENGL. AVAL = KRAFT

Evelyne, Evelin, Eveline, Eveleen, Evelina

Evelyn Hamann (dt. Schauspielerin), Evelyn Künneke (dt. Schlagersängerin)

F

Franziska

ITAL. FRANCESCA, DIE KLEINE FRANZÖSIN; WEIBLICHE FORM VON FRANCESCO (»FRANZÖSLEIN«)

Franzi, Fränzi, Fränze, Fannerl, Francesca, Francisca, Frantiska, Francoise, Francine, Fanchon, Francette, Frasquita, Frances, Francis, Franja, Franika, Fanika, Ferike, Fanni, Fanny (auch > Stephanie), Cissi, Zissi, Zissy, Ziska, Cecca

FRANCESCA (FRANZISKA) ROMANA. Ordensgründerin. Ganz Rom weinte, als Francesca Romana (»die von Rom«) am 9. März

1440 starb. Jahrzehntelang hatte sie sich aufopfernd um die Hilfesuchenden und Kranken der Stadt gekümmert, ihr Haus war Anlaufpunkt für alle, die Sorgen und Nöte hatten. Geboren 1384, hatte sie zunächst geheiratet und war Mutter von mehreren Kindern geworden. Nach verschiedenen Schicksalsschlägen und dem Tod von Ehemann und zwei Kindern übernahm sie selbst die Leitung des Ordens der Benediktineroblatinnen, den sie auch gegründet hatte. Ihr Haus wandelte sie in ein Hospiz für seelisch Kranke um, da niemand sonst in der Stadt diesen Menschen half. Täglich zog sie durch die Straßen und verteilte Almosen unter den Armen; begleitet wurde sie dabei von einer Eselin, die die Taschen mit den Lebensmitteln trug. Zeitlebens erfuhr sie hohe mystische Begnadungen und stand auch dadurch im Mittelpunkt des Interesses. 1608 Heiligsprechung. Der Schrein mit ihrem Leichnam befindet sich bis heute unter dem Altar der Kirche S. Francesca Romana in Rom. – Gedenktag: 9. März

FRANZISKA SCHERVIER (1819–1876), Ordensgründerin – Gedenktag: 14. Dezember;
FRANZISKA STREITEL (1844–1911), Ordensgründerin – Gedenktag: 6. März;
FRANCESCA SAVERIA CABRINI (1850–1917), Ordensgründerin – Gedenktag: 22. Dezember

Franziska »Franzi« van Almsick (dt. Schwimmerin), Franziska Schenk (dt. Eisschnellläuferin) – Françoise Sagan (franz. Schriftstellerin), Francine Jordi (franz. Sängerin), Fanny Ardant (franz. Filmschauspielerin)

Frieda

KURZFORM ZU NAMEN, DIE MIT FRIED- ZUSAMMENGESETZT SIND, Z. B. > ELFRIEDE

Frida, Friede, Fried(e)l, Fridel, Fridl, Friedeswind, Frideswide, Frideswitha

FRIDESWIDE. Prinzessin. Sie war eine Prinzessin von Wessex, England, geboren um 680. Ihre Eltern wollten sie mit einem Prinzen verheiraten, doch kurz vor der Hochzeit floh sie und versteckte sich in einem Wald. Ihr Bräutigam entdeckte und bedrängte sie, worauf sie nach Oxford flüchtete; als er ihr wieder folgte, erblindete er plötzlich. Sie hatte tiefes Mitleid mit ihm und machte ihn durch ihr Gebet wieder sehend; tief erschüttert gelobte er ihr, sie von nun an in Frieden leben zu lassen. Sie gründete in Oxford ein Doppelkloster, in dem sie 735 starb. Ihre Gebeine wurden in einem kostbaren Schrein beigesetzt, Teile davon befinden sich bis heute in der Christ Church in Oxford. Sie ist Patronin von Oxford. – Gedenktag: 19. Oktober

Frida Kahlo (mexik. Künstlerin), Friede Springer (dt. Verlegerin)

Friederike

WEIBLICHE FORM VON > FRIEDRICH, AHDT. FRIDU, FRIEDE, UND RIHHI, REICH, MÄCHTIG, MACHT = MÄCHTIGER HERRSCHER

Frederike, Frederika, Frederica, Fritzi, Frigge, Frigga, Fricka, Frika, Ricka, Rika, Rike, Trigga, Frédérique, Federica, Fryderyka

Friederike Brion (Jugendliebe von Goethe), Friederike von Griechenland (Königin) – Frederica von Stade (amerik. Opernsängerin), Fritzi (Friederike) Masary (österr. Filmschauspielerin)

G

Gabi, Gaby > Gabriele

Gabriele

WEIBLICHE FORM ZU GABRIEL, HEBR. GEBER, MANN UND EL, GOTT = MANN GOTTES

Gabriela, Gabriella, Gabrielle, Gabi, Gaby, Jella, Bele, Gawrila, Ganja – In Italien ist Gabriele ein männlicher Vorname

GABRIELLA BOURLA. Märtyrerin. Sie gehörte zu einer Gruppe von elf Ursulinen-Schwestern, die zwischen dem 17. und 23. Oktober 1794 während der Französischen Revolution in Valenciennes, Frankreich, mit der Guillotine hingerichtet wurden. Die Ordensfrauen hatten sich geweigert, ihre Klosterschule in Valenciennes zu schließen, obwohl die französischen Revolutionäre dies angeordnet hatten; daraufhin wurde sie gefangen genommen und getötet. – Gedenktag: 23. Oktober

Gabriele Münter (dt. Malerin), Gabriele Strehle (dt. Modedesignerin), Gabriele Wohmann (dt. Schriftstellerin) – Gabriela Sabatini (argent. Tennisspielerin), Gabrielle (Coco) Chanel (franz. Modeschöpferin), Gaby Hauptmann (dt. Schriftstellerin), Gaby Dohm (dt. TV-Schauspielerin)

Gerda

SKAND., SCHÜTZERIN, SCHUTZZAUN. ODER KURZFORM VON GERTRUD, AHDT. GER, SPEER, UND TRÚD, STÄRKE

Gerta, Gerdi, Gerdie, Gerdy, Gerde, Gerte, Gerti, Geertje, Gerdina, Gerdken, Garda

Gerda Hasselfeldt (dt. Ministerin) – Gerti Senger (österr. Autorin)

Gertrud

AHDT. GER, SPEER, UND TRŪD, STÄRKE

Gertrude, Gertrudis, Gertraud, Gertraude, Gertraudis, Geltruda, Geltrudis, > Gerda, Trude, Trudel, Trudl, Trudi, Trudie, Trudy, Trui, Traud(e)l, Traudchen, Traute, Drudel, Druda, Gela, Gele, Geli, Gesa, Gesche, Gesine, Gesina, Gerke – Auch > Waltraud

GERTRUD VON NIVELLES. Äbtissin. Als Tochter von Pippin dem Älteren 626 geboren, trat sie 640 in das von ihrer Mutter Iduberg gegründete Kloster Nivelles, Belgien, ein und leitete es ab 652 als erste Äbtissin. Aus Rom ließ sie sich Bücher zur Weiterbildung bringen, was damals für großes Aufsehen sorgte. Hoch verehrt starb sie am 17. März 659 in Nivelles. In bäuerlichen Gegenden gehört sie noch heute zu den besonders verehrten Heiligengestalten; nach der Legende nämlich hat sie eine Mäuse- und Rattenplage durch ihr Gebet beendet und so die Ernte gerettet. Das Sprichwort »Gertrud mit der Maus treibt die Spinnerinnen aus« bedeutet, dass am 17. März das Arbeiten im Haus ein Ende hat und die Feldarbeit wieder beginnt. »Gertrudenminne« tranken früher Menschen, die voneinander Abschied nahmen oder sich gerade versöhnt hatten. – Gedenktag: 17. März

Gertrud von Nivelles, Äbtissin

GERTRUD VON BRABANT (5. Jh.), Märtyrerin – Gedenktag: 15. Mai;

Gertrud von Altenberg (1227–1297), Ordensfrau, Mystikerin – Gedenktag: 13. August;
Gertrud von Helfta (1256–1302), Mystikerin – Gedenktag: 17. November;
Gertrud von Schaffgotsch (1850–1922), Ordensgründerin – Gedenktag: 27. Mai;
Gertrud von Bullion (1891–1930), Gräfin, Begründerin – Gedenktag: 11. Juni

Gertrud Kurz (1890–1972) *war Tochter eines schweizerischen Textilfabrikanten und engagierte sich schon als junge Frau für Obdachlose, Landstreicher und andere Außenseiter der Gesellschaft. Während des Zweiten Weltkrieges konnte sie im Geiste des »Christlichen Friedensdienstes« (CFD) mit ihrem selbstlosen und unbürokratischen Engagement für die aus Deutschland fliehenden Juden einen Kontrapunkt zur restriktiven schweizerischen Flüchtlingspolitik setzen. Auch nach dem Krieg kümmerte sie sich bis an den Rand ihrer Kräfte um Notleidende und Flüchtlinge, die nun aus Algerien, Ungarn oder aus Ceylon kamen. Auch ihr hohes Alter hielt sie nicht davon ab, auf Vortragsreisen für die Nöte und Bedürfnisse von Flüchtlingen einzutreten.*

Gertrud Fussenegger (österr. Schriftstellerin), Gertrud Höhler (dt. Wirtschaftsberaterin) – Gertrude Stein (amerik. Schriftstellerin), Gertraud Jesserer (österr. Schauspielerin), Trude Unruh (dt. Seniorenpolitikerin) – Auch > Waltraud

Gisela

Kurzform oder Ableitung von Vornamen, die mit Gis- zusammengesetzt sind

Gisella, Giselle, Gisele, G(h)islaine, Gisa, Giesa, Gisla, Giselda, Gila, Gilla, Gille, Giselheid, Giselberga, Giselberta, Giselburga, Giselberga, Gisburga, Gisberga, Gismara, Silke, Sylke, Silka und Silje – Auch > Cäcilia

GISELA VON UNGARN. Königin. Prägende Persönlichkeit des Christentums in Ungarn. Geboren um 985 bei Regensburg, Bayern, als Tochter von Herzog Heinrich II. von Bayern und Schwester des späteren Kaisers Heinrich II., wurde sie im Alter von zehn Jahren mit König Stephan I. von Ungarn verheiratet. Die Ehe verlief sehr glücklich; 1003 kam Sohn Emmerich zur Welt. Gisela trug ebenso wie Stephan sehr viel zur Christianisierung Ungarns bei, ließ Kirchen und Klöster erbauen und beschenkte sie reichlich. Nach dem Tod Stephans 1038 sah sie sich heftigen Anfeindungen der heidnischen Nationalpartei ausgesetzt, wurde gefangen genommen und misshandelt. Nach ihrer Befreiung 1045 durch König Heinrich III. trat sie in das Benediktinerinnenkloster Niedernburg in Passau, Bayern, ein und wurde dort später Äbtissin. Sie starb am 7. Mai 1060. Als das Hochgrab in Passau 1908 geöffnet wurde, kamen Skelett und Grabplatte aus dem 11. Jh. unversehrt zum Vorschein. In Ungarn wird sie bis heute verehrt. – Gedenktag: 7. Mai

Gisela Uhlen (dt. Schauspielerin), Gisela Heidenreich (dt. Schriftstellerin) – Gisele Buendchen (brasil. Model), Gila von Weitershausen (dt. Schauspielerin), Silke Kraushaar (dt. Rennrodlerin), Sylke Otto (dt. Rennrodlerin) – Auch > Cäcilia

Gitta

> BRIGITTE

Gudrun

AHDT. GUNT, KAMPF, UND RUNA, GEHEIMNIS

Gudrune, Gutrune, Gundrun, Gunderun, Gundula, Gudula, Gundela, Gudule, Gul

GUDULA VON BRÜSSEL. In Belgien gehört Gudula bis heute zu

den besonders verehrten Heiligengestalten. Sie lebte im 7./8. Jh., ihr Todesjahr war 712. Die Überlieferungen berichten, dass sie ein Leben der Abtötung, der Nächstenliebe und des Gebets führte und dafür von den Menschen ihrer Zeit bewundert und hoch verehrt wurde. Seit 1047 befinden sich ihre Reliquien in der nach ihr benannten imposanten Kirche St. Gudula in Brüssel. Sie ist Patronin von Brüssel. – Gedenktag: 8. Januar

Gudrun Landgrebe (dt. Schauspielerin) – Gundula Gause (dt. TV-Nachrichtensprecherin)

H

Hanna

> Johanna

Hannah

Hebr. channah, anmutig = die Anmutige. Auch von > Anna und > Johanna

Hannah Arendt (amerik.-dt. Schriftstellerin), Hannah Stockbauer (dt. Schwimmerin)

Hannelore

Zusammensetzung aus Hanne > Johanna und Lore > Eleonore

Hannelore (Loki) Schmidt (Ehefrau von Bundeskanzler Helmut Schmidt), Hannelore Elsner (dt. Schauspielerin), Hannelore Kohl (Ehefrau von Bundeskanzler Helmut Kohl)

Hedwig

AHDT. HADU, KAMPF, UND WIG, KAMPF

Hedwigis, Hedvig, Hedewig, Hadewig, Edvige, Edwige, Edwina, Jadwiga, Hede, Hedi, Hedel, Hed(d)a, Hed(d)y, Hetty, Hese, Heseke

HEDWIG VON SCHLESIEN (von Andechs). Herzogin. Geboren 1174 in Andechs, Bayern, als Tochter von Graf Berthold IV. von Andechs, musste sie als Mädchen auf Anordnung ihres Vaters Herzog Heinrich I. von Schlesien heiraten. Die Ehe wurde glücklich, das Paar bekam sieben Kinder miteinander. Gemeinsam förderten sie tatkräftig die Ausbreitung des Christentums in Schlesien. Sie war eine große Wohltäterin des Volkes, stiftete Spitäler und Krankenhäuser und gründete das später berühmte Zisterzienserinnenkloster Trebnitz im Norden von Breslau, den ersten Frauenkonvent in Schlesien überhaupt. In Trebnitz starb sie am 15. Oktober 1243, fünf Jahre nach Heinrich. Ihre Heiligsprechung war am 26. März 1267. Hedwig war übrigens eine Tante der heiligen Elisabeth von Thüringen.– Gedenktag: 5. Oktober

HEDWIG VON POLEN (1374–1399), Königin – Gedenktag: 17. Juli

HEDWIG DOHM (1831–1919) *setzte sich als deutsche Schriftstellerin für die Rechte der Frauen in Deutschland ein: Koedukation, Zulassung der Frauen zum Studium und das Wahlrecht der Frauen gehörten zu ihren zentralen Forderungen.*

Hedwig Courths-Mahler (dt. Schriftstellerin) – Edwige Feuillère (franz. Schauspielerin), Edwina Mountbatten (engl. Adlige), Hedy Lamarr (österr.-amerik. Filmschauspielerin, eigentlich Hedwig Kiesler)

Heidi

VON HEIDE, KURZFORM VON ADELHEID, AHDT. ADAL, EDEL, VORNEHM, UND HEIT, ART, WESEN = VON EDLER ART

Heide, Heida, > Heike, Heidina, Heidwig, Heidrun – Zusammensetzungen: Heidemarie, Heidelinde, Heiderose, Heidelore, Heidegret

Heidi Brühl (dt. Schlagersängerin), Heidi Kabel (dt. Volksschauspielerin), Heidi Klum (dt. Model) – Heide Rosendahl (dt. Leichtathletin), Heidemarie Hatheyer (österr. Schauspielerin), Heidelinde Weis (dt. Schauspielerin)

Heike

KURZFORM VON HEINRICH; AUCH ABGELEITET VON HENRIKE, HEINRIKE ODER VON ADELHEID; AUCH ABWANDLUNG VON > HEIDI

Heike Doutiné (dt. Schriftstellerin), Heike Drechsler (dt. Leichtathletin), Heike Makatsch (dt. Schauspielerin)

Helena

GRIECH. ELANE, DIE FACKEL = DIE LEUCHTENDE, DIE STRAHLENDE

Helene, Lene, Lena, Leni, Lenchen, Heli, Helen, Henny, Ellen, Eileen, Aleen, Elena, Elen, Elin, Ena, Nena, Nella, Hella (> Helga), Ella, Iliana, Ilona, Ilonka, Jelena, Jelka, Ilka, Lenka, Halina, Halinka, Halka

HELENA. Kaiserin. Gilt als Vorbild einer christlichen Herrscherin. Geboren um 255 in Bithynien, Türkei, als Heidin, betrieb sie zunächst ein Gasthaus. Aus ihrer unehelichen Beziehung mit Constantius I. Chlorus stammte Sohn Konstantin (der Große), der 285 geboren wurde; als dieser ab 306 Herrscher im Nordwesten des Römerreiches war, unterstützte sie ihn bei seiner Arbeit. Nachdem ein Edikt von 311 den Frieden für die bis dahin verfolgten Christen gebracht hatte, bekehrte sie sich und empfing 312 die Taufe; mit großem Einsatz bemühte sie sich danach um die Verbreitung des Christentums, tatkräftig unterstützt von Kaiser Konstantin. Sie ließ viele bedeutende Kirchen erbauen, so die Kreuzeskirche in Jerusalem, die Apostelkirche in Konstantinopel (Istanbul) und die Geburtskirche in Bethlehem. Es heißt auch, dass sie das Kreuz Christi in Jerusalem aufgefunden habe und für seine Aufbewahrung die Kirche S. Croce in Gerusalemme in Rom errichten ließ. In ihrem Auftrag sollen auch die Reliquien des Apostels Matthias nach Trier gelangt sein. Sie starb hoch verehrt um 330 in Nikomedien, Türkei. – Fest: 18. August und 21. Mai zusammen mit Konstantin

HELENA VON SKÖVDE (um 1100–1160), Wohltäterin, Mystikerin – Gedenktag: 31. Juli;
HELENA ENSELMINI (gest. 1231), Mystikerin – Gedenktag: 4. November;
HELENA VON UNGARN (gest. 1270), Ordensfrau, Mystikerin – Gedenktag: 15. November

HELEN KELLER (1880–1968) *war amerikanische Schriftstellerin, seit dem Alter von 18 Monaten jedoch gehörlos und blind. Mit Hilfe ihrer Lehrerin Anne Sullivan, über lange Jahre auch ihre Lebensgefährtin, erlernte sie zunächst die Blindenschrift, dann auch Schreiben und Sprechen. Mit großem Erfolg beendete sie ihr Universitätsstudium, schrieb mehrere Bücher mit stark autobiografischem Charakter und setzte sich für die Rechte Blinder und Gehörloser ein.*

JELENA BONNER (geb. 1923) *ist russische Politikerin und zählt zu den bedeutendsten Menschenrechtlerinnen ihres Landes. Nach dem Krieg studierte sie Medizin und arbeitete als Kinderärztin und freie Schriftstellerin. 1971 heiratete sie Andrej Sacharow und wurde seine größte Stütze in allen Bereichen des Lebens. Während der Verbannung Sacharows nach Gorki war sie seine einzige Verbindung zur Außenwelt. Auch nach dem Tode Sacharows 1989 setzte sie ihre Menschenrechtsaktivitäten fort. Heute schreibt sie in amerikanischen und russischen Medien über Menschenrechte und Demokratie in Russland und setzt sich darüber hinaus für das Recht auf Selbstbestimmung der Völker der ehemaligen Sowjetunion ein.*

Helena Christensen (dän. Model) – Helene Weigel (dt. Theaterschauspielerin), Lena Christ (dt. Schriftstellerin), Leni Riefenstahl (dt. Regisseurin), Ellen Schwiers (dt. Schauspielerin), Eileen Ford (amerik. Modelagentin), Elena von Spanien (Prinzessin), Nena (dt. Rocksängerin), Ella Fitzgerald (amerik. Bluessängerin), Ilona Christen (dt. TV-Moderatorin)

Helga

SCHWED. HELIG, HEIL, GESUND, GLÜCKLICH = DIE GLÜCKLICHE, DIE GESUNDE

Hella (> Helena), Hela, Helle, Helli, Hella, Helke, Hilga, Ilga, Olga

ILGA VON SCHWARZENBERG. Einsiedlerin. Sie ist die Namensgeberin der Ilga-Quelle im Bregenzer Wald in Österreich, zu der bis heute Augenkranke pilgern, da dem Wasser Heilkräfte nachgesagt werden. Im 11. Jh. sei sie als Tochter des Grafen von Bregenz geboren worden und habe sich später aus Liebe zu Gott als Einsiedlerin tief in den Bregenzer Wald zurückgezogen, um sich dort ganz dem Gebet zu widmen. Für das Volk wurde sie eine hoch verehrte Ratgeberin. Als sie 1115 starb, entsprang bei ihrer Einsiedelei die heilkräftige Quelle. Aus diesem Grunde wird sie auch als Patronin gegen Augenkrankheiten verehrt. – Gedenktag: 8. Juni

OLGA VON KIEW (um 890–970), Großfürstin – Gedenktag: 11. Juli

Helga Anders (dt. TV-Schauspielerin) – Hella von Sinnen (dt. Kabarettistin), Olga Tschechowa (russ.-dt. Filmschauspielerin)

Hert(h)a

UNKLARE HERKUNFT, EVENTUELL WEIBLICHE FORM VON > HERBERT (HERBERTA); MANCHE QUELLEN NENNEN AUCH EINEN LESEFEHLER BEIM NAMEN NERTHUS FÜR DIE GERMANISCHE GÖTTIN DER FRUCHTBARKEIT.

HERTA (HERTULA) VON ROM (gest. um 303), Märtyrerin – Gedenktag: 12. April

Hertha Däubler-Gmelin (dt. Politikerin), Herta Feiler-Rühmann (dt. Schauspielerin)

Hildegard

ALTSÄCHS. HILD, KAMPF, UND GARD, SCHUTZ

Hilde, Hilda, Hilta, Hilke, Hilla, Hidda, Ilsegard, Ildegarda

HILDEGARD VON BINGEN. Äbtissin, Mystikerin. Sie wurde auch »Deutschlands größte Frau« genannt. Bis heute stehen ihre Lehren und Schriften im Mittelpunkt des Interesses. Die Hildegard-Naturmedizin wird auf der ganzen Welt angewandt. Geboren 1098 in Bermersheim, Rheinland-Pfalz, erhielt sie ihre Erziehung von Jutta von Sponheim, die sich bei der Abtei Disibodenberg in der Rheinpfalz niedergelassen hatte und die dortige Frauengemeinschaft leitete. Nach dem Tod Juttas 1136 übernahm sie die Führung des Klosters, verlegte die Gemeinschaft zehn Jahre später auf den Rupertsberg bei Bingen in Rheinland-Pfalz und wirkte hier weitere 30 Jahre als Äbtissin. Trotz ihrer stark angegriffenen Gesundheit unternahm sie viele Reisen zu den großen Persönlichkeiten ihrer Zeit in ganz Europa, sie wur-

Hildegard von Bingen, Mystikerin

de von Päpsten, Bischöfen, Königen und Fürsten, aber auch vom einfachen Volk um Rat gefragt und gehörte im 12. Jh. zu den meistbeachteten Persönlichkeiten der Kirchenwelt. Auch mit laut vernehmbarer Kritik an jenen Handlungen von Herrschenden, die sie missbilligte, sparte sie nicht. Bereits seit ihrer Kinderzeit widerfuhren ihr regelmäßig Visionen, die sich im Alter mehrten; die Erfahrungen dabei legte sie in ihren berühmten Schriften nieder. Ihre Werke gelten als Erstlinge der deutschen Mystik. Auch als erste schreibende Ärztin ging sie in die Geschichte ein; ihre Schriften zu Gesundheitsthemen und Naturwissenschaften und vor allem zur Ernährung waren bereits damals und sind auch heute noch von großer Bedeutung. Sie starb am 17. September 1179, betrauert ebenso von den Großen der Zeit wie vom einfachen Volk. – Gedenktag: 17. September

Hilda von Whitby (614–680), Äbtissin – Gedenktag: 17. November;
Kaiserin Hildegard (geb. um 760), Stifterin – Gedenktag: 30. April;
Hildegard Burjan (1883–1933), Gründerin, Politikerin – Gedenktag: 11. Juni

Hildegard Hamm-Brücher (geb. 1921) *zählt mit ihrer über vierzig Jahre dauernden politischen Tätigkeit in der FDP zu den dienstältesten Politikerinnen Deutschlands. Der Erfahrung, dass in der Politik Charakterfestigkeit und Standhaftigkeit stärker auf die Probe gestellt werden als in den meisten anderen Berufen, hat sie stets ihre dem christlichen Gewissen verpflichteten Entscheidungen gegenübergestellt, mit denen sie für manche Überraschungen gesorgt, jedoch an Glaubwürdigkeit gewonnen hat: »Widerstehvermögen gehört auch zum Stehvermögen«, war eine ihrer Maximen von funktionierender Demokratie, eine Lehre, die sie aus den Erfahrungen der Schreckensherrschaft des Nationalsozialismus gezogen hat.*

Hildegard Behrens (dt. Opernsängerin), Hildegard Knef (dt. Filmschauspielerin, Sängerin) – Hilde Gerg (dt. Skirennläuferin), Hilde Krahl (dt.-österr. Schauspielerin), Hilda Doolittle (amerik. Schriftstellerin)

I

Ilse

> ELISABETH

Ines

> AGNES

Inge

EIGENSTÄNDIGE KURZFORM VON > INGEBORG

Inga, Inke, Inka, Ingela, Inken, Inse, Inske – Zusammensetzungen: Ingelore, Ingelotte, Ingerose, Ingemarie, Ingetraud

Inge Meysel (dt. Schauspielerin) – Inga Lindström (schwed. Schriftstellerin)

Ingeborg

Nord. Ingi, germanischer Gott, und borg, Schutz, Geborgenheit, Burg

Ingeburg, Ingeburga, Bolla

Ingeborg. Königin. Geboren um 1180 in Dänemark als Prinzessin, wurde sie 13-jährig gegen ihren Willen mit König Philipp August von Frankreich verheiratet; dieser verstieß sie sofort nach der Eheschließung, um sich einer anderen Frau zuzuwenden, mit der er zwei Kinder bekam. Zeitweise wurde sie von ihm sogar in Kerkerhaft gehalten, was sie heroisch erduldete. Erst ein Papstedikt verhalf ihr zu ihren Rechten, und sie konnte wieder an den Hof zurückkehren. Der König nutzte fortan ihr Geschick und ihre Diplomatie für seine Regentschaft und seine Machterhaltung, missachtete sie jedoch weiterhin als Frau. Das Volk dagegen liebte seine Königin und verehrte sie schon zu Lebzeiten wie eine Heilige. Sie starb am 30. Juli 1237 in Frankreich. – Gedenktag: 30. Juli

Ingeborg Bachmann (österr. Schriftstellerin), Ingeborg Drewitz (dt. Schauspielerin), Ingeborg Hallstein (dt. Opernsängerin)

Ingrid

Nord. Ingi, germanischer Gott, und fridor, schön

Ingerid, Inger

Ingrid Elovsdotter. Gründerin. Sie war schon zu Lebzeiten eine bedeutende Persönlichkeit in Schweden und genoss noch bis ins späte Mittelalter hohe Verehrung in ihrem Heimatland. Geboren um 1220 in Schweden, gründete sie unter großem persönlichem Einsatz in Skenninge das erste Dominikanerinnenkloster Schwedens; sie trat dort selbst als Ordensfrau ein und war bis zu ihrem Tod am 2. September 1282 Priorin und eine viel beachtete Ratgeberin für das Volk. – Gedenktag: 2. September

Ingrid Andrée (dt. Schauspielerin), Ingrid Bergman (schwed. Schauspielerin), Ingrid Mickler-Becker (dt. Leichtathletin)

Irene

GRIECH. EIRENE, DER FRIEDE. EIRENE; GRIECH. GÖTTIN DES FRIEDENS

Irena, Irina, Erina, Ireen, Irène, Iren, Reni, Rena (> Renate), Ira, Irka, Irinka

IRENE VON ROM. Witwe. Auf Bildern berühmter Maler ist sie zu sehen, wie sie den heiligen Sebastian pflegt. Sie war eine christliche Witwe, die im 3. Jh. in Rom lebte und als große Wohltäterin wirkte. Als sie eines Tages den jungen Christen Sebastian auf der Straße liegend fand, schwer verletzt von den Pfeilen, welche die Christenverfolger auf ihn abgeschossen hatten, nahm sie ihn mit zu sich nach Hause und pflegte ihn wieder gesund. Sie starb um 300 in Rom und wurde schon bald als Patronin der Kranken verehrt. – Gedenktag: 22. Januar

IRENE VON THESSALONIKE (gest. 304), Märtyrerin – Gedenktag: 1. April

Irene Mann (dt. Tänzerin), Irene Papas (griech. Filmschauspielerin) – Irena Szewinska (poln. Leichtathletin), Irina Korschunow (dt. Schriftstellerin), Ireen Sheer (engl.-dt. Schlagersängerin), Rena Lange (dt. Modedesignerin), Ira von Fürstenberg (dt. Adlige) – Auch > Renate

Irma

KURZFORM ZU NAMEN MIT IRMIN- , Z. B. IRMINA

Irmchen, Irmi, Irm, Erma, Irmina, Irmene, Irmline, Irmelin, Irmela, Imela, Imelda, Irmelda, Imka, Irmberga, Irmenburg, Irmelies, Irmtrud, auch > Irmgard

IRMINA (IRMA) VON OEREN. Geboren Mitte des 7. Jh. aus einem fränkischen Adelsgeschlecht, heiratete sie und wurde Mutter mehrerer Kinder, darunter auch von zwei Töchtern, die später ebenfalls Heilige wurden (Adela und Plektrudis). Nachdem ihr Ehemann gestorben war, widmete sie sich ganz der Unterstützung von Missionaren und der noch jungen Kirchen; so schenkte sie unter anderem dem berühmten Missionsbischof Willibrord einen Teil ihres Vermögens, damit er in Echternach die erste angelsächsische Missionszentrale außerhalb Englands errichten konnte. Später übernahm sie als Äbtissin die Leitung von Kloster Oeren (Öhren) in Trier, wo sie 708 starb; das Kloster wurde danach St. Irminen genannt. – Gedenktag: 24. Dezember

Irm Herrmann (dt. Schauspielerin), Imelda Marcos (philippin. Politikerehefrau)

Irmgard

AHDT. IRMIN, GROß, UND GART, SCHUTZ

Irmingard, Irmengard, Ermengardis, Ermgard, Armgard, Ermengarda, > Irma

IRMGARD VON FRAUENCHIEMSEE. Äbtissin. Geboren wohl 832 als Tochter von Bayernherzog Ludwig dem Deutschen und Hemma (die später ebenfalls heilig gesprochen wurde), übernahm sie um 857 die Leitung des berühmten Benediktinerinnenklosters Frauenwörth (Frauenchiemsee) auf der Fraueninsel im Chiemsee, Bayern, und wurde eine hoch verehrte Äbtissin. Die Überlieferungen berichten, dass sie ein Engel der Armen war und alle Bedürftigen rund um den Chiemsee versorgte; wenn im Winter wegen Eis der Schiffsverkehr auf dem See eingestellt war, soll sie in einem Einbaum zu den Menschen hinausgefahren sein. Sie selbst aß immer nur Fisch und Gemüse und führte ein strenges Bußleben. Im Alter von nur 34 Jahren starb sie am 16. Juli 866 in ihrem Kloster. Auf ihre Grabplatte aus Blei schrieb man, dass sie schon zu Lebzeiten wie eine Heilige verehrt wurde. Als man Jahrhunderte nach ihrem Tod ihren Sarg öffnete, fand man unter ihrer Ordenstracht ein Bußkleid aus harten Haaren. Die Reliquien befinden sich bis heute in der Irmgard-Kapelle der Klosterkirche Frauenchiemsee. 19. Dezember 1928 Seligsprechung. – Gedenktag: 16. Juli

IRMGARD (um 800–851), Kaiserin – Gedenktag: 20. März;
IRMGARD VON SÜCHTELN (von Köln) (um 1020–1085), Wohltäterin, Einsiedlerin – Gedenktag: 4. September

Irmgard Schwaetzer (dt. Politikerin), Irmgard Seefried (dt. Opernsängerin)

Isabel

FRANZ./SPAN. FORM VON > ELISABETH. HEBR. ISEBEL, DIE KEUSCHE

Isabell, Isabelle, Isabella, Isobel, Isabe, Izabel, Isabeau, Ilsebill, Elisa, Belisa, Bela, Bella, Belilla, > Elisabeth

ISABELLA VON PORTUGAL. Königin. Sie gilt als leuchtendes Vorbild einer christlichen Herrscherin. Geboren 1271 als Tochter des späteren Königs von Aragonien, erhielt sie bei der Taufe den Namen ihrer Großtante > Elisabeth von Thüringen (spanisch: Isabella). Als sie zwölf Jahre alt war, verheirateten die Eltern sie mit König Dionysius von Portugal; die Ehe wurde glücklich und kinderreich und dauerte fast ein halbes Jahrhundert. Fest stand sie an der Seite ihres Mannes und wurde immer wieder zur Friedensstifterin zwischen Völkern und Fürsten; bald drang ihr Ruf als Vermittlerin und hoch geachtete Ratgeberin weit über die Grenzen Portugals hinaus. Als Witwe zog sie sich in das Klarissenkloster Coimbra zurück, zuvor schenkte sie ihre Besitztümer den Armen und Kranken im Land. Sie starb am 4. Juli 1336; bis heute wird ihre Grabstätte in Coimbra viel besucht. 1625 Heiligsprechung. Sie ist Patronin von Portugal und wegen ihrer großen Gabe, Frieden zu stiften, auch Schutzheilige gegen Kriegsnöte. – Gedenktag: 4. Juli

ISABELLA VON FRANKREICH (1225–1270), Klostergründerin – Gedenktag: 22. Februar

Isabel Allende (chilen. Schriftstellerin) – Isabelle Adjani (franz. Filmschauspielerin), Isabella Nadolny (dt. Schriftstellerin), Isabella Rossellini (amerik.-ital. Filmschauspielerin, Model)

J

Jacqueline

WEIBLICHE FORM VON FRANZ. JACQUES, > JAKOB, HEBR. JAAQOB, ÜBERLISTER, VERDRÄNGER

Jacky, Jackie, Jakeline, Jakobine

Jacqueline Bisset (engl. Filmschauspielerin), Jacqueline Kennedy (Ehefrau von US-Präsident John F. Kennedy)

Jana

SLAW. WEIBLICHE FORM ZU > JOHANNA

Janna, Janne, Janine, Janina, Jannina, Jannine, Janika, Janita, Jantina, Janneke, Janny, Janka, Giannina, Gianna (auch > Johanna) – Weitere Ableitungen auch > Johanna

GIANNA BERETTA MOLLA. Mutter. Sie wurde wegen ihres heroischen Handelns am 24. April 1994 von Papst Johannes Paul II. selig gesprochen. Vor der Geburt ihres vierten Kindes war sie im Frühjahr 1962 an einem Tumor erkrankt, der operiert werden musste, wenn sie überleben wollte. Um ihr ungeborenes Kind im Mutterleib nicht zu gefährden, verweigerte sie jedoch die Operation, wissend, dass sie sterben würde. Das Baby, Gianna Emanuela, kam gesund zur Welt, eine Woche später starb sie am 28. April 1962 im Krankenhaus von Magenta bei Mailand, wo sie selbst am 4. Oktober 1922 geboren worden war. – Gedenktag: 28. April

Jana Henke (dt. Schwimmerin), Jana Hensel (dt. Schriftstellerin) – Gianna Nanini (ital. Popsängerin)

Janine

> JANA, > JOHANNA

Jasmin

PERS., NACH DER DUFTPFLANZE JASMINUM

Jasmina, Yasmin, Yasmina, Jasminka

Jasmin »Blümchen« Wagner (dt. TV-Moderatorin) – Prinzessin Yasmin (Tochter von Rita Hayworth)

Jennifer

Kelt. gwyn, weiss, blank, schön. Nebenform von Gwendolin, kelt. gwen, weiss, und dolen, Ring, Kreis

Jenifer, Jennefer, Jenny (auch > Johanna), Jenni, Jennie, Guinevere, Gaenor, Gueniève, Ginevra, Ginebra

Jennifer Aniston (amerik. Filmschauspielerin), Jennifer Capriati (amerik. Tennisspielerin), Jennifer Lopez (amerik. Filmschauspielerin) – Jenny Holzer (amerik. Künstlerin)

Jessica

Engl. zu hebr. jiskah, Gott schaut (an)

Jessika, Jess

Jessica Lange (amerik. Filmschauspielerin)

Johanna

Weibliche Form von > Johannes, hebr. jochanan, der Herr ist gnädig

Johanne, Johannetta, Johannina, Jehanna, Hanna, Hanne, Hanni, Hanny, Hannchen, Hannerl, Hansi, Hanja, Hanka, Hanke, Jane (auch > Christiane), > Jana, Jean, Joan, Jeanne, Jean(n)ette, Jeaninne, Joanne, Juana, Joan(n)a, Juanita, Jonna, Joka, Jensine, Jessy, Jessi, Jessye, Jenny (auch > Jennifer), Gianna (auch > Jana), Giovanna, Janka, Jovanka, Ivanna, Janula

Johanna von Orléans (Jeanne d'Arc). Seherin. In Frankreich wird sie noch heute als Retterin des Landes bezeichnet. Ihre Lebensgeschichte wurde in vielen Romanen, Geschichten und Liedern verewigt. Geboren am 6. Januar 1412 in Domrémy,

Johanna von Orléans, Seherin

Frankreich, als Tochter einer Gutsherrenfamilie, erhielt sie eine religiöse Ausbildung, lernte jedoch nie Lesen und Schreiben. Ab dem 13. Lebensjahr hörte sie immer wieder überirdische Stimmen, die ihr sagten, sie solle dem von den Engländern bedrängten französischen König zu Hilfe kommen und Frankreich retten; im damaligen Hundertjährigen Krieg erhob England Anspruch auf den französischen Thron. Sie machte sich tatsächlich auf den Weg zum Hof. Kronprinz Karl VII. hörte auf ihren Rat und zog, mit ihr vornweg und der ganzen Armee hinterher, nach Orléans, um die von den Engländern belagerte Stadt zu befreien. Die Rettung gelang, was ihrem tapferen Vorbild und ihrem Einfluss zugesprochen wurde. Karl empfing daraufhin die Königswürde. Sie aber geriet schon bald durch Verrat und Verleumdungen in die Hände der Engländer, die sie als Zauberin und Hexe anklagten. Karl, der ihr alles verdankte, kam ihr nicht zu Hilfe. Aufgrund eines gefälschten Schuldbekenntnisses wurde sie schließlich zum Tod verurteilt; am 30. Mai 1431 verbrannte man sie auf dem Marktplatz von Rouen. Papst Calixtus II. hob das Urteil 1456 wieder auf, ein neuer Prozess rehabilitierte sie völlig. Die Akten beider Prozesse sind noch erhalten. 1909 erfolgte ihre Seligsprechung, 1920 die Heiligsprechung. In Frankreich war sie lang das Symbol für Vaterland und Freiheit und wird bis heute als Landespatronin verehrt. – Gedenktag: 30. Mai

JOHANNA MARIA DE MAILLÉ (1332–1414), Klausnerin – Gedenktag: 28. März;
JOHANNA VON PORTUGAL (1452–1490), Königstochter, Ordensfrau – Gedenktag: 12. Mai;

Johanna von Valois (1464–1505), Ordensgründerin – Gedenktag: 4. Februar;
Johanna Franziska von Chantal (1572–1641), Ordensgründerin, Mystikerin – Gedenktag: 12. Dezember;
Joanna Fernández Solar (1900–1920), Ordensfrau – Gedenktag: 12. April

Johanna von Koczian (dt. Schauspielerin), Johanna Spyri (schweiz. Schriftstellerin) – Hanna Schygulla (dt. Schauspielerin), Hanne Haller (dt. Schlagersängerin), Hansi Knotek (österr. Filmschauspielerin), Jane Fonda (amerik. Filmschauspielerin), Jean Harlow (amerik. Filmschauspielerin), Joan Baez (amerik. Sängerin), Jeanne Moreau (franz. Filmschauspielerin), Jeanette Biedermann (dt. TV-Schauspielerin), Joanne K. Rowling (engl. Schriftstellerin), Jessye Norman (amerik. Opernsängerin) – > Hannah, > Jana

Josephine

Weiterbildung von Josepha, weibliche Form zu > Joseph, hebr. joseph, Gott möge vermehren

Josefine, Josefina, Josepha, Josefa, Josi, Josie, Josy, Josette, Josiane, Josianna, Josiana, Fina, Fine, Finette, Seferl, Giuseppina, Josefita, Pepita

Josephine Leroux. Märtyrerin. Sie gehörte dem Ursulinenordens an und unterrichtete als Schulschwester in Valenciennes, Frankreich. Während der Französischen Revolution wurde sie gefangen genommen und unter Folter aufgefordert, das Christentum aufzugeben; als sie sich mutig weigerte, ihrem Glauben abzuschwören, wurde sie am 23. Oktober 1794 öffentlich enthauptet. 1920 Seligsprechung. – Gedenktag: 23. Oktober

Fina von San Gimignano (1238–1253), Jungfrau – Gedenktag: 12. März;

Josepha Maria von der Heiligen Agnes (1625–1696), Märtyrerin – Gedenktag: 21. Januar;
Josepha Maria Anna Lindmayr (1657–1726), Ordensfrau – Gedenktag: 6. Dezember

Josephine Baker (franz. Sängerin, Tänzerin), Joséphine de Beauharnais (Ehefrau von Napoleon I.)

Judith

Hebr. jehudith, Frau aus Jehud (Juda), die Gepriesene

Juditha, Judita, Juditta, Judit, Judenta, Judintha, Juthitta, Judif, Judy, > Jutta, Juta

Judith von Niederaltaich. Reklusin. Die Überlieferungen erzählen, dass sie eine englische Prinzessin war und im 11. Jh. lebte. Auf der Rückreise von einer Wallfahrt ins Heilige Land entdeckte sie beim Kloster Niederaltaich in Bayern ihre verschollene Nichte Prinzessin Salome wieder, die wegen einer schlimmen Aussatzerkrankung aus England geflohen war und hier einsam als Reklusin lebte. Sie entschied sich, ebenfalls in Niederaltaich zu bleiben und pflegte Salome viele Jahre liebevoll bis zu deren Tod; kurz darauf starb auch sie. – Gedenktag: 29. Juni

Judith Betzler (dt. TV-Schauspielerin) – Judy Garland (amerik. Filmschauspielerin), Judy Winter (dt. Schauspielerin)

Julia

Weibliche Form zu Julius, Mitglied der röm. Familie der Julier

Jule, Jula, Julchen, Juliana, Juliane, Julianne, Liane, Lia, Lili, Lilli und Lil (beide auch > Elisabeth), Juliet, July, Gill, Jill, Jil, Gillian, Gillie, Julie, Juliette, Julienne, Giulia, Giulietta, Giuliana, Julietta,

Julia von Korsika, Märtyrerin

Julita, Julka, Julija, Julika, Juliska, Julianka, Uljana, Iliane, Iliana

Julia von Korsika. Märtyrerin. Sie gehört bis heute zu den besonders verehrten Heiligen in Italien und ist Patronin mehrerer italienischer Großstädte wie etwa Bergamo und Brescia, aber auch der französischen Insel Korsika, von der sie ihren Namen hat. Nach der mit Legenden überlagerten Lebensgeschichte stammte sie aus dem nordafrikanischen Karthago und lebte im 5. Jh. Eines Tages wurde sie gefangen genommen und auf einem Schiff auf die Insel Korsika verschleppt, wo sie einsam und oft misshandelt als Sklavin arbeiten musste. Beim Einfall der Vandalen erlitt sie das Martyrium, sie wurde gekreuzigt. Für die Aufbewahrung ihrer Reliquien wurde in Brescia im 8. Jh. die Kirche S. Giulia errichtet. – Gedenktag: 22. Mai

Julia von Troyes (um 240–270/275), Märtyrerin – Gedenktag: 21. Juli;
Juliana von Nikomedien (um 285–304), Märtyrerin – Gedenktag: 16. Februar;
Juliana Falconieri (um 1270–1341), Ordensfrau – Gedenktag: 19. Juni;
Julia von Certaldo (um 1319–1367), Reklusin – Gedenktag: 9. Februar

Julia Roberts (amerik. Filmschauspielerin) – Jule Neigel (dt. Rocksängerin), Juliana von Holland (Königin), Juliane Werding (dt. Schlagersängerin), Julianne Moore (amerik. Filmschauspielerin), Liane Hielscher (dt. Schauspielerin), Jill Ireland (amerik.

Filmschauspielerin), Jil Sander (dt. Modedesignerin), Julie Andrews (engl.-amerik. Filmschauspielerin, Sängerin), Juliette Gréco (franz. Chansonsängerin), Giulietta Masina (ital. Filmschauspielerin)

Juliane

WEITERBILDUNG VON > JULIA

Jutta

ALTNORD. FÜR JÜTIN, DIE FRAU AUS DEM VOLK DER JÜTEN. AUCH ABLEITUNG VON > JUDITH

Jutte, Itta, Juta, Jut, Jot, Jütte, Jüthe, Jytte, Jitka, Jutka, Idita, > Judith

JUTTA VON DISIBODENBERG. Reklusin. Geboren um 1090, ließ sie sich im Alter von 16 Jahren auf dem Disibodenberg bei Kreuznach, Rheinland-Pfalz, in eine Klause einschließen und verließ diese nie mehr. Bald war sie berühmt als Ratgeberin, Lehrerin und Helferin in allen Notlagen. Immer mehr Menschen strömten zu ihr, nach und nach erwuchs aus ihrer Zelle ein Nonnenkloster, das sie als Äbtissin aus der Klause heraus leitete. Eine ihrer Schülerinnen wurde die später berühmte > Hildegard von Bingen, die ihr nach ihrem Tod am 22. Dezember 1136 als Äbtissin folgte. Hildegard berichtete später von vielen Wundern, die sich an ihrer Grabstätte ereigneten, der Disibodenberg wurde zu einer Wallfahrtsstätte. – Gedenktag: 22. Dezember

JUTTA VON HUY (1158–1228), Reklusin – Gedenktag: 13. Januar
JUTTA VON SANGERSHAUSEN (um 1200–1260), Einsiedlerin, Wohltäterin – Gedenktag: 5. Mai

Jutta Kleinschmidt (dt. Rallyefahrerin), Jutta Limbach (dt. Rechtswissenschaftlerin), Jutta Speidel (dt. Schauspielerin)

K

Karin

SKAND. FORM VON > KATHARINA

Karla, Carla

> CHARLOTTE

Karolin, Karoline

> CAROLINE

Katharina

ALTGRIECH. FRAUENNAME AIKATHERINA, VON GRIECH. KATHAROS, REIN = DIE REINE

Katherina, Katerina, Katharine, Kathrina, Kathrine, Katarina, Catarina, Caterina, Catharina, Catherina, Catherine, Ekaterina, Jekateria, Kateri, Katarzyna, Kathrin, Katrin, Cathrin, Catrin, Catrien, Catriena, Katalin, Katalyn, Kateline, Catalina, Kathleen, Cathleen, Catalina, Carina, Karina, Karin, Karine, Kari, Karen, Karena, Kareen, Caren, Cara, Calle, Käthe, Käthy, Kätchen, Katrein, Kathrein, Kati, Kathi, Katia, Katja, Katjana, Kaja, Katna, Katka, Kata, Kate, Katty, Katrischa, Katinka, Karna, Kitty, Kai, Kay, Kaya, Tinka, Trina, Trine, Rina, Netti, Netty, Ina, Ine

KATHARINA VON ALEXANDRIEN. Märtyrerin, Nothelferin. Sie gehört auf der ganzen Welt zu den besonders verehrten Heiligen und ist einer der Vierzehn Nothelfer. Über ihr Leben gibt es mehrere Legenden, eine davon erzählt, dass sie die heidnisch erzogene Tochter von König Costus war und zu Beginn des 4. Jh. in Alexandria in Ägypten lebte. Sie war bildschön, aber

Katharina von Alexandrien, Märtyrerin

auch von übertriebenem Stolz und wies jeden jungen Mann, der um sie warb, überheblich zurück. Als ein greiser Einsiedler ihr eines Tages sagte, dass ihr wahrer Bräutigam Jesus Christus sei, erkannte sie ihr bisheriges oberflächliches Leben; heimlich ging sie jetzt regelmäßig zu einem Priester, und schließlich ließ sie sich taufen. Zu jener Zeit herrschte der römische Kaiser Maximinus Daja, einer der grausamsten Christenverfolger überhaupt; als er eines Tages zu einem heidnischen Opferfest aufrief, weigerte sie sich, daran teilzunehmen, und rief laut, dass die Heidengötter Abgötter seien und Christus der wahre Gott. Mit ihrer Redegewandtheit brachte sie den Kaiser vor allen Leuten in große Verlegenheit, wütend bestellte er die 50 besten Philosophen und Rhetorikmeister des Landes ein. Doch auch sie unterlagen ihr – und ließen sich alle taufen; einer sagte: »Kaiser, aus dieser Jungfrau spricht der Geist Gottes.« Der Kaiser ließ Katharina darauf in den Kerker werfen und schlimmsten Martern unterziehen; so wurde sie auf ein Rad gebunden, das jedoch zersprang, man zerstach ihren Körper mit Nägeln, doch sie gesundete auf wundersame Weise über Nacht, man gab ihr nichts zu essen und zu trinken, doch sie überlebte monatelang. Dann wurde sie enthauptet. Angebliche Reliquien werden im berühmten Katharinenkloster am Berg Sinai aufbewahrt. Vor allem im bäuerlichen Leben hat der Kathreinstag bis heute Bedeutung und ist ein wichtiger Lostag. – Gedenktag: 25. November

Katharina von Schweden (1331–1381), Äbtissin – Gedenktag: 24. März;

KATHARINA VON SIENA (1347–1380), Ordensfrau, Mystikerin – Gedenktag: 29. April;
KATHARINA DÉ RICCI (1522–1590), Priorin, Mystikerin – Gedenktag: 1. Februar;
KATHARINA (KATERI) TEKAWITHA (1656–1680), Büßerin – Gedenktag: 17. April

KÄTHE KOLLWITZ (1867–1945), *deutsche Grafikerin und Bildhauerin, legte mit ihrem künstlerischen Werk den Finger in die Wunden der Zeit: Nicht nur die Erfahrung des Verlustes ihres Sohnes im Ersten Weltkrieg (Plakatreihe »Nie wieder Krieg«, 1924), sondern auch ihr Kampf gegen eine von Hunger, Ausbeutung, Arbeitslosigkeit und Krankheit gebrandmarkte Gesellschaft schlug sich in ihrer Arbeit nieder, mit der sie internationale Aufmerksamkeit und Anerkennung erzielte.*

Katharina Thalbach (dt. Schauspielerin) – Katerina Jacob (dt. Schauspielerin), Katharine Hepburn (amerik. Filmschauspielerin), Katarina Witt (dt. Eiskunstläuferin), Caterina Valente (ital.-dt. Sängerin), Catherine Zeta-Jones (walis. Filmschauspielerin), Cathérine Deneuve (franz. Filmschauspielerin), Katrin Sass (dt. Schauspielerin), Kathleen Turner (amerik. Filmschauspielerin), Karin Dor (dt. Schauspielerin), Karen »Tania« Blixen (dän. Schriftstellerin), Käthe Kruse (Puppenmutter), Kati Wilhelm (dt. Biathletin), Katia Mann (Ehefrau von Thomas Mann), Katja Riemann (dt. Schauspielerin), Kate Moss (amerik. Model), Kai Fischer (dt. TV-Schauspielerin)

Klara

LAT. CLARUS, -A, -UM, GLÄNZEND, BERÜHMT = DIE BERÜHMTE

Clara, Kläre, Cläre, Klärchen, Klarina, Clarina, Klarinda, Clarinda, Klarissa, Clarissa, Claire, Clarette, Clairette, Clare, Clarice, Chiara, Chiarella, Clarita, Clartje

Klara von Assisi, Ordensgründerin

Klara von Assisi. Ordensgründerin. Geboren 1194 in Assisi in Umbrien, war sie von Kindertagen an Begleiterin von > Franz von Assisi. Begeistert durch sein einzigartiges Vorbild, verschrieb auch sie sich im Alter von 18 Jahren dem Armutsideal. Sie ließ sich in Assisi neben einem Kirchlein nieder und lebte dort in völliger Armut und im Gebet. Nach und nach schlossen sich ihr immer mehr Frauen an, die Gemeinschaft wuchs und es entstand das erste Klarissenkloster. Später schrieb sie eine eigene Ordensregel, die sich stark an die Regel des Franziskanerordens anlehnte, schließlich wurde der Klarissenorden vom Papst bestätigt. Obwohl sie ab ihrem 30. Lebensjahr aufgrund einer Erkrankung fast immer bettlägerig war, leitete sie ihre Gemeinschaft charismatisch jahrzehntelang bis zu ihrem Tod am 11. August 1253. Sie gehörte zu den berühmtesten Persönlichkeiten ihrer Zeit. Päpste, Kardinäle und Herrscher kamen nach Assisi, um ihren Rat einzuholen. – Gedenktag: 11. August

Klara von Montefalco (1268–1308), Äbtissin, Mystikerin – Gedenktag: 17. August;
Klara Fey (1815–1894), Ordensgründerin – Gedenktag: 8. Mai;
Klara Rosa Fietz (1905–1937), Ordensfrau – Gedenktag: 15. Juni

Clara Schumann (dt. Pianistin), Clara Zetkin (dt. Politikerin), Claire Bloom (engl. Schauspielerin), Claire Waldoff (dt. Filmschauspielerin)

Konstanze

LAT. CONSTANTIA, BESTÄNDIGKEIT = DIE BESTÄNDIGE

Constanze, Constance, Constanza, Konstans, Konstantia, Costanza, Konny, Conny und Connie (beide auch > Cornelia), Stanzel, Stanzerl, Stanze, Stanzi

COSTANZA PAOLA CERIOLI. Ordensgründerin. Geboren am 16. Januar 1816 in Soncino, Italien, heiratete sie jung. Als ihre Söhne und ihr Mann früh starben und sie plötzlich keine Familie mehr hatte, nahm sie alles, was sie besaß, und gründete damit den Orden der Schwestern und Brüder von der Heiligen Familie; seine Mitglieder kümmerten sich liebevoll um Waisenkinder und verlassene Kinder und sorgten für ihre Unterbringung und ihre Ausbildung. Sie starb am 24. Dezember 1865. Seligsprechung am 19. März 1950. – Gedenktag: 24. Dezember

Konstanze Vernon (dt. Balletttänzerin) – Constanze Engelbrecht (dt. Schauspielerin), Constanze Mozart (Ehefrau von Wolfgang A. Mozart), Constance Bennett (amerik. Filmschauspielerin)

Kordula

> CORDULA

L

Lara

> LAURA

Laura

KURZFORM VON ITAL. LAURENTIA, WEIBLICHE FORM VON LAURENTIUS, LAT. LAURUS, DER LORBEER, AUCH LORENZ

Lara, Laurentia, Laurentina, Laurentine, Laurentien, Laurine, Laurena, Laureina, Laureen, Laurette, Laure, Lale, Lalla, Larsina, Lore (auch Eleonore), Lora, Lorle, Loretta, Lorette, Loritta, Laurenza, Lorenza, Lorita, Lorella, Lorina, Lorena, Lorene, Loredana

LAURA VON CÓRDOBA. Märtyrerin. Die bis heute in Spanien verehrte Heilige lebte im 9. Jh. in Córdoba; nach dem Tod ihres Ehemannes trat sie dort in das Kloster S. Maria de Cuteclara ein. Wegen ihres charismatischen Wesens wurde sie sehr bewundert und bald zur Äbtissin des Klosters ernannt. Bei einem Einfall der Mauren in Córdoba geriet sie mit ihren Mitschwestern in Gefangenschaft, im Kerker setzte man sie furchtbaren Martern aus. Als sie mit keinem Wort klagte, sondern immer nur Gott pries, waren die Mauren außer sich vor Zorn und warfen sie schließlich in einen Kessel mit siedendem Blei; ihr Todestag war der 19. Oktober 864. – Gedenktag: 19. Oktober.

LAURA VICUNA (1891–1904), Schülerin – Gedenktag: 22. Januar

Laura Ashley (engl. Designerin), Laura Branigan (amerik. Popsängerin) – Lara Flynn Boyle (amerik. Filmschauspielerin), Laurentien von Oranje-Nassau (Prinzessin der Niederlande) – Laureen Bacall (amerik. Filmschauspielerin), Lale Andersen (dt. Schlagersängerin), Loretta Young (amerik. Filmschauspielerin)

Lea

HEBR. LE AH, DIE SICH (VERGEBLICH) ABMÜHT

Leah, Lia

LEA VON ROM. Christin. Sie war im 4. Jh. eine der prägenden christlichen Frauengestalten in Rom und gehörte dort dem Kreis der frommen Frauen um den großen Hieronymus an, der oft ihren Rat einholte. Nach dem Tod ihres Ehemannes war sie die Vorsteherin des Jungfrauenklosters S. Marcella in Rom geworden, und wegen ihres mütterlichen Wesens nannte man sie überall nur »Mutter der Jungfrauen«. Nach ihrem Tod am 22. März 384 würdigte Hieronymus in einem Nekrolog, der noch erhalten ist, ihre außergewöhnliche Tugendhaftigkeit. – Gedenktag: 22. März

Lea Rabin (israel. Schriftstellerin), Lea Rosh (dt. Publizistin) – Lia Wöhr (dt. TV-Unterhalterin)

Lena

> HELENA

Leonie

WEIBLICHE FORM VON LEO, LAT. LEO, LÖWE

Leonia, Leonilla (Neonilla), Leontine, Leonella, Leonzia, Leontina, Lona, Lone, Lon(n)i, Lon(n)y, Lonje

LEONILLA VON KAPPADOKIEN. Märtyrerin. Nach der Legende war sie eine fromme Witwe, die im 2. Jh. in Kappadokien, Türkei, lebte. Zusammen mit ihren Enkelsöhnen, den Drillingen Speusippo, Elasippo und Melesippo, erlitt sie 175 das Martyrium, alle vier wurden wegen ihres christlichen Glaubens von den Römern hingerichtet. Reliquien gelangten nach Ellwangen und nach Langres. – Gedenktag: 17. Januar

LEONIE (NELLY) SACHS *(1891–1970), dt.-schweiz. Schriftstellerin jüdischen Glaubens, konnte der Ermordung durch die Nationalsozialisten nur knapp entrinnen: Ihre Rettung nach Schweden verdankt sie u. a. der Schriftstellerin Selma Lagerlöf. Für ihr literarisches Werk, mit dem sie den Opfern des Holocaust Stimme verlieh, erhielt sie zahlreiche Auszeichnungen, darunter auch 1966 den Literaturnobelpreis sowie 1965 den Friedenspreis des deutschen Buchhandels.*

Leonie Rysanek (dt. Opernsängerin) – Loni von Friedl (dt. Schauspielerin), Lonny Keller (dt. Schauspielerin)

Lilli, Lili

> JULIA, > ELISABETH

Lilly

> ELISABETH

Lisa

> ELISABETH

Li(e)selotte, Lilo

ZUSAMMENSETZUNG AUS LISA (> ELISABETH) UND LOTTE (> CHARLOTTE)

Liselotte Linsenhoff (dt. Dressurreiterin), Liselotte Pulver (schweiz. Schauspielerin)

Luise

WEIBLICHE FORM VON LOUIS, FRANZ. FÜR > LUDWIG, AHDT. HLUT, BERÜHMT, UND WIG, KAMPF = BERÜHMTER KÄMPFER

Louise, Luisa, Louisa, Isa, Lou, Lu, L(o)uisella, Ludowika, Ludovica, Luigia

LOUISE DE MARILLAC. Ordensgründerin. Sie war die Mitbegründerin des Ordens der Vinzentinerinnen, der Barmherzigen Schwestern, der heute größten religiösen Frauengemeinschaft der Welt. Geboren am 12. August 1591 in Paris, hatte Louise zunächst geheiratet und ein glückliches Familienleben geführt. Nach dem frühen Tod ihres Ehemannes stürzte sie in eine tiefe Seelenkrise. Sie lernte dann Vinzenz von Paul kennen, den zu dieser Zeit bewunderten Erneuerer des religiösen Lebens in Frankreich. Vinzenz wurde ihr Seelenführer, durch ihn fand sie den Weg zur Caritas. Gemeinsam gründeten beide 1633 in Paris die Kongregation der Barmherzigen Schwestern, nach Vinzenz auch Vinzentinerinnen genannt; sie wurde die erste Generaloberin. Trotz schwerer körperlicher und seelischer Leiden kümmerte sie sich fast 30 Jahre lang aufopfernd um ihr Werk und ging vollkommen im Dienst am Nächsten auf. Sie starb am 15. März 1660 in Paris, betrauert vom ganzen Volk, das sie liebte und verehrte. Der Glasschrein mit ihren bekleideten Gebeinen in der Chapelle Notre-Dame an der Rue du Bac in Paris ist bis heute das Ziel der Gläubigen. Heiligsprechung am 11. März 1934. – Gedenktag: 15. März

Louise de Marillac, Ordensgründerin

LOUISE VON SAVOYEN (1462–1503), Ordensfrau – Gedenktag: 24. Juli

LUISE RINSER (1911–2002) *war zunächst Lehrerin, dann Volksschriftstellerin. In ihren stark vom Katholizismus geprägten Romanen (z. B. Mitte des Lebens, Daniela) setzte sie sich u. a. mit seelischen Konflikten von Frauen auseinander. Großen Erfolg erzielte sie auch mit ihrem Roman über die biblische Gestalt der Maria Magdalena, »Mirjam« (1983), und der als Jugendroman angelegten Erzählung über den heiligen Franziskus von Assisi, »Bruder Feuer« (1975).*

Luise Ullrich (dt. Schauspielerin), Luise von Preussen (Königin) – Louise Mary »Meryl« Streep (amerik. Filmschauspielerin)

M

Mandy

ENGL. KURZFORM VON AMANDA, LAT., LIEBENSWERT, DIE LIEBENSWERTE

Mandi, Manda

Mandy Wötzel (dt. Eiskunstläuferin)

Manuela

KURZFORM VON EMANUELA, WEIBLICHE FORM ZU > MANUEL; EMANUEL, IMMANUEL, HEBR., GOTT MIT UNS

Manuella, Manuelle, Manuelita, Mana, Emanuela, Emmanuelle

EMANUELA THERESE VON BAYERN. Ordensfrau. Sie wurde 1696 als Tochter von Kurfürst Max Emanuel von Bayern in Brüssel geboren. Im Alter von 24 Jahren gab sie, bis dahin eine bewunderte Prinzessin, das höfische Leben völlig auf und trat, gegen den Willen ihrer entsetzten Eltern, in München in ein Klarissenkloster ein. 30 Jahre lebte sie dort in völliger Enthaltsamkeit. Im Ruf der Heiligkeit starb sie am 9. Oktober 1750; ihre Gebeine befinden sich heute in der Münchener Frauenkirche. – Gedenktag: 9. Oktober

»Manuela« Denz (dt. Schlagersängerin)

Margaret

ENGL. FORM VON MARGARETHE, GRIECH. MARGARITES, DIE PERLE

Margret, Margrit, Margriet, Margarethe, Margrethe, Margaret, Margareta, Margarete, Grete, Grethe, Greta, Gretha, Gret, Margarte, Margarita, Margherita, Marguérite, Margaritta, Margit, Margita, Margitta, Margot, Margotine, Maret, Merit, Merete, Merta, Meta, Marit, Marita, Marketta, Marjorie, Margery, Madge, Maggy, Magie, Mag, Meggy, Meg, Peggy, Peg, Page, Padge, Marga, Margo, Mago, Margalida, Margalita, > Rita

MARGARETA VON ANTIOCHIEN. Märtyrerin und Nothelferin. Sie ist seit Jahrhunderten eine der beliebtesten Heiligen weltweit, gehört zum Kreis der Vierzehn Nothelfer und wird vor allem im bäuerlichen Leben sehr verehrt. Nach der Legende war sie die Tochter eines heidnischen Ehepaares aus Antiochien in Kleinasien, doch ihre Amme erzog sie heimlich im christlichen Glauben. Als der Vater nach Jahren bemerkte, dass sie Christin war, zeigte er sie wutentbrannt beim heidnischen Statthalter an, was einem Todesurteil gleichkam, denn es herrschte zu jener Zeit, Anfang des 4. Jh., eine der schlimmsten Christenverfolgungen überhaupt. Der Statthalter aber war von ihrer Schönheit so angetan, dass er ihr einen Heiratsantrag machte. Obwohl sie wusste, dass sie sich mit einer Ablehnung in Lebensgefahr begab, bekannte sie sich mutig zu Christus, ihrem Bräutigam, wie sie ihn nannte. Der gedemütigte Statthalter ließ sie daraufhin mit Fackeln brennen, an den Haaren aufhängen und geißeln. Doch am nächsten Morgen waren ihre schlimmen Wunden wie durch ein Wunder alle verschwunden. Als sich nach diesem wundersamen Ereignis im Volk immer mehr Unruhe breit machte und sich viele Heiden taufen ließen, war der Statthalter so erschrocken, dass er ihre sofortige Enthauptung anordnete. Das Todesjahr soll 307 gewesen sein. – Gedenktag: 20. Juli

Margareta von Antiochien, Märtyrerin, Nothelferin

MARGARETA EBNER(1291–1351), Ordensfrau, Mystikerin – Gedenktag: 20. Juni;
MARGARETA BOURGEOYS (1620–1700), Ordensgründerin – Gedenktag: 12. Januar;
MARGARETA MARIA ALACOQUE (1647–1690), Ordensfrau, Mystikerin – Gedenktag: 16. Oktober;
MARGARETA ROSA FLESCH (1826–1906), Ordensgründerin – Gedenktag: 25. März

MARGARET ROPER (1505–1544) *war Tochter des heiligen Thomas Morus, der vom englischen König Heinrich VIII. zum Tode verurteilt wurde. Die Bildung, die ihr Vater ihr zukommen ließ, brachte ihr den Ruf ein, eine der gelehrtesten Frauen ihrer Zeit zu sein. Auch in den schlimmsten Lebensstunden des Thomas Morus hielt seine Tochter Margaret fest zu ihm. Seinen enthaupteten Kopf, der zur Abschreckung auf einem Pfahl auf der Towerbrücke ausgestellt wurde, ließ sie schnell entfernen und gemeinsam mit seinem Leichnam bestatten. Dadurch zog sie den Zorn des Königs auf sich, der jedoch nicht imstande war, ihre Würde zu brechen.*

Margaret Thatcher (engl. Premierministerin) – Margaretha Mac Leod, »Mata Hari« (holl. Spionin), Margarethe von Trotta (dt. Regisseurin), Margarete Steiff (dt. Unternehmerin), Grete Schickedanz (dt. Unternehmerin), Grethe Weiser (dt. Schauspielerin), Greta Garbo (schwed.-amerik. Filmschauspielerin), Gret Palucca (dt. Tänzerin), Marguérite »Peggy« Guggenheim (amerik. Kunstmäzenin), Margit Schramm (dt. Schlagersängerin), Margot Fonteyn (engl. Tänzerin), Merit Becker (dt. Schauspielerin), Meg Ryan (amerik. Filmschauspielerin), Peggy March (amerik. Schlagersängerin)

Margarethe

> MARGARET

Maria

HEBR. MIRJAM, BED. UNKLAR, EVT. UNGEZÄHMT, WIDERSPENSTIG, AUCH: BITTERKEIT, BETRÜBTHEIT

Marie, Mariele, Mariechen, Marion, Mariana, Marita, Marija, Maja, Mara, Maren, Marika, Mareike, Marieke, Marisa, Maryse, Maike, Maika, Meike, Mieke, Mascha, Merga, Miri, Mirl, Mizzi, Mimi, Miriam, Mirjam, Myrjam, Manon, Marja, Marya, Mariah, Maire, Maureen, Mary, Marilyn, Mami, May, Mae, Molly, Polly, Mariella, Marinella, Marietta, Marcia, Mariska, Marka, Manka, Maruscha, Maruska, Marula, Mira, Ria, Rika, Mia, Mie, Meri – Zusammensetzungen: Marietheres, Marieluise – Auch Zweitname für Männer

MARIA. Mutter Jesu. Über sie berichten die Evangelien erst, als sie schon mit dem Zimmermann Joseph von Nazareth verlobt war, aber man weiß, dass > Joachim und > Anna ihre Eltern waren. Durch den Erzengel Gabriel erfuhr sie, dass sie die Mutter des Messias werden würde. Der Engel klärte auch den enttäuschten Verlobten Joseph über das Wunder der Empfängnis auf, und so blieb er bei seiner Braut und sorgte gut für sie. Auf dem Weg zu einer Volkszählung in Bethlehem gebar sie einen Sohn, dem sie, wie vom Engel aufgetragen, den Namen Jesus gab. Um der Verfolgung von König Herodes zu entgehen, flüchtete die kleine Familie für einige Zeit nach Ägypten und kehrte erst wieder nach Nazareth zurück, als der König gestorben war. Danach trat ihre Gestalt immer mehr in den Hintergrund; im öffentlichen Leben erscheint sie noch einmal bei der Hochzeit von Kana und dann wieder unter dem Kreuz Christi. Sie lebte nach dem Tod Jesu möglicherweise bei dem Jünger Johannes, zu dem Jesus vor seinem Dahinscheiden gesagt hatte: »Siehe da, deine Mutter.« Ihr letztes öffentliches Auftreten war nach Christi Himmelfahrt, als sie mit den Jüngern um den Heiligen Geist betete. Als Ort ihres Todes werden Jerusalem und Ephesus genannt. Das Fest Mariä Geburt ist seit 700 sicher bezeugt; Papst Sergius I. (687–701) ordnete es damals für Rom an, später feierte die ganze Kirche diesen Tag zu Ehren der Gottesmutter. Andere wichtige Marienfeste sind: Hochfest der Gottesmutter Maria (1. Januar), Mariä Lichtmess (2. Februar), Mariä Verkündigung (25. März), Mariä Heimsuchung (2. Juli), Mariä Himmelfahrt (15. August), Maria Königin (22. August), Mariä Namen (12. September), Hochfest der Unbefleckt Empfangenen Gottesmutter Maria (8. Dezember). – Hauptgedenktag: 8. September (Geburt Marias)

Maria Magdalena, Begleiterin Jesu – Namenstag: 22. Juli;
Maria von Ägypten (um 380–um 430), Einsiedlerin – Gedenktag: 2. April;
Mary Ward (1585–1654), Ordensfrau, Stifterin – Gedenktag: 30. Januar;
Marie-Marguérite de Lajemmerais (1701–1771), Ordensgründerin – Gedenktag: 23. Dezember;
Mirijam baouardy (1846–1878), Ordensfrau, Mystikerin – Gedenktag: 26. August;
Maria Droste zu Vischering (1863–1899), Ordensfrau, Mystikerin – Gedenktag: 8. Juni;

Maria Goretti (1890–1902), Märtyrerin – Gedenktag: 6. Juli

Maria Montessori (1870–1952) *war nicht nur die erste Italienerin, die 1896 in Rom den medizinischen Doktorgrad erworben hat: Ein Schlüsselerlebnis für ihre neue pädagogische Methode, Kinder in ihrer Entwicklung mit speziellem Spielzeug, den »Montessori-Materialien«, zu fördern, hatte sie als Assistenzärztin an der psychiatrischen Universitätsklinik in Rom. Hier musste sie die Erfahrung machen, dass geistig behinderte Kinder völlig apathisch in einem engen Raum ohne Spielzeug lediglich verwahrt wurden. Ihre Methode förderte sensationelle Ergebnisse zutage: Viele Kinder konnten bald den Entwicklungsstand gesunder Kinder aufholen. Diese erfolgreichen Ergebnisse wiederholten sich später in der Casa dei Bambini, einer Kindertagesstätte im römischen Armenviertel San Lorenzo: Aus verwahrlosten, oft sich selbst überlassenen Kindern, wurden wissbegierige und fröhliche Menschen. Maria Montessoris Lehre eines verborgenen Bauplans kindlicher Entwicklung fand schnell eine weltweite Verbreitung.*

Maria Callas (griech.-ital. Opernsängerin), Maria Schell (schweiz. Schauspielerin) – Marie Bäumer (dt. Schauspielerin), Mariele Millowitsch (dt. Schauspielerin), Marion von Dönhoff (dt. Publizistin), Marika Kilius (dt. Eiskunstläuferin), Marisa Berenson (amerik. Schauspielerin), Miriam Hopkins (amerik. Filmschauspielerin), Mirjam Pressler (dt. Schriftstellerin), Mariah Carey (amerik. Popsängerin), Maureen O'Hara (irisch-amerik. Filmschauspielerin), Mary Quant (engl. Modedesignerin), Marilyn Monroe (amerik. Filmschauspielerin), May Britt (schwed. Filmschauspielerin), Mae West (amerik. Filmschauspielerin), Marietta Slomka (dt. TV-Moderatorin), Mia Farrow (amerik. Filmschauspielerin), Mia Künzer (dt. Fußballspielerin)

Marianne

Eigenständiger Name aus > Maria und > Anna

Marianna, Mariana, Nanne, Nanna

Marianne Faithful (engl. Rocksängerin), Marianne Rosenberg (dt. Schlagersängerin), Marianne Sägebrecht (dt. Schauspielerin)

Marlene

AUS > MARIA UND MAGDALENA

Marlen, Marleen, Marilene, Marle, Marla

Marlene Dietrich (amerik.-dt. Filmschauspielerin) – Marla Glen (amerik. Rocksängerin)

Martha

ARAM. MARTHA, LEHRERIN, HERRIN, GEBIETERIN

Marta, Marte, Marthe, Märte, Märthe, Märtel, Märtha, Martje, Mat, Matty, Marfa

MARTHA VON BETHANIEN. Christin. Nach den Evangelien war sie die Schwester von Lazarus und Maria von Bethanien. Berühmt ist die von Lukas wiedergegebene Szene, wie Jesus mit größerem Gefolge im Haus der drei Geschwister einkehrt und sie sich als gute Hausfrau eilfertig um das leibliche Wohl der Gäste kümmert, während sich ihre Schwester Maria zu ihrer Verärgerung zu Jesus setzt und dessen Worten lauscht. – Eine Legende berichtet über sie, dass sie zusammen mit Lazarus und Maria auf einem Schiff nach Südfrankreich gekommen sei und dort im Gebiet von

Martha von Bethanien, Christin

Aix missioniert habe. Einen menschenfressenden Drachen soll sie mit ihrem Kreuz und mit Weihwasser in die Flucht geschlagen haben. Nachdem man ihre vermeintlichen Gebeine im 12. Jh. wieder entdeckt hatte, wurde für deren Aufbewahrung in der südfranzösischen Stadt Tarascon die Kirche Ste-Marthe errichtet, in der bis heute der Steinsarkophag gezeigt wird, den man aufgefunden hat. – Gedenktag: 29. Juli

MARTHA AIMEÉ LE BOUTEILLER (1816–1883), Ordensfrau – Gedenktag: 18. März

Martha Graham (amerik. Tänzerin), Martha Mödl (dt. Opernsängerin), Martha Stewart (amerik. TV-Moderatorin) – Märtha Louise von Norwegen (Prinzessin)

Martina

WEIBL. FORM VON > MARTIN, SOHN DES RÖM. KRIEGSGOTTES MARS, DEM MARS GEWEIHT

Martine, Marti, Tina, Tine, Tinette

MARTINA VON ROM. Märtyrerin. Schon seit dem 7. Jh. wird sie in Rom verehrt, die ihr (und > Lukas) geweihte Kirche SS. Luca e Martina bewahrt ihre Reliquien. Während einer Christenverfolgung im Jahre 230 war sie, eine junge Diakonissin, gefangen genommen und furchtbaren Martern ausgesetzt worden. Aber auf wundersame Weise überlebte sie alle Qualen. Einmal wurde sie Löwen zum Fraß vorgeworfen, doch die Tiere waren plötzlich ganz zahm und legten sich zu ihren Füßen; ein anderes Mal stand sie festgekettet in den lodernden Flammen eines Scheiterhaufens, als ein starker Regen einsetzte und das Feuer löschte. Erschrocken über so viele Wunder, ließ der Kaiser, der ihr Todesurteil gesprochen hatte, sie schließlich enthaupten. – Gedenktag: 30. Januar

Martina Ertl (dt. Skiläuferin), Martina Navratilova (tschech.-amerik. Tennisspielerin) – Martine Carol (franz. Filmschauspielerin), Tina Turner (amerik. Rocksängerin)

Mathilde

AHDT. MAHT, MACHT, KRAFT, UND HILTJA, KAMPF = MÄCHTIGE KÄMPFERIN

Mathilda, Matilde, Matilda, Mechthild(e), Mechtild, Mechteld, Mettild, Tilde, Thilde, Tilla, Tilly, Meta, Mete, Maude, Maud, Maudie, Matty, Patty (auch > Patricia), Patsy, Mafalda

MATHILDE. Königin. Geboren 895, heiratete sie 909 auf Anordnung ihrer Eltern den deutschen König Heinrich I. Sie wurde Mutter von Otto (dem Großen) und damit Ahnfrau des Ottonischen Herrscherhauses. Nach dem Tod Heinrichs 936 litt sie zunächst sehr unter dem Streit ihrer Söhne Otto und Heinrich, die beide die Krone beanspruchten; ein dritter Sohn war Bruno, Erzbischof von Köln. Mit großem Einsatz widmete sie sich im Lauf ihres Lebens vielen karitativen Tätigkeiten und gründete zahlreiche Klöster, so das berühmte Frauenstift Quedlinburg. Das Volk verehrte und liebte sie wegen ihrer Güte und ihrer Klugheit. Sie starb am 14. März 968 und wurde in der Stiftskirche Quedlinburg beigesetzt. – Gedenktag: 14. März

MECHTHILD VON DIESSEN (gest. 1160), Ordensfrau – Gedenktag: 31. Mai;
MECHTHILD VON MAGDEBURG (um 1210–1282/1294), Mystikerin, Schriftstellerin – Gedenktag: 15. August;
MECHTHILD VON HELFTA (von Hackeborn) (1241–1299), Ordensfrau, Mystikerin – Gedenktag: 19. November

Mathilde von Belgien (Prinzessin), Mathilde Wesendonck (dt. Schriftstellerin) – Mechthilde Lichnowski (dt. Schriftstellerin),

Tilla Durieux (franz. Schauspielerin), Tilly Lauenstein (dt. Schauspielerin), Maud von Norwegen (Prinzessin)

Melanie

GRIECH. MELANIA, DIE SCHWÄRZE = DIE DUNKLE, DIE SCHWARZE

Melania, Meline, Melany, Mellony, Meloney, Mela, Melly, Mel, Mele, Mille, Melana, Menka, Melanka, Malenka, Malanka, Melanija, Menka, Meeltje

MELANIA VON ROM. Christin. Über Jahrhunderte gab es einen starken Kult um sie in der Ostkirche. Geboren 383 in Rom aus einer hoch gebildeten Adelsfamilie, heiratete sie jung und führte mit Mann Pinianus ein christliches Familienleben. Nach und nach verschenkte sie ihr gesamtes ererbtes Vermögen an Arme und an Kirchen und Klöster. Nach dem frühen Tod ihrer Kinder unternahm sie mit ihrem Mann Pilgerreisen zu Gesprächen mit den großen Kirchenpersönlichkeiten jener Zeit, zu Augustinus von Hippo, Cyrillus von Alexandria und Paulinus von Nola. Weitere Reisen führten sie zu den damals bedeutenden Klostersiedlungen in Ägypten. Im Jahr 417 ließen sie sich schließlich in Jerusalem nieder und gründeten auf dem Ölberg ein Kloster. Dort starb sie am 31. Dezember 439. – Gedenktag: 31. Dezember

Melanie Griffith (amerik. Filmschauspielerin), Melanie Paschke (dt. Leichtathletin)

Michaela

WEIBL. FORM VON > MICHAEL, HEBR. MI-KHA-EL, WER IST WIE GOTT

Michaele, Micheline, Michaline, Michalina, Michaeline, Michelle, Michèle, Micaela, Michela, Michelina, Mihaela, Mihala, Miguela, Miquela, Mikela, Mikele, Mikala

MICHELINA VON PESARO. Mystikerin. Geboren 1300 in Pesaro, Italien, wurde sie im Alter von erst zwölf Jahren mit dem reichen Adligen Malatesta verheiratet, der aber bald starb. Als ihr einziger Sohn ebenfalls früh starb, verzichtete sie auf den Reichtum und auf die Macht, die sie durch ihre Heirat hatte, und trat in den Franziskanerorden ein. Von nun an kümmerte sie sich um die Ärmsten im Volk, unter anderem pflegte sie Aussätzige. Sie war mystisch hoch begnadet. Während einer Palästina-Wallfahrt erlebte sie auf dem Kalvarienberg eine Ekstase, die großes Aufsehen erregte und über die in vielen Überlieferungen berichtet wird. Sie starb am 19. Juni 1356. Ihr Kult verbreitete sich außer in ihrer Heimat auch in Deutschland. – Gedenktag: 19. Juni

Michaela May (dt. Schauspielerin) – Michaele Schreyer (dt. EU-Kommissarin), Michelle Pfeiffer (amerik. Filmschauspielerin), Michèle Morgan (franz. Filmschauspielerin)

Michelle

> MICHAELA

Monika

GRIECH. MONACHOS, ALLEIN, EINZELN (LEBEND)

Monica, Monnica, Moni, Mona, Mone, Monike, Monique, Moncha

MONIKA. Mutter von Augustinus. Sie gehört zu den großen heiligen Frauengestalten. Geboren 331 in Tagaste, Algerien, wurde sie christlich erzogen. Sie heiratete jung und bekehrte ihren heidnischen Ehemann zum Christentum. Von den drei Kindern machte ihr der 354 geborene Sohn Augustinus große Sorgen, weil er als Jugendlicher ein unstetes Leben führte, einen unehelichen Sohn bekam und Irrlehren anhing. All ihr Bitten und Flehen aber halfen nichts. Eines Tages zog der hoch gebildete Au-

Monika, Mutter von Augustinus

gustinus nach Italien, wo er in Mailand einer der jüngsten Rhetorikprofessoren wurde. Höchst besorgt folgte sie ihm sogar dorthin. Nach einer Predigt des berühmten Kirchenlehrers Ambrosius von Mailand kam die Wende: Augustinus bekehrte sich zum Christentum und ließ sich 387 taufen. Es war der glücklichste Tag für die Mutter. Gemeinsam wollten sie wieder nach Nordafrika zurückkehren, doch noch vor dem Ablegen des Schiffes von Ostia bei Rom starb sie, es war wohl im Oktober 387. Der Sarkophag mit ihren Gebeinen befindet sich heute in der Kirche S. Agostino in Rom. 1945 fand man bei Ausgrabungen in Ostia ein Fragment ihres Epitaphs. Augustinus wurde der Begründer des Augustinerordens. – Gedenktag: 27. August (am Tag vor dem Augustinus-Fest)

MONIKA HAUSER (geb.1959), *italienische Ärztin, wollte ihren Ohnmachtsgefühlen gegenüber vergewaltigten Frauen und Mädchen 1992 in Bosnien-Herzegowina ein Ende bereiten und gründete ein Jahr später das Projekt »Medica Zenica«: Hier wurde Tausenden von vergewaltigten und gefolterten Frauen und Kindern Hilfe in vielfältiger Form angeboten: Dazu zählte neben der medizinischen, psychotherapeutischen und psychosozialen Hilfe auch einfache praktische Lebenshilfe wie die Besorgung von Lebensmitteln und die Schaffung von Ausbildungsangeboten. Inzwischen setzt sich »Medica mondiale« weltweit für die Rechte und Interessen von Frauen ein, die in Kriegen vielfache Traumatisierungen erfahren haben.*

Monika Griefahn (dt. Politikerin) – Monica Bellucci (ital. Filmschauspielerin), Mona Seefried (österr. Schauspielerin), Monique Garbrecht-Enfeldt (dt. Eisschnellläuferin)

N

Nadine

WEITERBILDUNG VON RUSS. NADESCHDA, HOFFNUNG

Nadina, Nadia, Nadya, Nadja, Nada, Nadinka, Nadeschda, Nadjeschda

Nadine Gordimer (südafrik. Schriftstellerin) – Nadia Boulanger (franz. Komponistin), Nadja Auermann (dt. Model), Nadja Tiller (dt. Schauspielerin)

Natalie

LAT. DIES NATALIS, TAG DER GEBURT (CHRISTI), URSPRÜNGLICH EIN NAME FÜR DIE AN WEIHNACHTEN GEBORENEN

Natalia, Natali, Natascha, Nadascha, Natalina, Natina, Nataly, Nathalie, Noelle, Natalija, Natalja, Nata, Natalka, Natasa, Tusja

NATALIE VON NIKOMEDIEN. Wohltäterin. Sie war Christin und lebte mit ihrem Mann Hadrian, der ebenfalls Christ war, um das Jahr 300 in Nikomedien, dem damaligen Kleinasien in der heutigen Türkei. Aufopfernd kümmerte sie sich um die aufgrund ihres christlichen Glaubens in den Gefängnissen sitzenden Gefangenen und Geschundenen der furchtbaren Christenverfolgungen jener Zeit. Als eines Tages auch ihr Ehemann Hadrian der Verfolgung zum Opfer fiel und ermordet wurde, schuf sie ihm in Konstantinopel eine Grabstätte und ließ sich daneben für immer nieder. Dort starb sie im Jahre 311. – Gedenktag: 1. Dezember

NATALIA VON CÓRDOBA (gest. um 853), Märtyrerin – Gedenktag: 27. Juli

Natalie Wood (amerik. Filmschauspielerin) – Natascha Müllerschön (dt. Modedesignerin)

Natascha

KOSEFORM VON > NATALIE

Nicole

WEIBLICHE FORM ZU > NIKOLAUS, GRIECH. NIKE, SIEG, UND LAOS, VOLK, VOLKSMENGE = (BE-)SIEGER DES VOLKES

Nicol, Nikol, Nikoletta, Nicoletta, Nicolette, Nikoline, Nicla, Niki

Nicole (dt. Schlagersängerin), Nicole Heesters (dt. Schauspielerin), Nicole Kidman (amerik. Filmschauspielerin) – Niki de Saint Phalle (franz. Künstlerin)

Nora

KURZFORM VON > ELEONORE

P

Patricia

WEIBLICHE FORM VON PATRICIUS, LAT. PATRICIUS, ZUM HOHEN ADEL GEHÖREND, AUS EINER PATRIZIER-(ADELS-)FAMILIE

Patrizia, Tricia, Pat, Patsy, Patty (auch > Mathilde)

PATRICIA. Märtyrerin. In Neapel, Italien, wird sie bis heute verehrt. Sie entstammte der herrschenden Kaiserfamilie in Konstantinopel und lebte dort im 7. Jh. am prunkvollen Hof. Sie entschied schon als Mädchen, ihr Leben Gott zu weihen, Jesus sah sie als ihren Bräutigam an. Als ihre Familie sie verheiraten wollte, floh sie über Nacht aus Konstantinopel und schlich sich auf ein Schiff, mit dem Wallfahrer unterwegs ins Heilige Land waren. Bei einem Halt im Hafen von Neapel ging sie von Bord und wanderte in die Stadt hinein. Dort ließ sie sich neben einer Kirche nieder und lebte von nun an ein Leben ganz im Gebet, hoch verehrt vom Volk. Sie starb am 25. August 665 und wurde in Neapel in einem Kloster beigesetzt, das man nach ihr S. Patrizia nannte. – Gedenktag: 25. August

Patricia Highsmith (amerik. Schriftstellerin), Patricia Kaas (franz. Chansonsängerin), Gracia Patricia von Monaco (Schauspielerin und Fürstin) – Tricia Guild (engl. Designerin), Pat Nixon (Ehefrau von US-Präsident Richard Nixon)

Paula

WEIBLICHE FORM ZU > PAUL, LAT., PAULUS, DER KLEINE, KLEIN = DIE KLEINE

Paulina, Pauline, Paulette, Paolina, Paule, Pavla, Paola, Pola

PAULA VON ROM. Christin. Sie war eine der herausragenden christlichen Frauengestalten des 4. Jh. Geboren 347 in Rom, heiratete sie jung und bekam fünf Kinder. Nach dem frühen Tod ihres Ehemannes 379 wandte sie sich im Alter von 32 Jahren ganz dem asketischen Leben zu, das sie durch den von ihr bewunderten Kirchenlehrer Hieronymus kennen gelernt hatte. 385 folgte sie diesem zunächst nach Ägypten und dann nach Palästina. Dort ließ sie sich schließlich für immer in Bethlehem nieder und gründete aus ihrem Vermögen ein Frauen- und ein Männerkloster; beide Häuser wurden durch sie und Hieronymus, der die Männerabtei leitete, zu einem Mittelpunkt des christlichen Lebens. Hieronymus sprach und schrieb oft mit großer Achtung von ihr und ihrem Wirken. Sie starb am 26. Januar 404 in Bethlehem. – Gedenktag: 26. Januar

PAULINA VON THÜRINGEN (gest. 1107), Klostergründerin – Gedenktag: 14. März;
PAULA VON MONTALDO (1443–1514), Äbtissin – Gedenktag: 18. August;
PAOLA DI ROSA (1813–1855), Gründerin – Gedenktag: 15. Dezember;
PAULINE VON MALLINCKRODT (1817–1881), Ordensgründerin – Gedenktag: 30. April

Paula Modersohn-Becker (dt. Malerin), Paula Wessely (österr. Schauspielerin) – Paulina Porizkova (poln. Model), Pauline Lucca (österr. Opernsängerin), Paulette Goddard (amerik. Filmschauspielerin), Paola (schweiz. Schlagersängerin), Pola Negri (poln. Filmschauspielerin)

Petra

WEIBLICHE FORM ZU > PETER, GRIECH. PETROS, DER FELSEN

Piera, Pietra, Pierina, Petrina, Perette, Pierrette, Pierrine, Peterke, Pieterke, Petke, Pietje, Peetje

Petra Gerster (dt. TV-Moderatorin), Petra Kelly (dt. Politikerin), Petra Schürmann (dt. TV-Moderatorin)

R

Rahel

HEBR. RAHEL, LAMM, SCHAF, MUTTERSCHAF

Rachel, Rachael, Rachele, Raquel, Raquela, Rachelle, Rakel, Ragie, Chel, Ray, Rey, Shelley, Shelly

RAHEL. Gestalt aus dem Alten Testament. Um sie rankt sich eine der bewegendsten Liebesgeschichten des Alten Testaments. Als sie als junges Mädchen einmal dabei war, die Schafe der Familie am Brunnen zu tränken, erblickte Jakob, Isaaks Sohn, sie das erste Mal und liebte sie von diesem Augenblick an sein ganzes Leben lang. Diese Liebe aber war großen Belastungen ausgesetzt. Bis sie Jakob heiraten durfte, musste dieser auf Befehl ihres Vaters erst einmal sieben Jahre für sie arbeiten. Am Abend der Hochzeit entdeckte Jakob unter dem Brautschleier, dass ihm der Vater seine ältere Tochter Lea zur Frau gegeben hatte. Eine Woche später heiratete er dann endlich die richtige Braut. Lea schenkte Jakob sieben Kinder, sie aber blieb viele Jahre kinderlos und war untröstlich. Jakob tröstete sie wieder und wieder und versicherte ihr seine ganze Liebe. Nach vielen Jahren kam dann doch noch beider Sohn Josef zur Welt, und sie war überglücklich. Bald darauf war sie sogar erneut schwanger, aber bei der Geburt des zweiten Sohnes starb sie; in der Todesstunde hatte sie entschieden, dass der Neugeborene Ben-oni heißen solle, Sohn meines Unheils. Jakob aber nannte ihn Benjamin, Sohn meiner rechten Hand. Benjamin wurde sein ganzes Glück. – Gedenktag: 11. Juli

Rachel Kempson (engl. Filmschauspielerin), Raquel Welch (amerik. Filmschauspielerin), Shelley Winters (amerik. Filmschauspielerin)

Rebekka

HEBR. RIBEGAH, FESSELND, SCHMEICHELND, BESTRICKEND = DIE FESSELNDE

Rebecca, Rebeka, Rebeca, Rebecka, Rebekah, Rebecque, Revekka, Beke, Becca, Becky, Beckie, Reba, Rivkah

REBEKKA. Gestalt aus dem Alten Testament. Sie war die Ehefrau von Isaak und Mutter der Zwillingsbrüder Jakob und Esau, die nach zunächst 20-jähriger kinderloser Ehe noch geboren wurden. Esau verkaufte später sein Erstgeburtsrecht gegen ein Linsengericht an Jakob. Jakob, ihr Lieblingssohn, erschlich sich auf ihren Rat hin an Stelle von Esau den Segen von Isaak, indem er sich als Esau verkleidete. Als Esau vor Wut tobte, empfahl sie Jakob, zu ihrem Bruder Laban nach Syrien zu fliehen und dort ein paar Tage zu bleiben, bis sich Esau wieder beruhigt habe; danach sah sie Jakob nie wieder. – Namenstag: 30. August

REBEKKA AR RAYÉS (1832–1914), Ordensfrau – Gedenktag: 23. März

Rebecca Saunders (engl. Komponistin)

Regina

LAT. REGINA, KÖNIGIN (HIMMELSKÖNIGIN MARIA)

Regine, Gina, Ina, Ine, Rega, Renja

REGINA PROTMANN. Ordensgründerin. Sie ist eine der bedeutendsten deutschen Frauengestalten. Papst Johannes Paul II. würdigte ihre Verdienste am 13. Juni 1999 mit ihrer Seligsprechung. Geboren 1552 in Braunsberg in Ostpreußen, verließ sie 19-jährig ihr Elternhaus und zog in ein zerfallenes Haus, um ein selbst gewähltes Leben der Armut und des Gebets zu führen.

Als sich ihr immer mehr Frauen anschlossen, verfasste sie eine Regel für die Gemeinschaft, aus der ein Orden entstand, der sich nach der heiligen Katharina von Alexandrien Katharinerinnen nannte. Die Frauen lebten ein aktives Apostolat der Nächstenliebe und nahmen sich der Alten, Kranken und Verlassenen in der Stadt an. Besonders kümmerten sie sich um die Geisteskranken und die Pestopfer, was in der damaligen Zeit eine Provokation war. »Mutter Regina«, wie sie von allen nur genannt wurde, leitete ihre Gemeinschaft aufopfernd über 40 Jahre lang bis zu ihrem Tod am 18. Januar 1613. Ihr Orden wurde zum Wegbereiter mehrerer neuer Krankenpflegeorden. Er ist ununterbrochen in vielen Ländern der Welt tätig und ist bis heute der älteste durchgehend bestehende Frauenorden in Deutschland. – Gedenktag: 18. Januar

Regina von Alise (220–250), Märtyrerin – Gedenktag: 7. September;
Regina von Denain (8. Jh.), Klosterstifterin – Gedenktag: 1. Juli

Regina Halmich (dt. Boxerin) – Regine Hildebrandt (dt. Politikerin), Gina Lollobrigida (ital. Filmschauspielerin), Ina Deter (dt. Rocksängerin)

Renate

Lat. re-natus, wiedergeboren = die (durch die Taufe) Wiedergeborene

Renata, Renée, Rene, Rena, Reni, Renette, Rentje, Nata, Nati, Nate, Natti

Renata von Bayern. Herzogin. Sie gründete zusammen mit ihrem Ehemann Herzog Wilhelm V. von Bayern die Münchener Michaelskirche. Dort ist sie auch beigesetzt. Die lothringische

Renata von Bayern, Herzogin

Herzogstochter hatte während ihrer Ehe fast ihr ganzes Vermögen für karitative Einrichtungen und für die Kirche ausgegeben, tatkräftig unterstützt von ihrem Mann Wilhelm. Jeden Tag speiste sie am Herzogshof in München zwölf arme Frauen an ihrem Tisch. Das Volk liebte und verehrte sie wegen ihres großen Herzens und ihrer Wohltätigkeit. Sie starb am 22. Mai 1602 in München. – Gedenktag: 22. Mai

Renate Ewert (dt. Filmschauspielerin), Renate Schmidt (dt. Politikerin) – Renata Tebaldi (ital. Opernsängerin), Renée Fleming (amerik. Opernsängerin), Renée Zellweger (amerik. Filmschauspielerin), Rena Lange (dt. Modedesignerin)

Rita

ALTE ITALIENISCHE FORM VON MARGHERITA > MARGARET

Reta, Reda

RITA VON CASCIA. Mystikerin. Sie ist eine der großen Heiligengestalten in Italien und Südamerika. In Italien werden jedes Jahr am 22. Mai Rita-Rosen geweiht. Geboren wohl 1380 (oder um 1360) in Rocca Porena in Umbrien, musste sie auf Wunsch der Eltern einen ungeliebten Mann heiraten, der sie während der Ehe oft misshandelte. Als der Ehemann nach 18 Jahren ermordet wurde, schworen die beiden Söhne Blutrache. Sie betete verzweifelt zu Gott, dass er ihre Kinder lieber sterben lassen solle, als dass sie ihre Mordpläne in die Tat umsetzten. Das Unfassbare geschah: Beide Jünglinge starben innerhalb kurzer Zeit. So-

Rita von Cascia, Mystikerin

fort danach trat sie in das Kloster der Augustiner-Eremitinnen in Cascia ein und lebte fortan in großer Bußstrenge und in tiefer Liebe zum gekreuzigten Jesus. Um ihre Person ereigneten sich zahlreiche Wunder: so soll einmal mitten im Winter im verschneiten Klostergarten eine Rose erblüht sein, als sie um eine Blüte bat. Während einer ihrer zahlreichen Visionen empfing sie sogar die Wundmale der Dornenkrone Christi, die sie viele Jahre bis an ihr Lebensende trug, wie die Berichte erzählen. Sie starb am 22. Mai vermutlich im Jahr 1457 (oder 1434). In der Kirche S. Rita in Cascia sind ihre bekleideten Gebeine bis heute in einem Glassarg aufgebahrt, die Grabstätte ist einer der größten Wallfahrtsorte in Italien. Sie wird als Patronin in aussichtslosen Nöten angerufen. Heiligsprechung am 24. Mai 1900. – Gedenktag: 22. Mai

RITA PUJALTE SANCHEZ (1853–1936), Ordensfrau, Märtyrerin – Gedenktag: 20. Juli

Rita Hayworth (amerik. Filmschauspielerin), Rita Pavone (ital. Schlagersängerin), Rita Streich (dt. Opernsängerin)

Rosa

LAT. ROSA, DIE ROSE. ODER KURZFORM ZU > ROSWITHA

Rosi, Rose, Rosel, Rosl, Ros, Röschen, Rosina, Rosine, Rosyne, Rosalia, Rosalie, Rosaria, Rosetta, Roselita, Rosita, Ros(s)ella, Ros(s)ellina, Rosika – Zusammengesetzte Namen: Rosemarie (Romy), Rosmarie, Rosanna, Rosmargret, Roselene, Roselinde, Rosamunde

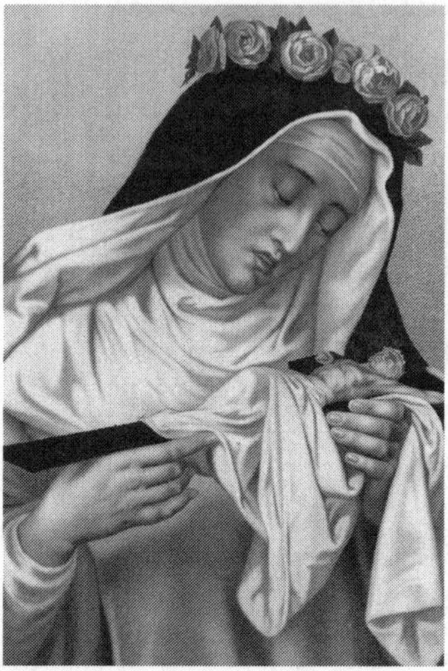

Rosa von Lima, Mystikerin

ROSA VON LIMA. Mystikerin. Sie war die erste Heilige der lateinamerikanischen Kirche und ist die Patronin von ganz Südamerika. Zu ihrem Grab in Lima in Peru strömen bis heute Tausende. Geboren am 20. April 1586 in Lima als Isabella Flores, erhielt sie bald den Namen Rosa, weil ihre Mutter eine blühende Rose über der Wiege ihrer Tochter schweben sah. Schon als Kind zeigte sie eine übergroße Selbstbeherrschung: Als man ihr einmal einen gequetschten Finger abnehmen musste, kam dabei kein Laut über ihre Lippen. Im Alter von 20 Jahren errichtete sie sich im Garten ihres Elternhauses eine Bretterhütte. Dort lebte sie von nun an und unterzog sich schwersten Kasteiungen und Bußübungen, sie aß kaum etwas und schlief fast nie, um immer für Christus da zu sein. Furchtbare Seelennöte quälten sie und viele mystische Erfahrungen widerfuhren ihr. Sie selbst bezeichnete ihr Leid als den Weg zur Bekehrung ihres Volkes, für das sie sich opfern wollte. Am 24. August 1617 starb sie in ihrer Hütte, 31 Jahre alt und völlig ausgezehrt. Der Andrang der Menschen, die ihren Leichnam noch einmal sehen wollten, war so groß, dass die Beisetzung mehrmals verschoben werden musste. An ihrer Grabstätte ereigneten sich später viele Wunder. 1671 Heiligsprechung. – Gedenktag: 23. August

ROSINA VON WENGLINGEN (Lebensdaten unbekannt), Märtyrerin, Einsiedlerin – Gedenktag: 11. März;
ROSALIA VON PALERMO (um 1100–1160), Einsiedlerin, Ordensfrau – Gedenktag: 15. Juli;
ROSA VON VITERBO (1233–1252), Ordensfrau, Mystikerin – Gedenktag: 6. März;

ROSA VENERINI (1656–1728), Gründerin – Gedenktag: 7. Mai; ROSE-VIRGINIE PELLETIER (1796–1868), Ordensfrau, Ordensgründerin – Gedenktag: 24. April

Rosa Luxemburg (dt. Politikerin) – Rosi Mittermaier (dt. Skirennläuferin), Rose Kennedy (Mutter von US-Präsident John F. Kennedy), Rosel Zech (dt. Schauspielerin), Rosita Serrano (chilen. Schlagersängerin), Rosemarie »Romy« Schneider (österr. Filmschauspielerin), Rosanna de Burgh (engl. Model), Rosamunde Pilcher (engl. Schriftstellerin)

Rosemarie

> ROSA UND > MARIA

Roswitha

AHDT. HRUOD, RUHM, UND SWINTHS, STARK

Roswith, Hroswitha

ROSWITHA VON GANDERSHEIM. Nonne, Dichterin. Sie lebte von 935 bis um 1010 und gilt als erste deutsche Dichterin, die Werke in lateinischer Sprache hinterließ. Geboren aus adliger sächsischer Familie, war sie als junges Mädchen ins Kloster Gandersheim in Niedersachsen eingetreten; ab 960 verfasste sie ihre berühmten Dichtungen, meist Heiligenlegenden und christliche Dramen, aber auch historische Abhandlungen. Viele Texte sind bis heute erhalten. – Gedenktag: 5. September

Roswitha Schreiner (dt. Schauspielerin)

Ruth

HEBR. RUT, FREUNDSCHAFT, FREUNDIN, ERSCHEINUNG, SCHÖNHEIT

Rut, Ruta, Ruthena, Rutena, Urte

RUT. Gestalt aus dem Alten Testament. König David stammt von Rut ab, sie ist damit die Stammmutter des judäischen Königshauses. Sie war eine Moabiterin aus der Gegend östlich vom Toten Meer. Von alters her waren die Moabiter die Feinde Israels. Den Israeliten war es verboten, Moabiter zu heiraten. Doch als Rut den Israeliten Kiljon, der der Hungersnot in seiner Heimat entkommen war, kennen lernte, verliebte sie sich in ihn und heiratete ihn. Als er früh starb, weigerte sie sich, ihre allein lebende Schwiegermutter Naomi zu verlassen und begleitete sie mit den Worten: »Dein Gott ist mein Gott« nach Israel. In Bethlehem heiratete sie später Boas, einen Verwandten von Kiljon, der sie sehr achtete, ebenso wie sie ihn. Sie bekamen einen Sohn miteinander, dem sie den Namen Obed gaben. David war ihr Urenkel.

Ruth-Maria Kubitschek (dt. Schauspielerin), Ruth Leuwerik (dt. Filmschauspielerin) – Rut Brandt (Ehefrau von Bundeskanzler Willy Brandt)

S

Sabine

LAT. SABINA, DIE SABINERIN, ZUM STAMM DER SABINER GEHÖREND

Sabina, Bine, Bina, Bingel, Savine, Savina, Szabina

SABINA VON ROM. Märtyrerin. Eine der schönsten Kirchen von Rom, S. Sabina auf dem Aventin, ist der heiligen Sabina geweiht. Sie war eine Witwe in Rom und lebte Anfang des 2. Jh. Von einer bei ihr im Hause lebenden Frau namens Seraphia wurde sie

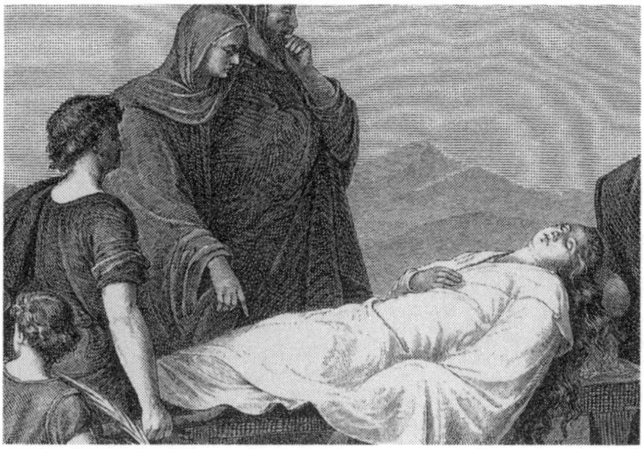

Sabina von Rom, Märtyrerin

zum Christentum bekehrt und bekannte sich danach offen zu ihrem Glauben, was in der Zeit der damals schlimmen Christenverfolgungen das Todesurteil bedeuten konnte. Tatsächlich wurde daraufhin erst Seraphia, dann auch sie gefangen genommen, gemartert und schließlich hingerichtet. Das Todesjahr lag um 120. Die Sabina-Basilika wurde bereits um 430 errichtet. Sie ist Patronin von Rom und auch der Hausfrauen. – Gedenktag: 29. August

SABINA VON TROYES (3. Jh.), Märtyrerin – Gedenktag: 29. Januar; SAVINA PETRILLI (1851–1923), Gründerin – Gedenktag: 18. April

Sabine Braun (dt. Leichtathletin), Sabine Christiansen (dt. TV-Moderatorin), Sabine Sinjen (dt. Schauspielerin)

Sabrina

LEGENDÄRER LAT. NAME DES ENGLISCHEN FLUSSES SEVERN. EINER KELTISCHEN SAGE NACH SPRANG SABRE, DIE TOCHTER DER WALISISCHEN KÖNIGIN GWENDOLYN, IN PANIK IN DEN FLUSS SEVERN, WURDE IN EINE NYMPHE VERWANDELT UND GAB DEM FLUSS SO DEN NAMEN.

Sabri, Sabrin, Brina

Sabrina Setlur (dt. Rocksängerin)

Sandra

KURZFORM ZU > ALEXANDRA

Sandra Bullock (amerik. Schauspielerin), Sandra Maischberger (dt. TV-Moderatorin), Sandra Völker (dt. Schwimmerin) – Sandrine (franz. Sängerin)

Sara

HEBR. SARAH, FÜRSTIN, HERRIN. GRIECH. FORM: SARA

Sarah, Zara, Zarah, Sad, Sadie, Saddie, Sally, Sallie, Sarina, Saartje, Sarie, Sassa, Sassy, Sagga, Sarra, Sari, Sarika

SARA. Gestalt aus dem Alten Testament. Sie war die Frau von Abraham; beide sind die Stammeseltern des jüdischen Volkes. Sie liebte Abraham sehr und war wie er zutiefst unglücklich darüber, dass die Jahre vergingen und sie kein Kind bekommen konnten. Gott aber hatte Abraham schon lange Zeit zuvor angekündigt, dass er der Vater eines großen Volkes werden würde. Deshalb bat sie ihn schließlich, mit ihrer Magd Hagar ein Kind zu zeugen, damit diese Prophezeiung endlich in Erfüllung gehe. So geschah es: Ismael wurde geboren. Noch einmal gingen Jahre ins Land, und dann wurde auch sie – inzwischen schon in hohem Alter – doch noch schwanger. Sohn Isaak kam zur Welt, der später der Vater von Jakob wurde, dessen zwölf Söhne wiederum den Beginn des Volkes Israel bildeten. – Gedenktag: 9. Oktober

Sarah Connor (dt. Popsängerin), Sarah »Fergie« Ferguson (Herzogin von York), Sarah Kirsch (dt. Schriftstellerin), Zarah Leander (schwed. Filmschauspielerin und Sängerin), Sally Field (amerik. Filmschauspielerin), Sassy Vaughan (amerik. Popsängerin)

Saskia

HOLL. WEIBLICHE FORM ZU SASSO, DER SACHSE

Saskia van Uijlenburgh (Ehefrau von Rembrandt), Saskia Vester (dt. Schauspielerin)

Sibylle

GRIECH. PROPHETIN, GOTTESRATERIN

Sibylla, Sybille, Sibyllina, Sibyl, Sybil, Sibilla, Sibulla, Sib, Billa, Bille, Billie, Bilke, Beleke, Bele

SIBYLLINA BISCOSSI. Mystikerin. Geboren 1287 in Pavia, Italien, wurde sie früh Waise und musste schon als Kind als Magd arbeiten. Mit zwölf Jahren erblindete sie. Sie schloss sich den Dominikanerinnen in ihrer Heimatstadt an und ließ sich als Reklusin neben der Dominikanerkirche nieder. Die Menschen bewunderten ihre Demut und ihre Tapferkeit, mit der sie ihre Blindheit ertrug. Immer mehr strömten zu ihr und suchten Rat und Hilfe bei ihr. Ihre Visionen und ihr außergewöhnliches Charisma machten sie im ganzen Land berühmt. 65 Jahre lebte sie so, am 19. März 1367 starb sie, tief betrauert vom ganzen Volk. Ihre Grabstätte im Dom von Pavia wird bis heute viel besucht. – Gedenktag: 19. März

SIBYLLA DES GAGES (um 1200–1250), Ordensfrau – Gedenktag: 9. Oktober

Maria Sibylla Merian (dt. Botanikerin), Sybil Danning (amerik. Filmschauspielerin), Sibilla Pavenstedt (dt. Modedesignerin), Billie Holiday (amerik. Schlagersängerin)

Sieglinde

AHDT. SIGU, SIEG, UND LINTA, LINDENHOLZSCHILD ODER LIND, SANFT, WEICH, MILD

Sieglind, Siglinde, Siglind, Selinde, Linda

Linda Evans (amerik. Filmschauspielerin), Linda McCartney (engl. Musikerin), Linda de Mol (holl. TV-Moderatorin)

Sigrid

ALTNORD. SIGR, SIEG, UND FRIDOR, SCHÖN

Siegrid, Sirid, Sigrit, Siri, Sirin, Sigi, Siggi, Sieggie, Sigga, Sigri, Segri, Sigerith, Sirida

Sigrid Onegin (norweg. Opernsängerin), Sigrid Undset (norweg. Schriftstellerin) – Siggi Harreis (dt. TV-Moderatorin)

Silke

> CÄCILIA

Silvia

WEIBLICHE FORM ZU SILVANUS, RÖMISCHER GOTT DES WALDES. LAT. SILVA, DER WALD

Sylvia, Silvie, Sylvie, Sylvi, Sylwia, Sylviane, Silvelie, Silvelin, Sylvelin, Silvana, Silvina, Silvetta, Silvette, Silva, Sylva, Sivvy

SILVIA VON ROM. Christin. Sie war die Mutter von Gregor dem Großen, einem der bedeutendsten Päpste (590 bis 604) und späteren Kirchenlehrer. Sie lebte in Rom auf dem Aventin nahe des Andreasklosters, das Gregor im Palast der Familie eingerichtet und in das er sich vor seiner Amtszeit als Papst als Mönch zurückgezogen hatte. Die Überlieferungen berichten, dass sie sich liebevoll um ihren Sohn kümmerte und ihm auch Gemüse und Früchte aus ihrem Garten ins Kloster bringen ließ. Sie starb am 3. November 572 und wurde im Silvia-Oratorio in der Kirche S. Saba beigesetzt. Da man vermutete, dass sie aus Sizilien stammte, wird sie dort bis heute sehr verehrt und ist auch Patronin von Palermo. – Gedenktag: 3. November

Sylvia Plath (amerik. Schriftstellerin), Sylvia von Schweden (Königin), Sylvie Vartan (franz. Schlagersängerin), Silvana Mangano (ital. Filmschauspielerin)

Simone

WEIBLICHE FORM ZU > SIMON, HEBR. SCHIMON, (GOTT) HAT GEHÖRT, ERHÖRUNG

Simonne, Simona, Simonia, Simonie, Simonetta, Simonette, Simen, Simke, Simkje – In Italien ist Simone ein männlicher Vorname

SIMONE WEIL (1909–1943) *war jüdische französische Philosophin, arbeitete als Mittelschullehrerin und zeitweise auch als Fabrikarbeiterin. Ab 1936 wurden spirituelle Fragen für sie relevant. Sie näherte sich dem Katholizismus, konvertierte jedoch nicht. Weil starb 1943 an Tuberkulose und Lungenentzündung, nachdem sie sich in England, wohin sie als Jüdin 1942 geflohen war, aus Liebe zu ihren Landsleuten auf die Lebensmittelrationen beschränkte, die den Franzosen unter deutscher Besatzung in ihrem Heimatland zustanden.*

Simone de Beauvoir (franz. Schauspielerin), Simone Signoret (franz. Schauspielerin), Simone Thomalla (dt. Schauspielerin)

Sonja

RUSS. VERKLEINERUNGSFORM VON > SOPHIA

Sonia, Sonya

Sonja Henie (norweg. Eiskunstläuferin), Sonja von Norwegen (Königin) – Sonia Rykiel (norweg. Modedesignerin)

Sophia

GRIECH. SOPHIA, WISSEN, WEISHEIT, LEBENSWEISHEIT

Sophie, Sofia, Sofie, Soffi, Sofi, Fey, Fei, Feie, Fi, Fia, Phie, Phya, Fige, Fieke, Viki, Sophy, Zofia, Sownja, > Sonja

SOPHIA VON ROM. Märtyrerin. Sie ist die »kalte Sophie« der Eisheiligen. Sie war eine hoch gerühmte christliche Jungfrau in Rom, die um 303 während der furchtbaren Christenverfolgungen unter Kaiser Diokletian den Martertod starb. Papst Sergius II. ließ ihre Gebeine im Jahr 846 in die Kirche S. Martino ai Monti in Rom übertragen, wo sie danach sehr verehrt wurden. – Gedenktag: 15. Mai

SOPHIA und ihre Töchter Fides, Spes und Caritas (um 100 – ca. 125), Witwe, Märtyrerin – Gedenktag: 30. September

SOPHIE SCHOLL *(1921–1943), dt. Widerstandskämpferin; gemeinsam mit ihrem Bruder Hans, beide waren Studenten, gehörte sie in München während der Zeit des Nationalsozialismus der Widerstandsgruppe »Weiße Rose« an. Bei einer Flugblattverteilung in der Universität München wurden die Geschwister verhaftet, am 22. Februar 1943 vom Volksgerichtshof zum Tode verurteilt und am selben Tag hingerichtet.*

Sophia Loren (ital. Filmschauspielerin), Sophia von Spanien (Königin) – Anne-Sophie Mutter (dt. Geigerin)

Stefanie

WEIBLICHE FORM VON > STEFAN, GRIECH. STÉPHANOS, KRANZ = DER MIT DEM KRANZ, MIT DEM SIEGESKRANZ

Stephanie, Stephania, Stefania, Stefana, Stephine, Stefanida, Steffi, Stefel, Fanni, Fanie, Fanny (auch > Franziska), Estefania, Etiennette, Tien(n)ette, Stefa, Stefka

STEFANA QUINZANI. Mystikerin. Sie war eine der bekanntesten italienischen Mystikerinnen im 15./16. Jh. Geboren am 5. Februar 1457 nahe Brescia, stellte sie ihr Leben völlig in den Dienst für Kranke und Gebrechliche, aufopfernd kümmerte sie sich in den Spitälern besonders um die Alleingelassenen. Mehr als 40 Jahre lang durchlebte sie jeden Freitag die Passion Christi, an Händen und Füßen trug sie die Wundmale Jesu (Stigmatisation). Im Volk war sie sehr verehrt, doch sie selbst wirkte am liebsten im Stillen. Am 2. Januar 1530 starb sie in dem von ihr gegründeten Dominikanerinnenkloster S. Paolo in Soncino. – Gedenktag: 2. Januar

Stefanie »Steffi« Graf (dt. Tennisspielerin), Stefanie Hertel (dt. Volksmusiksängerin), Stefanie Zweig (dt. Schriftstellerin) – Stephanie Piercey (engl. Opernsängerin)

Susanne

HEBR. SCHUSCHAN, SCHOSHANNA, LILIE

Susanna, Susana, Susan(n), Susen, Suse, Susi, Susie, Susa, Sus, Su, Sue, Susy, Suzanne, Susette, Suzette, Suson, Susanka, Sanne, Sanna, Sanni, Sanny, Santje, Sanneke, Zus, Zusi, Zusel

SUSANNA VON ROM. Märtyrerin. Schon um 430 gab es in Rom einen starken Kult um ihre Person, an der Stelle ihres überlieferten Martyriums entstand die Kirche S. Susanna, in der bis heute ihre Reliquien aufbewahrt werden. Sie ist Patronin von Rom und Schutzheilige gegen Unglück. Nach den Berichten hatte sie, eine praktizierende Christin, sich geweigert, den um sie werbenden Sohn des Kaisers und Christenverfolgers Diokletian zu heiraten; darauf ließ Diokletian sie in ihrem eigenen Haus in Rom ermorden. Das Todesjahr soll 303/304 gewesen sein. – Gedenktag: 11. August

Susanne Cramer (dt. Filmschauspielerin), Susanne Uhlen (dt. Schauspielerin) – Susan Hayward (amerik. Filmschauspielerin), Susan Sontag (amerik. Schriftstellerin), Suzanne Lenglen (franz. Tennisspielerin)

T

Tamara

RUSS. FORM VON HEBR. TAMAR, DATTELPALME

Thamar, Tara, Tammy, Toma

Tamara de Lempicka (poln. Malerin), Tamara Tumanowa (russ. Tänzerin)

Tanja

RUSS. NEBENFORM VON > TATJANA

Tatjana

RUSS.-ASIAT. HERKUNFT. VIELLEICHT WEIBLICHE FORM ZU TATIAN

Tatiana, Tanja, Tania, Tanya, Tonya, Tatienne, Taziana, Tata, Taina, Tanjura, Tasja

TATIANA VON ROM. Märtyrerin. Hoch verehrte Heilige im slawischen Raum, weshalb dort der Name auch stark verbreitet ist. Es heißt, sie habe während der Amtszeit von Kaiser Septimius Severus (193–211) in Rom das Martyrium als Christin erlitten, obwohl sie noch ein Kind war. Auf Abbildungen, die nach ihrem Tod entstanden sind, ist sie manchmal mit einem Löwen zu sehen, was vermuten läßt, dass die Christenverfolger sie Löwen zum Fraß vorgeworfen haben. – Gedenktag: 12. Januar

TATIANA VON GRIECHENLAND, Einsiedlerin, Klosterfrau – Gedenktag: 5. Januar

Tatjana Ruhland (dt. Flötistin) – Tanja Kinkel (dt. Schriftstellerin), Tania (Karen) Blixen (dän. Schriftstellerin)

Teresa

> THERESIA

Theresia

GRIECH., DIE VON THERA (SANTORIN) STAMMENDE FRAU

Therese, Theresa, Theres, Terese, Teresa, Theresina, Teresita, Terezie, Res, Resi, Reserl, Resl, Resli, Thesy, Tess, Tessie, Tessy, Tessa, Terka, Thea (auch > Dorothea), Thesi, Thesy, Thery, Tracy, Tracey

THERESIA VON LISIEUX. Mystikerin, Kirchenlehrerin. Als dritte Frau neben Katharina von Siena und Theresia von Ávila wurde sie 1997 von Papst Johannes Paul II. zur Kirchenlehrerin ernannt. Obwohl sie schon im Alter von 24 Jahren gestorben ist, gehört sie zu den wichtigsten Kirchenpersönlichkeiten überhaupt und wird auf der ganzen Welt hoch verehrt. Ihre Lehre war das »Ganzopfer der Liebe«. Ihre Lebensmaxime war, dass man die Liebe eines Menschen zu Gott an seiner Nächstenliebe

Theresia von Lisieux, Mystikerin

messen könne. Geboren am 2. Januar 1873 in Alençon, Frankreich, war sie im Alter von 15 Jahren in den Karmel (Karmeliterkloster) von Lisieux eingetreten; zwei Jahre später legte sie die Gelübde als Karmeliterin ab und wurde bald darauf Novizenmeisterin. Das Leben war für sie ein andauernder schmerzhafter Prozess, sie litt unter Angstzuständen und focht viele innere Kämpfe aus. Sie war überzeugt, zur Verdammnis verurteilt zu sein, und wollte sich mit ihren Leiden für die Sünder der Welt aufopfern. Zu den inneren Schmerzen kamen körperliche Krankheiten und dazu noch die Skepsis ihrer Mitschwestern, die sie teilweise völlig ablehnten. In ihrem berühmten Buch »Geschichte einer Seele« schrieb sie ihre Erfahrungen nieder und legte der Nachwelt in berührender Weise offen, was sie durchlitt. Am 30. September 1897 starb sie in Lisieux, wo sie bestattet wurde. Die Basilika Ste-Thérèse mit dem Theresia-Schrein ist bis heute das Ziel Tausender Pilger. Am 17. Mai 1925 erfolgte ihre Heiligsprechung. Sie wird auch Theresia vom Kinde Jesu genannt. – Gedenktag: 1. Oktober

MUTTER TERESA (1910–1997) *schloss sich als Agnes Gonxha Bojaxhiu, als Tochter eines albanischen Geschäftsmannes, im Alter von 18 Jahren den »Schwestern der Jungfrau von Loreto« an und wurde in Dublin zur Missionarin ausgebildet. 1937 legte sie in Kalkutta die ewigen Gelübde ab. Zunächst wirkte sie als Leiterin einer höheren Schule für bengalische Mädchen. Das Elend im direkt neben der Schule gelegenen Armenviertel veranlasste sie jedoch dazu, ihr Leben ganz den Ärmsten der Armen zu widmen. Die von ihr gegründete »Gemeinschaft der Missionarinnen der Nächstenliebe« wurde 1950 vom Papst anerkannt. Vor allem die Auszeichnung Mutter Teresas mit dem Friedensnobelpreis 1979 verschaffte ihrer aufopfernden Arbeit weltweite Anerkennung. Nur sechs Jahre nach ihrem Tod wurde Mutter Teresa 2003 selig gesprochen. Zu diesem Zeitpunkt unterhielt ihr Orden bereits 700 Häuser in 133 Ländern.*

THERESIA VON PORTUGAL (1178–1250), Königstochter, Ordensfrau – Gedenktag: 20. Juni;
THERESIA VON ÁVILA (1515–1582), Ordensgründerin, Mystikerin, Kirchenlehrerin – Gedenktag: 15. Oktober;
THERESE NEUMANN VON KONNERSREUTH (1898–1962), Bäuerin, Mystikerin – Gedenktag: 18. September;
TERESA BRACCO (1924–1944), Bauerntochter – Gedenktag: 28. August

Therese Giehse (dt. Theaterschauspielerin), Teresa Berganza (span. Opernsängerin), Tracy Austin (amerik. Tennisspielerin)

U

Ulrike

WEIBLICHE FORM VON > ULRICH, AHDT. UODAL, HEIMAT, HOF, UND RIHHI, REICH

Ulrika, Ulrica, Ulla (auch > Ursula), Ulli, Uli, Ri(e)ke, Rika, Riken, Ulrique

ULRIKA NISCH. Ordensfrau. »Nur in der Liebe und für die Liebe alles zu leiden und zu arbeiten«, lautete ihr Lebensziel. Geboren am 18. September 1882 in Mittelbiberach in Baden-Württemberg als Tochter einer armen Familie, durchlebte sie nach Ende

Ulrika Nisch, Ordensfrau

der Schulzeit als Dienstmagd harte Jahre und erkrankte schwer. Nachdem sie von den Ingenbohler Schwestern (Kreuzschwestern) gesund gepflegt worden war, trat sie 22-jährig selbst in den Kreuzschwestern-Orden ein. In den folgenden neun Jahren bis zu ihrem Tod diente sie in verschiedenen Klöstern demütig als einfache Küchenschwester, immer geplagt von schlimmen Kopfschmerzen und ständig niedergedrückt von schweren Glaubensnöten. Sie starb am 8. Mai 1913, erst 30 Jahre alt, an Tuberkulose. Ihre Grabstätte in der Kirche ihres Ordens in Hegne am Bodensee ist heute ein viel besuchter Wallfahrtsort. Papst Johannes Paul II. sprach sie am 1. November 1987 selig. – Gedenktag: 8. Mai

Ulrike Folkerts (dt. TV-Schauspielerin), Ulrike Meyfarth (dt. Hochspringerin) – Ulla Jacobson (schwed. Filmschauspielerin), Ulla Schmidt (dt. Politikerin), Ulli Philipp (dt. Schauspielerin)

Ursula

LAT. VERKLEINERUNGSFORM VON URSA, DIE BÄRIN = DIE KLEINE BÄRIN

Ursel, Ursl, Uschi, Ursule, Urschel, Ursulina, Ursuline, Ursulane, Ursina, Ursa, Orsola, Orsine, Ursola, Orseli, Orsch, Orscheli, Urschla, Ursetta, Orsolya, Nuschi, Sula

Ursula von Köln. Märtyrerin. Die Legende erzählt, dass sie die Tochter eines englischen Königs war und christlich erzogen wurde. Als der heidnische Königssohn Aetherius sie heiraten wollte, erklärte sie ihm, dass sie Jungfräulichkeit gelobt habe. Um eine kriegerische Auseinandersetzung zwischen den beiden Königshäusern zu verhindern, bat sie ihn freundlich, ihr drei Jahre Wartezeit zu gewähren, und forderte ihn auf, ebenfalls Christ zu werden. Als die drei Jahre um waren, segelte sie, um der Heirat zu entgehen, mit »11 000 christlichen Jungfrauen«, so die Überlieferung, aufs Meer hinaus; die Schiffe gerieten jedoch in eine Strömung, die sie auf den Rhein zwangen und weiter nach Köln. Dort wurden alle Frauen von Heiden, die gerade die Stadt belagerten, ermordet. Dies soll sich im 3./4. Jh. ereignet haben. Die Legende wurde im Lauf der Jahrhunderte immer weiter ausgeschmückt. In der Ursula-Kirche in Köln existiert bis heute eine Inschrift aus dem 4./5. Jh., die aussagt, dass hier eine Basilika »zu Ehren von Jungfrauen, die den Martertod gestorben sind«, gebaut wurde. Im Jahr 922 wurde in Köln ein Stift »zu Ehren der 11 000« errichtet. Es ist zu vermuten, dass es sich tatsächlich wohl um elf Gefährtinnen gehandelt hatte, von denen einige (> Cordula) ebenfalls bis heute verehrt werden. Sie ist Patronin von Köln. – Gedenktag: 21. Oktober

Ursula Venerii (1375–1410), Mystikerin – Gedenktag: 7. April;
Ursula Haider (1413–1498), Äbtissin, Mystikerin – Gedenktag: 20. Januar

Ursula Andress (schweiz. Filmschauspielerin), Ursula Karven (dt. Schauspielerin) – Uschi Disl (dt. Biathletin), Uschi Glas (dt. Schauspielerin)

Ute

Nebenform von Oda (= Kurzform eines Namens mit Ot-). Od-: ahdt., Besitz, Wohlstand

Uta, Utta, Uota

Ute Lemper (dt. Sängerin), Ute Mora (dt. TV-Schauspielerin) – Uta Danella (dt. Schriftstellerin)

V

Vanessa

Englischer Name, Bezeichnung einer Schmetterlingsgattung

Vanesa

Vanessa Redgrave (engl. Filmschauspielerin)

Verena

Lat. vereri, sich scheuen = die Scheue, die Schamhafte. Auch Nebenform von Veronika

Vreni, Vreneli, Vrenele, Vérène, Varena, Rena (auch > Renate), Rene, Vrein, Vera (auch > Veronika)

Verena von Zurzach. Christin. Obwohl ihre Vita stark legendarisch ist, gehört sie in der Schweiz bis heute zu den viel verehrten Glaubensgestalten. Sie soll der Thebäischen Legion, einer christlichen Soldatengruppe aus Thebäis in Ägypten um Mauritius, angehört haben. Ende des 3. Jh. überlebte sie das Martyrium der Gruppe bei Agaunum, heute St.-Maurice im

Schweizer Wallis, und konnte sich nach Zurzach retten. Dort wirkte sie viele Jahre als hoch gerühmte und verehrte Wohltäterin. Sie pflegte Arme und Kranke und bekehrte viele Heiden zum Christentum. Nach ihrem Tod Mitte des 4. Jh. entstand über ihrem Grab in Zurzach eine Kirche, die im Mittelalter eine der wichtigsten Wallfahrtsstätten wurde. Das Verena-Münster in Zurzach ist bis heute das Ziel vieler Gläubiger. – Gedenktag: 1. September

VERENA BERNARDA BÜTTLER (1848–1924), Ordensfrau, Gründerin – Gedenktag: 19. Mai

Verena Rentsch (schwed. Schriftstellerin) – Vreni Schneider (schweiz. Skirennläuferin), Vera Tschechowa (dt. Schauspielerin)

Veronika

GRIECH. FERO, TRAGEN; NIKE, SIEG = DIE DEN SIEG (DAVON)-TRÄGT

Berenike, Beronica, Bernice, Berenice, Veronica, Verona, Veronia, Verena, Varena, Frauke, Vera, Véronique, Vroni, Frony, Ronnie, Nicky

VERONIKA. Sie reichte dem verurteilten Jesus auf dem Weg zur Kreuzigung ein Tuch, damit er sich das Gesicht abwischen konnte. – Gedenktag: 4. Februar

Veronika Fitz (dt. Schauspielerin) – Veronica Ferres (dt. Schauspielerin), Frauke Ludowig (dt. TV-Moderatorin)

Viktoria

LAT. VICTORIA, SIEG. RÖMISCHE SIEGESGÖTTIN

Victoria, Victorina, Victorine, Victorien, Victoire, Vittoria, Vicky, Fieke, Fike

Victoria von Rom. Märtyrerin. Ihr Kult gehört zu den frühesten in Rom, schon im 4. Jh. wurde sie dort verehrt. Die Legende berichtet, ihr eigener Ehemann, der Heide Eugenius, habe sie als Christin angezeigt, woraufhin Kaiser Diokletian sie ermorden ließ. Sie soll im Amphitheater von Rom von einem wilden Stier zerrissen worden sein. Das Todesjahr war 305. Victoire, Tochter des französischen Königs Ludwig XV., übertrug die Reliquien 1669 von Rom in das Zisterzienserkloster Abbaye-aux-Bois bei Versailles. – Gedenktag: 23. Dezember

Victoria von Córdoba (gest. um 304/305), Märtyrerin – Gedenktag: 17. November

Victoria von Schweden (Prinzessin) – Vicky Baum (österr.-amerik. Schriftstellerin), Vicky Leandros (griech.-dt. Schlagersängerin)

W / Y

Waltraud

Ahdt. waltan, herrschen, und trud, Stärke, Kraft = die kraftvolle Herrscherin

Waltraut, Waldtraut, Waltrud, Waltrude, Waltrudis, Waldetrud, Waldetrudis, Trude (auch > Gertrud), Waudru

Waldetrud von Mons. Äbtissin. Jedes Jahr am Sonntag nach Pfingsten werden im belgischen Mons ihre Reliquien in einer prunkvollen Prozession in einer Karosse feierlich durch die Stadt geführt. Die Verehrung für sie existiert in Belgien seit dem 8. Jh. durchgängig bis heute. Geboren in der ersten Hälfte des 7. Jh. aus christlicher Familie, heiratete sie jung den Christen

Vincentius. Nachdem die vier Kinder, die später alle Heilige wurden, erwachsen waren, trennte sich das Ehepaar, um fortan nur noch für Gott zu leben. In Castrilocus, heute Mons, gründete sie ein Benediktinerinnenkloster. Sie leitete die Abtei bis zu ihrem Tod um 688 als Äbtissin und brachte sie zu hoher Blüte. Zur ehrenvollen Aufbewahrung ihrer Reliquien wurde in Mons die Kirche Ste-Waudru errichtet. – Gedenktag: 9. April

Waltraud Haas (österr. Schauspielerin), Waltraud Meier (dt. Opernsängerin) – Trude Herr (dt. Schauspielerin)

Yvonne

Ivonne, Yvette (auch > Jutta), Ivette, Yvetta, Ivetta, Ivona, Iva

Yvetta von Huy. Reklusin. Ihr Leben erregte im 12./13. Jh. großes Aufsehen. Nach dem frühen Tod ihres Ehemannes hatte sie sich 1187 in ihrer Heimatstadt Huy, Belgien, dem Zisterzienserorden angeschlossen und dann in einer Zelle direkt neben einem Aussätzigenheim einschließen lassen. Dort lebte sie 40 Jahre lang als Reklusin, nur dem Gebet zugewandt. Das Volk bewunderte und verehrte sie über alle Maßen und sah in ihr schon zu Lebzeiten eine Heilige. Sie starb am 13. Januar 1228, zu ihrer Beisetzung in Huy strömten Tausende. – Gedenktag: 13. Januar

Yvonne de Carlo (kanad. Filmschauspielerin), Yvonne Catterfeld (dt. Popsängerin) – Yvette Guilbert (franz. Chansonsängerin)

Männliche Vornamen

A

Achim

KURZFORM VON > JOACHIM

Albert

KURZFORM VON ADALBERT, AHDT. ADAL, EDEL, VORNEHM, UND BERAHT, GLÄNZEND

Albertus, Albertinus, Bert (auch > Berthold), Bertel, Bertl, Berti, Bessel, Bertke, Albo, Allo, Abo, Abbo, Abbe, Apke, Alberto, Al (auch > Alfred), Aubert, Bertin – Adelbert, Aldebert, Adalbrecht (Kurzform: Albrecht), Adelbrecht, Edelbrecht, Edelbert, Adalberto, Ethelbert, Bela, Vojtech, Woitech

ALBERT DER GROSSE (Albertus Magnus). Bischof, Ordensprovinzial, Kirchenlehrer. Einer der bedeutendsten Theologen, Philosophen und Wissenschaftler des Mittelalters, wegen seines umfassenden Wissens und seiner herausragenden Bildung wurde er »Doctor universalis« genannt. Seine Lehren und seine Gedanken gehören zum Wertvollsten, was die katholische Kirche bis heute bewahrt. – Geboren wurde er wohl kurz vor 1200 in Lauingen in Bayern als Sohn eines schwäbischen Ritters. Albert studierte ab 1223 in Padua (Italien) und trat dort dem Dominikanerorden bei. 1245 machte er in Paris seinen Doktor in Theologie. 1248 gründete er in Köln ein Generalstudium seines Or-

Albert der Große, Kirchenlehrer

dens, an dem er selbst bis 1254 lehrte und das zu einem kulturellen Mittelpunkt wurde. Sein berühmtester Schüler war Thomas von Aquin, später einer der größten Scholastiker des Mittelalters. 1254 wurde er zum deutschen Provinzial des Dominikanerordens gewählt. Die Ordensprovinz umfasste alle Klöster des Ordens im deutschsprachigen Raum. 1260 ernannte ihn Papst Alexander IV. zum Bischof von Regensburg, damit er die damals zerrüttete Diözese wieder zu neuer Blüte bringe. 1262 legte er das Amt nieder, der Papst entsandte ihn daraufhin als Kreuzzugsprediger in alle deutschsprachigen Länder. 1264 nahm er seine hoch gerühmte Lehrtätigkeit wieder auf, wirkte in Würzburg und Straßburg und kehrte 1269/1270 nach Köln zurück. Während des folgenden Jahrzehnts war er einer der wichtigsten Friedensvermittler jener Zeit. Er starb am 15. November 1280 in Köln. Die Grabstätte in der Dominikanerordenskirche in Köln entwickelte sich schon bald zur Wallfahrtsstätte. Sie wird bis zum heutigen Tag von vielen Gläubigen besucht. Die Reliquien ruhen inzwischen in einem Steinsarkophag in der Kölner Kirche St. Andreas, die Hirnschale befindet sich in Lauingen, ein Schulterblatt in Regensburg. Am 16. Dezember 1931 erfolgten die Heiligsprechung und die Erhebung zum Kirchenlehrer. Patron der Theologen, Philosophen, Naturwissenschaftler, Studenten und Bergleute. – Gedenktag: 15. November (in Österreich 16. November, da am 15. November des Landespatrons Leopold gedacht wird)

Albert von Jerusalem (um 1150–1214), Patriarch von Jerusalem – Gedenktag: 14. September;

ALBERT CHMIELOWSKI (1845–1916), Ordensgründer – Gedenktag: 15. Dezember

ALBERT SCHWEITZER (1875–1965), *evangelischer Pfarrer und Arzt aus dem Elsass, gab 1913 alle seine Ämter auf und ging im Alter von 38 Jahren als Missionsdoktor nach Gabun (Afrika). Die Mittel, um das von ihm in Lambarene gegründete Hospital zu unterhalten, erarbeitete er sich unter anderem durch Orgelkonzerte in Europa. »Ehrfurcht vor dem Leben« lautete sein Lebensgrundsatz. 1952 erhielt er den Friedensnobelpreis.*

Albert Camus (franz. Schriftsteller), Albert Einstein (dt. Physiker), Albert Lortzing (dt. Komponist), Albert von Monaco (Prinz) – Adalbert Stifter (dt. Dichter und Maler), Alberto Moravia (ital. Autor), Alberto Tomba (ital. Skirennläufer), Al Gore (US-Politiker), Al Pacino (amerik. Filmschauspieler), Albrecht Dürer (dt. Maler), Albrecht Haushofer (Widerstandskämpfer) – Auch > Berthold

Albrecht

> ALBERT

Alexander

GRIECH. ALEXEIN, WEHREND HELFEN, UND ANER, MANN = DER SCHÜTZENDE, DER VERTEIDIGER

Alex, Alexis, Alexius, Lex, Lexe, Lexel, Sander, Zander, Xander, Xandi, Xandel, Xandl, Sandy, Alec, Alic, Alick, Alik, Alessio, Allessio, Alessandro, Sandro, Alexandre, Alejandro, Alejo, Alexandro, Alesander, Aleksandr, Alexsander, Sascha, Aljoscha, Alja, Alexej, Aleksej, Schura, Chura, Aleschka, Aleko, Sanja, Sándor, Leszek, Lesek, Lech, Alexandros, Iskander – Eventuell Axel

ALEXANDER SAULI. Ordensgeneral, Bischof. Er wurde »Schutzengel und Apostel Korsikas« genannt, bis heute wird er als Pa-

Alexander Sauli, Bischof

tron von Korsika verehrt. Geboren am 15. Februar 1534 in Mailand (Italien), trat er mit 17 Jahren dem neu gegründeten Orden der Barnabiten (Paulaner) bei und empfing 1556 die Priesterweihe; dann wurde er Professor der Theologie. Im Alter von 23 Jahren begann er seine Tätigkeit als Prediger, und schon nach kurzer Zeit hatte er unglaubliche Erfolge; die Menschen strömten zu seinen Predigten und zu seinen Vorlesungen, alle waren begeistert von seinem Charisma. 1567 wurde er zum Ordensgeneral der Barnabiten ernannt. Ab 1569 war er Bischof von Aléria auf Korsika; er brachte die Diözese zu hoher Blüte und wurde zum Vorbild für die Bischöfe in ganz Italien. Die ihm angetragenen Bischofswürden von Genua und Tortona lehnte er ab, wurde aber 1591 vom Papst zur Übernahme des Bistums Pavia gezwungen. Er starb am 11. Oktober 1593 in Calosso d'Asti in Italien während einer Visitationsreise. Der Glasschrein mit seinen bekleideten Gebeinen steht bis heute im Dom von Pavia. Heiligsprechung am 11. Dezember 1904. – Gedenktag: 11. Oktober

ALEXANDER I. (Mitte 1. Jh.–116), Papst – Gedenktag: 3. Mai; ALEXIUS VON EDESSA (5. Jh.), Bekenner – Gedenktag: 17. Juli; ALESSIO FALCONIERI (um 1205–1310), Ordensgründer – Gedenktag: 17. Februar

ALEKSANDR SOLSCHENIZYN (geb. 1918) *wurde wegen seiner Kritik an Stalin und den Menschenrechtsverletzungen in der Sowjetunion von 1945 bis 1956 in verschiedenen Straflagern und in der Verbannung gefangen gehalten. Seine danach verfassten Erzählungen über sowjetische Lager erlangten Weltruhm, in der Sowjetunion hingegen waren sie ab 1966 verboten. 1970 erhielt er den Literaturnobelpreis, 1974 wurde er ausgebürgert.*

Alexander Dubcek (tschech. Reformpolitiker), Alexander Fleming (engl. Medizinnobelpreisträger, Penicillin-Erfinder), Alexander von Humboldt (dt. Forscher und Geograph), Alexander Kluge (dt. Filmregisseur), Alexander Puschkin (russ. Schriftsteller) – Lex Barker (amerik. Filmschauspieler), Alec Baldwin (amerik. Filmschauspieler), Alec Guinness (engl. Schauspieler), Alessandro Scarlatti (ital. Komponist), Sandro Botticelli (ital. Maler), Alexandre Dumas (franz. Schriftsteller), Alexandre Gustave Eiffel (franz. Erbauer des Eiffelturms), Aleksandr Kwasniewski (poln. Politiker), Sascha Hehn (dt. Schauspieler), Leszek Kolakowski (poln. Philosoph), Lech Walesa (poln. Politiker), Axel Munthe (schweiz. Arzt, Schriftsteller), Axel Schulz (dt. Boxer)

Alfred

AHDT. ALB, ALF, NATURGEIST, ELF, UND RAT, BERATER, RATGEBER = RATGEBER DER ELFEN

Alfried, Alfrid, Alfrad, Alfered, Alfredo, Albrad, Alprad, Alberad, Alverat, Al (auch > Albert), Alf, Alfi, Fred, Freddy, Freddi, Freddie, Freddo – Auch > Friedrich, > Manfred

ALFRED DER GROSSE. König der Angelsachsen. Geboren 848/849 in Wantage, England, wurde er im Alter von nur fünf Jahren in Rom von Papst Leo IV. zum König gesalbt; 871 trat er die Regentschaft an. Seine Regierungszeit war geprägt von Rückeroberungskämpfen gegen die heidnischen Dänen, die große Teile Angelsachsens und die Stadt London besetzt hielten. London konnte er 878 zurückerobern. Er gründete die erste englische Flotte, organisierte das gesamte Heer neu und ließ viele Befestigungen errichten. Zerstörte Städte und Kirchen baute er wieder auf; er gründete Klöster und Schulen und holte viele Gelehrte und Lehrer ins Land. Die bedeutendsten theologischen Werke ließ er, ein tiefgläubiger Mensch, aus dem Lateinischen in die Sprache des Volkes übersetzen und machte sie so allen zugänglich. Er starb am 28. Oktober 900 in England. – Gedenktag: 28. Oktober

ALFRED DELP (1907–1945), *der Priester und Jesuit aus Mannheim, wurde wegen seiner mutigen Predigten und seiner katholischen Jugendarbeit von den Nationalsozialisten bespitzelt. Aufgrund seiner Mitgliedschaft ab 1942 im »Kreisauer Kreis«, der Widerstandsgruppe um Helmuth Graf von Moltke, wurde er 1944 verhaftet und am 11. Januar 1945 vom Volksgerichtshof zum Tod verurteilt; am 2. Februar 1945 hängte man ihn in Berlin.*

Alfred Brehm (dt. Zoologe), Alfred Brendel (dt. Pianist), Alfred Döblin (dt. Schriftsteller), Alfred Hitchcock (engl. Filmregisseur), Alfred Nobel (schwed. Erfinder des Dynamit, Nobelpreis-Stifter) – Alfried Krupp (dt. Industrieller), Alfredo Kraus (span. Opernsänger), Alf Brustellin (österr. Regisseur), Fred Astaire (amerik. Filmschauspieler, Tänzer), Fred Zinnemann (österr.-amerik. Filmregisseur), Freddy Quinn (dt. Schlagersänger), Freddie Mercury (engl. Rocksänger)

Alois

AHDT. ALWISI, DER SEHR ERFAHRENE

Aloisius, Aloysius, Aloys, Lois, Loisl, Aloisio, Aloise, Aloyse, Alajos

ALOYSIUS VON GONZAGA. Ordensmann. Geboren am 9. März 1568 in Castiglione delle Stiviere bei Mantua, Italien, verzichtete er als 17-jähriger auf sein Adelserbe und trat in Rom dem Jesuitenorden bei. Tiefe Frömmigkeit und absolute Strenge gegenüber sich selbst verbanden sich bei ihm mit der tiefen Liebe zu kranken und Hilfe suchenden Menschen. Während einer Pestepidemie in Rom kümmerte er sich aufopfernd um die Kranken und sorgte für würdevolle Bestattungen der Verstorbenen. Dabei steckte er sich schließlich selbst an und starb am 21. Juni

1591 im Alter von 23 Jahren. Die Reliquien werden bis heute in der Kirche S. Ignazio in Rom aufbewahrt. Das Haupt befindet sich in der Aloisius-Basilika in Castiglione. 1726 erfolgte seine Heiligsprechung, 1729 wurde er zum Patron der Jugend und der Studierenden ernannt. – Gedenktag: 21. Juni

Aloysius von Gonzaga, Ordensmann

ALOISIUS ALEXANDER BRISSON (1817–1908), Ordensgründer – Gedenktag: 2. Februar;
ALOISIUS PALAZZOLO (1827–1886), Ordensgründer – Gedenktag: 15. Juni;
ALOISIUS GUANELLA (1842–1915), Ordensgründer – Gedenktag: 24. Oktober;
ALOISIUS (LUIGI) CAMPIDELLI (1868–1889), Ordensmann – Gedenktag: 2. November;
ALOIS EHRLICH (1868–1945), Ordensmann – Gedenktag: 21. Juni

Alois Hundhammer (dt. Politiker), Alois Hába (tschech. Komponist), Alois Schloder (dt. Eishockeyspieler)

Andreas

GRIECH. ANDREIOS, TAPFER, MANNHAFT = DER MANNHAFTE, DER TAPFERE

Anders, Ander, Andrees, Andres, Andris, Andries, Andi, Andy, Ainers, Dese, Dreesmann, Drees, Dreis, Dress, Dries, Dreus, Dresel, Drewes, Rees, Renja, Enderlein, Enderle, Endre, Anderle, Anderl, Andor, András, Andrassy, Andrus, Andruscha, Andruschka, Änder, Enders, Endres, Endris, Andrä, Andra, Andro, Ondra, Andrej, An-

Andreas, Apostel

drij, Andrei, André, Andrew, Andrzej, Jenderzej, Jendera, Andriko, Andrea (in Italien männlicher Vorname), Drea

ANDREAS. Apostel, Märtyrer. Er war der Bruder von Simon, dem späteren Apostelfürsten Petrus; mit ihm lebte er als Fischer in Karfanaum am See Genezareth. Später wurde er Jünger von Johannes dem Täufer, dann der erste mit Namen benannte Apostel von Jesus; er war es dann auch, der Petrus zu Jesus führte. Nach den Überlieferungen zog er auf seinen Missionsreisen bis ans Schwarze Meer und nach Griechenland, möglicherweise sogar nach Kurdistan und Georgien. In Patras, Griechenland, ließ er sich dann ganz nieder und verkündete, zunächst unbehelligt von Glaubensfeinden, das Evangelium. Um das Jahr 60 ließ ihn der römische Statthalter von Patras, ein Christenhasser, gefangen nehmen und wollte ihn zwingen, den Göttern zu dienen. Als er sich weigerte, wurde er an einem schrägen Kreuz (Andreaskreuz) hingerichtet. Der Todestag war der 30. November 60 (62?). Die Gebeine gelangten 1208 nach Amalfi, Italien, das Haupt 1462 nach Rom; Papst Paul VI. gab es 1964 nach Patras zurück. Er war früher der Patron des burgundischen Herzoghauses. Das Andreaskreuz war das Zeichen von Burgund. Das vermutete echte Kreuz aus Patras wird dort in Beaune aufbewahrt. Er ist auch Patron von Schottland, Russland, Spanien, Griechenland und Sizilien. Vom 16. bis zum 19. Jh. nannte man den Dezember auch den Andreas-Monat. – Gedenktag: 30. November

ANDREAS AVELLINO (1521–1608), Ordensmann, Missionar – Gedenktag: 10. November;
ANDREAS BOBOLA (1592–1657), Missionar, Märtyrer – Gedenktag: 16. Mai;
ANDREAS HUBERT FOURNET (1752–1843), Ordensgründer – Gedenktag: 13. Mai;
ANDRÉ KIM (1821–1846), Priester, Märtyrer – Gedenktag: 16. September

ANDREJ SACHAROW (1921–1989) *war als Physiker an der Entwicklung der Wasserstoffbombe beteiligt, wandelte sich dann aber zum Warner vor den Atomtests. Immer häufiger kritisierte er die politischen Verhältnisse und die Menschenrechtsverletzungen in seiner Heimat Sowjetunion; 1975 erhielt er den Friedensnobelpreis, aber aufgrund der mit dieser Auszeichnung verbundenen Berichterstattung sowie seiner Kritik am Afghanistan-Krieg musste er ins Exil nach Gorki. Erst 1986 konnte er nach Moskau zurückkehren; 1989 starb er.*

Andreas Brehme (dt. Fußballspieler), Andreas Gryphius (dt. Dichter), Andreas Hofer (Tiroler Freiheitskämpfer) – Anders Zorn (schwed. Maler), Andy Warhol (amerik. Künstler), André Gide (franz. Schriftsteller), André Heller (österr. Autor, Sänger), André Previn (amerik.-franz. Dirigent), Andrew von Windsor (Prinz, Herzog von York), Andrea Bocelli (ital. Sänger), Andrea Palladio (ital. Architekt)

Anton

LAT. NAME EINER FAMILIE, VIELLEICHT ANTIUS; LAT., FÜRST

Antonius, Antonios, Antoninus, Antonin, Antoon, Anthonis, Toon, Toni, Tonis, Ton, Tone, Tones, Tonies, Tonke, Dönges, Dönjes, Tönges, Tönjes, Töns, Tünnes, Tönnies, Thön, Thöne, Teunis, Anthony, Antony, Tony, Nanty, Antoine, Toinon, Togniel, Antonio, Antonino, Tonio, Tonino, Antonello, Antoni, Andoni, Antek, Ante, Antusch, Antal

Antonius von Padua. Prediger, Kirchenlehrer. Er gilt als einer der begeisterndsten Prediger des Mittelalters und der Kirchengeschichte überhaupt. Seine Grabstätte in Padua ist bis heute das Ziel Tausender Gläubiger. In Italien ist er einer der großen Volksheiligen. Geboren 1195 in Lissabon, Portugal, und auf den Namen Fernandez getauft, trat er 1210 im Alter von 15 Jahren den Augustiner-Chorherren bei. Später empfing er die Priesterweihe. 1220 wechselte er zum Franziskanerorden und nahm nach seinem Eintritt in das Kloster von Coimbra, Portugal, den Namen Antonius an. Sein größter Wunsch war es sodann, in die Mission nach Marokko zu gehen und dort den Märtyrertod zu sterben. In Marokko angekommen, erkrankte er jedoch schwer und musste die Heimreise wieder antreten. Vor Sizilien erlitt er Schiffbruch und blieb daraufhin in Italien. Bis er wieder gesund war, lebte er im Kloster Monte Paolo bei Forlì nahe Rimini. Dort entdeckte man auch seine außergewöhnliche Predigtbegabung. Der Orden setzte ihn daraufhin als Prediger in Norditalien ein, und schon bald strömten bis zu 30 000 Zuhörer herbei, wenn er auf der Kanzel stand. Ordensgründer Franz von Assisi, der ihn über alle Maßen schätzte, ernannte ihn 1224 zum ersten Lehrer der Theologie der Franziskaner. Von 1224 bis 1226 predigte er ebenfalls mit riesigem Erfolg in Südfrankreich. Dann ließ er sich endgültig in Padua nieder, wo er am 13. Juni 1231, tief betrauert vom Volk, starb. Bereits am 30. Mai 1232 wurde er heilig gesprochen. Es war einer der kürzesten Heiligsprechungsprozesse der Geschichte. Die Gebeine übertrug man 1263 in die Antoniusbasilika – auch »Il Santo« genannt – in Padua, die eigens für die Aufbewahrung der Reliquien erbaut worden war. Der Sar-

Antonius von Padua, Prediger

kophag ist bis heute eine Wallfahrtsstätte. Am 16. Januar 1946 erfolgte die Erhebung zum Kirchenlehrer. Er ist der Patron der Franziskaner. – Gedenktag: 13. Juni

Antonius der Grosse (250/260–355/365), Einsiedler, Mönchsvater – Gedenktag: 17. Januar;
Antonius von Florenz (1389–1459), Erzbischof von Florenz – Gedenktag: 2. Mai;
Antonius Maria Claret (1807–1870), Erzbischof, Ordensgründer – Gedenktag: 24. Oktober;
Anton Maria Schwartz (1852–1929), Ordensgründer – Gedenktag: 15. September

Anton Bruckner (österr. Komponist), Anton Tschechow (russ. Schriftsteller) – Antonin Dvořák (tschech. Komponist), Anthonis van Dyck (fläm. Maler), Toni Schumacher (dt. Fußballtorwart), Anthony Quinn (amerik. Filmschauspieler), Tony Blair (engl. Premierminister), Tony Curtis (amerik. Schauspieler), Antoine de Saint-Exupéry (franz. Flieger und Schriftsteller), Antoine Watteau (franz. Maler), Antonio Banderas (span. Filmschauspieler), Antonio Stradivari (ital. Geigenbauer)

Artur

Vielleicht vom altröm. Geschlechternamen Artorius. Kelt. artus, Bär

Arthur, Artus, Arthus, Atze, Art, Arty, Artie, Artturi, Arturo

Arthur Bell, Ordensmann, Märtyrer. Geboren am 13. Januar 1590 in Worcestershire, England, empfing er 1618 die Priesterweihe und trat dem Franziskanerorden bei. 1632 erhielt er von seinem Orden den Auftrag, die schottische Ordensprovinz neu einzurichten, was ihm mit großem Erfolg gelang. Ab 1634 wirkte er in London als Guardian der Franziskaner. 1643 wurde er von den Glaubensgegnern verhaftet und am 11. Dezember 1643 in Tyburn bei London als »Spion« gehängt und gevierteilt. – Gedenktag: 11. Dezember

ARTHUR O'NELLY (13. Jh.), Ordensmann, Märtyrer – Gedenktag: 1. November

Artur Brauss (dt. TV-Schauspieler), Artur Rubinstein (poln. Pianist) – Arthur Miller (amerik. Schriftsteller), Arthur Schnitzler (österr. Schriftsteller), Arthur Schopenhauer (dt. Philosoph), Artus (keltischer König), Atze Brauner (dt. Filmregisseur), Artie Shaw (amerik. Jazzmusiker), Artturi I. Virtanen (finn. Biochemiker, Chemienobelpreisträger), Arturo Toscanini (ital. Dirigent)

B

Bastian

KURZFORM VON > SEBASTIAN

Benedikt

LAT. BENEDICTUS, DER GESEGNETE

Bendikt, Benedict, Benediktus, Benedictus, Benedicht, Bendicht, Benedix, Bendix, Benzing, Beneke (auch > Bernhard), Bene, Beni, Benit, Benno (auch > Bernhard, > Benjamin), Benke, Dix, Benz, Bentz, Bendt, Bengt, Bent, Bennett, Bennet, Bénoit, Benedicto, Benedetto, Benito

BENEDIKT VON NURSIA. Ordensgründer. Man nennt ihn den Patriarchen des abendländischen Mönchtums und den Baumeister des christlichen Abendlandes. Geboren um 480 in Nursia

(Norcia) in Umbrien, Italien – seine Zwillingsschwester war die heilige Scholastika –, lebte er nach seinem Studium zunächst in einer Asketengemeinschaft, danach zog er sich für drei Jahre als Einsiedler in eine Höhle bei Subiaco nahe Rom zurück. Immer mehr Mönche, die von seinem frommen Leben hörten, versammelten sich um ihn; er ordnete ihr tägliches Leben. Bald war er der Oberste von zwölf kleinen Klöstern. Um 529 zog er mit seiner Mönchsschar nach Cassino und gründete dort das große Kloster Montecassino. Hier schrieb er seine berühmte Regula

Benedikt von Nursia, Ordensgründer

Benedicti, die zur Grundlage des Benediktinerordens und dann des gesamten abendländischen Mönchtums wurde. Benediktinerklöster wurden in der Folge in ganz Europa zu Zentren der Kultur und der Bildung. Er starb am 21. März wohl 547 in Montecassino und fand dort seine letzte Ruhestätte. Ein Benediktinermönch, Gregor der Große, wurde 590 Papst. Von ihm stammt ein Großteil der Überlieferungen und des Wissens über den Ordensgründer. Nach der Zerstörung von Montecassino durch die Langobarden wurden die Reliquien wohl 673 oder 703 nach Fleury-sur-Loire (dann St-Bénoit-sur-Loire) in Frankreich überführt, an einem 11. Juli sollen sie dort angekommen sein. Seit 1964 Patron von Europa. – Gedenktag: 11. Juli

BENEDIKT BISCOP BADUCING (628–689), Abt – Gedenktag: 12. Januar;
BENEDIKT VON ANIANE (um 750–821), Abt – Gedenktag: 11. Februar;
BENEDIKT-JOSEPH LABRE (1748–1783), Mystiker – Gedenktag: 16. April;

BENEDETTO ANGELO MENNI (1841–1914), Ordensgründer – Gedenktag: 24. April

Benedetto Croce (ital. Politiker und Philosoph), Benedetto Marcello (ital. Komponist)

Benjamin

HEBR. BIN-JA-MIN, SOHN DER RECHTEN (= GLÜCKLICHEN) HAND, GLÜCKSSOHN

Ben, Benno (auch > Benedikt, > Bernhard), Beno, Bene (auch > Benedikt), Benni, Benny, Benjam, Benjy, Bines, Bienes, Beniamino, Benjamino

BENJAMIN VON PERSIEN. Missionar, Märtyrer. Er war ein Diakon, der zu Beginn des 5. Jh. in Persien missionierte und den Menschen von Jesus Christus berichtete. Während einer Christenverfolgung wurde er von Glaubensgegnern gefangen genommen; man wollte ihn zwingen, vom christlichen Glauben abzufallen und dafür Sonne und Feuer zu verehren. Als er sich standhaft weigerte, folterte man ihn so lange, bis er an den erlittenen Verletzungen starb. Das Todesjahr lag um 422. Der Gedenktag existiert bereits seit den frühesten Jahrhunderten. – Gedenktag: 31. März

BENJAMIN, Sohn des biblischen Stammesvaters Jakob – Gedenktag: 19. Dezember

Benjamin Britten (engl. Komponist), Benjamin Franklin (amerik. Physiker, Politiker), Benjamin von Stuckrad-Barre (dt. Schriftsteller) – Ben Affleck (amerik. Filmschauspieler), Ben Becker (dt. Schauspieler), Ben Kingsley (engl. Schauspieler), Benny Goodman (amerik. Jazzmusiker), Benjamino Gigli (ital. Opernsänger)

Bernd

KURZFORM VON > BERNHARD

Bernhard

AHDT. BERO, BÄR, UND HARTI, HART, KÜHN, AUSDAUERND = KRAFTVOLL WIE EIN BÄR

Bernd, Bernt, Bernhardin, Bernet, Berhard, Hard, Barnd, Baernd, Bernardus, Nardes, Berend, Bero, Berno, Berni, Bernie, Benso, Petz, Betz, Benz (auch > Benedikt), Beneke (auch > Benedikt), Benne, Benno (auch > Benjamin, > Benedikt), Bernard, Bernardin, Bernardo, Bernardino, Dino, Benzo, Bernaldo, Barney, Berney, Barnet, Bean, Bearn, Bearnt, Beart, Bernát

BERNHARD VON CLAIRVAUX. Abt, Kirchenlehrer. Eine der herausragenden Persönlichkeiten der katholischen Kirche des Mittelalters. Geboren 1090 in Fontaines-les-Dijon in Burgund, Frankreich, trat er 1112 mit 30 Gefährten, darunter vier seiner fünf Brüder, in das einige Jahr zuvor gegründete Zisterzienserkloster Citeaux in Burgund ein. 1115 war er der Gründerabt des Klosters Clairvaux in Burgund, und in der Folge gründete er weitere 68 Zisterzienserklöster. Man sagt daher, dass er so zusammen mit Robert von Molesme der zweite Stifter des Zisterzienserordens (Bernhardiner) gewesen sei. Er unterhielt Beziehungen zu allen großen Persönlichkeiten seiner Zeit, darunter Päpste und Könige. Wegen seiner herausragenden Sprach- und Predigtfähigkeiten nannte man ihn auch den »honigfließenden Lehrer«. Auf Grund

Bernhard von Clairvaux, Abt, Kirchenlehrer

seines Charismas schlugen ihm überall Begeisterung und tiefe Zuneigung entgegen. Jedes ihm angetragene Ehrenamt aber lehnte er strikt ab, er bevorzugte das asketische Ordensleben. Für die Menschen verkörperte er so das Idealbild eines Mönches. Seine Lebensenttäuschung war 1149 das Scheitern des von ihm leidenschaftlich unterstützten Kreuzzuges. Er starb am 20. August 1153 in Clairvaux, betrauert ebenso von Tausenden von Zisterziensern wie vom Volk. Seine Heiligsprechung erfolgte am 18. Januar 1174, die Ernennung zum Kirchenlehrer im Jahr 1830. Er ist der Patron der Zisterzienser. – Gedenktag: 20. August

Benno von Meissen (1. H. 11. Jh.–1106), Bischof von Meißen – Gedenktag: 16. Juni;
Bernhard von Siena (1380–1444), Volksprediger – Gedenktag: 20. Mai;
Bernhard Lichtenberg (1875–1943), Dompropst, Märtyrer – Gedenktag: 5. November

Bernhard Letterhaus (1894–1944) *war ab 1928 Zentrumsabgeordneter im Preußischen Landtag und setzte sich dort für die christliche Gesinnung in der politischen Arbeit ein. Nach der Machtübernahme durch die Nationalsozialisten bestärkte er die katholischen Arbeitervereine im Widerstand gegen das Hitler-Regime. Nach dem gescheiterten Hitler-Attentat am 20. Juli 1944 wurde er denunziert und verhaftet, am 14. November 1944 starb er durch das Fallbeil.*

Bernhard Grzimek (dt. Zoologe), Bernhard Langer (dt. Golfspieler), Bernhard Wicki (dt. Schauspieler, Regisseur) – Bernd Eichinger (dt. Filmregisseur), Bernd Rosemeyer (dt. Autorennfahrer), Bernt Engelmann (dt. Schriftsteller), Bernie Ecclestone (engl. Rennsportmanager), Bernard Buffet (franz. Maler), Bernard Shaw (engl.-ir. Schriftsteller, Nobelpreisträger), Bernardo Bertolucci (ital. Filmregisseur), Dino Zoff (ital. Fußballtorwart), Dino de Laurentiis (amerik. Filmregisseur)

Berthold

AHDT. BERAHT, GLÄNZEND, BERÜHMT, UND WALTAN, WALTEN, GEBIETER, HERRSCHER = BERÜHMT WIE EIN HERRSCHER

Bertold, Bertolt, Berchtold, Berchthold, Barthold, Dold, Bert (auch > Albert), Berto, Berti, Bertel, Bertl, Betto, Bechtel, Berchtel, Tölke, Bertoldo, Bertino, Bettino, Bosco

BERTHOLD VON REGENSBURG. Volksprediger. Verschiedene Quellen nennen ihn den größten Volksprediger des Mittelalters, er ist der Patron der Prediger. Geboren um 1210 in Regensburg in Bayern, trat er 16-jährig dem Franziskanerorden bei. Etwa 1240 nahm er seine viel gerühmte Predigttätigkeit auf, zunächst in Süddeutschland, dann in der Schweiz und in Österreich, später zog er bis Schlesien, Böhmen, Mähren und Ungarn und sogar nach Paris. Überall, wo er auftrat, strömten die Massen zu ihm; die Überlieferungen sprechen von 40 000 Menschen bei jeder Predigt, zum Teil sollen es sogar bis zu 200 000 gewesen sein. Viele der Predigten wurden veröffentlicht und im Volk verteilt. Er starb am 14. (13.?) Dezember 1272 in Regensburg. Seine Reliquien befinden sich heute im dortigen Domschatz. Die Grabstätte war im Mittelalter ein viel besuchter Wallfahrtsort. – Gedenktag: 14. Dezember

BERTHOLD VON GARSTEN (gest. 1142), Abt – Gedenktag: 27. Juli; BERTHOLD VON KALBRIEN (gest. um 1195), Einsiedler – Gedenktag: 29. März

Bertolt Brecht (dt. Schriftsteller), Barthold G. Niebuhr (dt. Historiker), Bert Kaempfert (dt. Musiker), Berti Vogts (dt. Fußballspieler/-trainer), Bertel Thorvaldsen (dän. Bildhauer), Bettino Craxi (ital. Politiker)

Bruno

AHDT. BRUN, BRAUN = DER BRAUNE (URSPRÜNGLICH WOHL: DER BÄR); KURZFORM VON NAMEN MIT BRUN-, Z. B. BRUNOLD, BRUNWALD, BRUNHARD

Brun, Brün, Braun, Praun, Bronno, Brunone, Brown, Björn

BRUN(O) DER KARTÄUSER. Ordensstifter. Obwohl er selbst nie die Gründung eines Ordens im Sinn hatte, wurde er zum Initiator des Kartäuserordens, sozusagen zum geistlichen Vater der Gemeinschaft. Geboren um 1030 in Köln, übernahm er 1057 die Domschule von Reims, Frankreich, wo er auch studiert hatte. Über 25 Jahre unterrichtete er dort und brachte die Schule zu hohem Ruhm. 1083 legte er alle Ämter nieder und verließ die Stadt tief enttäuscht, nachdem seine bereits beschlossene Wahl zum Bischof von Reims durch den königlichen Bischofskandidaten Helinand von Laon zunichte gemacht worden war. Hugo, einer seiner dankbaren Schüler und inzwischen Bischof von Grenoble, schenkte ihm im Norden von Grenoble ein unwegsames, einsames Stück Land mit Namen Cartusia, wohin er sich zusammen mit sechs Gefährten zurückzog. In mühevoller Arbeit errichtete er mit seiner kleinen Einsiedlergruppe die Große Kartause (Grande Chartreuse), die zunächst nur aus einer Kapelle und mehreren kleinen Einzelzellen bestand. Das war die Geburtsstunde der Kartäuser, die dann später (1127/1128) von Guigo, dem fünften Prior der Kartause, als Orden begründet wurde (päpstliche Bestätigung: 1133). Danach gründete er noch zwei weitere Kartausen in Kalabrien, Italien, wo er am 6. Oktober 1101 starb. – Gedenktag: 6. Oktober

Brun(o) der Kartäuser, Ordensstifter

BRUNO VON KÖLN (925–965), Erzbischof von Köln – Gedenktag: 11. Oktober;
BRUNO VON QUERFURT (um 974–1009?), Erzbischof von Magdeburg, Märtyrer – Gedenktag: 9. März;
BRUNO VON WÜRZBURG (um 1080–1045), Bischof von Würzburg – Gedenktag: 27. Mai

Bruno Bruni (schweiz. Maler), Bruno Ganz (schweiz. Schauspieler), Bruno Jonas (dt. Kabarettist), Bruno Walter (dt. Dirigent) – Björn Borg (schwed. Tennisspieler), Björn Engholm (dt. Politiker)

Burkhard

AHDT. BURG, BURG, ZUFLUCHT, UND HARTI, HART, KÜHN, AUSDAUERND

Burkhart, Burkard, Burkart, Burkert, Burghard, Burchard, Burchart, Borchard, Borchert, Buggo, Buko, Burk, Bürk, Bork, Birk, Birkl, Butz, Burt, Bury, Busso, Bosso, Bosse, Busse, Burcardo

BURKHARD (BURCHARD) VON WÜRZBURG. Bischof. Er war der erste Bischof von Würzburg. Geboren wohl um 700 in England, trat er in seiner Heimat dem Benediktinerorden bei. 735 kam er dann aufs Festland und missionierte hier gemeinsam mit Bonifatius, dem Apostel der Deutschen, unter den Heiden. 741/742 erhielt er von Bonifatius die Weihe zum Bischof von Würzburg. 750 gründete er in Würzburg das Andreaskloster, bald darauf auch den Salvatordom, in dem er 752 die Gebeine des heiligen Kilian beisetzte. Er starb 753/754. Am 14. Oktober wohl 986 wurden seine Gebeine erhoben. – Gedenktag: 14. Oktober

BURCHARD (BUGGO) VON WORMS (965–1025), Bischof von Worms – Gedenktag: 20. August;
BURCHARD (BUKO) VON HALBERSTADT (um 1010–1088), Bischof von Halberstadt – Gedenktag: 7. April

Burkhard Mohr (dt. Karikaturist), Burt Lancaster (amerik. Filmschauspieler), Burt Reynolds (amerik. Filmschauspieler)

C

Carsten

> CHRISTIAN

Christian

LAT. CHRISTIANUS, DER CHRIST; GRIECH. CHRISTÓS, DER GESALBTE

Christianus, Cristian, Christiaan, Kristia(a)n, Krystian, Kristyan, Krisztián, Chris (auch > Christoph), Chrissie, Cris, Christ, Christel (auch weiblich), Crest, Chresta, Christer, Krister, Kris, Krist, Kristen, Kristin (auch weiblich), Kirsten (auch weiblich), Carsten, Kars, Karst, Karsten, Kasten, Kassen, Kers, Kerst, Kersten (auch weiblich), Kerstgen, Chresten, Krest, Kresten, Krestian, Chres, Kres, Kreß, Kress, Kors, Cors, Korsten, Korstgen, Korstia(a)n, Corstia(a)n, Cristiano, Kistain, Krischan, Chrisch, Chrischo, Chrestien, Chrétien, Christiern, Kit, Kitt (auch > Christoph)

CHRISTIAN VON OLIVA. Missionar, Bischof. Zunächst Zisterziensermönch in einem deutschen Kloster in Polen, kam er 1206 nach Preußen, um hier unter den Heiden zu missionieren. Papst Innozenz III. weihte ihn 1215 (1212?) zum ersten Missionsbischof von Preußen. Dann wurde er jedoch von Glaubensgegnern vertrieben, woraufhin er mit leidenschaftlichem Einsatz versuchte, eine eigene Gemeinschaft für die Missionsarbeit in Preußen aufzubauen, und dafür auch eine Ordensgemeinschaft gründete. Doch alle Bemühungen blieben erfolglos, schließlich wurde er sogar fünf Jahre lang von den Preußen gefangen gehalten. Seine letzten Lebensjahre verbrachte er in einem polnischen Kloster, wo er am 4. Dezember 1245 starb. Einige Quellen berichten, er sei in der Elisabethkirche in Marburg beigesetzt worden. – Gedenktag: 4. Dezember

CHRISTIAN VON GALATIEN (um 280– 304), Märtyrer – Gedenktag: 14. Mai;
CHRISTIAN VON L'AUMONE (um 1100–nach 1245), Mystiker – Gedenktag: 27. Juli

Christian Dior (franz. Modeschöpfer), Christian Morgenstern (dt. Dichter), Christian Neureuther (dt. Skirennläufer) – Hans Christian Andersen (dän. Märchenschriftsteller), Christiaan Barnard (südafrik. Herzchirurg), Krystian Zimerman (poln. Pianist), Chris Barber (amerik. Jazzmusiker), Chris de Burgh (ir. Popsänger), Chris Norman (engl. Popsänger), Carsten Ramelow (dt. Fußballspieler), Karsten Voigt (dt. Politiker) – Auch > Christoph

Christoph

GRIECH. CHRISTOS, CHRISTUS, UND PHOREIN, TRAGEN; DER CHRISTUS TRAGENDE, CHRISTUSANHÄNGER

Christof, Christoff, Christopher, Christophorus, Christophoros, Christoffer, Kristoff, Kristoffer, Kris, Chrystal, Chris (auch > Christian), Chrissie, Christe, Christo, Risto, Christow, Christoffel, Kristoffel, Stöffel, Stoffel, Stoffer, Stoffges, Toffel, Toff, Christophe, Cristoforo, Cristóbal, Krysztof, Krzysztof, Krystof, Chrystafor, Kit, Kitt

CHRISTOPHORUS. Märtyrer, Nothelfer. Obwohl seine Lebensgeschichte zu großen Teilen auf Legenden beruht, gehört er zu den weltweit besonders verehrten Heiligen. Sicher weiß man, dass er vor 454 gelebt hat, denn am 22. September 454 wurde ihm in Chalkedon in Griechenland eine Kirche geweiht. Mögli-

Christophorus, Märtyrer, Nothelfer

cherweise starb er als Märtyrer um das Jahr 250 in Lykien. Die verschiedenen Legenden aus dem Osten und aus dem Abendland entstanden fast alle im 5. Jh. Die östliche Passio berichtet von einem Menschen fressenden Untier mit einem Hundekopf und dem Namen Reprobus; bei seiner Taufe soll es den Namen Christophorus und die Fähigkeit zu sprechen erhalten haben und dann an vielen Martern gestorben sein. In der berühmten Legenda Aurea ist er ein riesiger Mann, der an einem Fluss lebt und sich seinen Lebensunterhalt damit verdient, Pilger durch das Wasser von einem Ufer zum anderen zu tragen. Eines Tages trug er dabei ein Kind auf seinen Schultern, das schwerer und schwerer wurde, und beinah hätte er den Weg durch den Fluss nicht mehr geschafft. Am anderen Ufer gab sich das Kind als Jesus zu erkennen und erteilte ihm die Taufe. – Die Verehrung breitete sich schnell aus, zunächst über die byzantinischen Wege nach Süditalien, Sizilien und Ravenna und dann ab dem 7. Jh. nach Spanien. Ab dem 16. Jh. entstand eine starke Verehrung auch in Übersee. Im Westen gehört er zu den Vierzehn Nothelfern und wird vor allem gegen Gefahren im Straßenverkehr angerufen. Es heißt auch, dass jemand, der am Morgen ein Christophorus-Bild erblickt, den ganzen Tag über geschützt ist. – Gedenktag: 25. Juli

Christophorus von Romandiola (um 1173–1272), Ordensmann – Gedenktag: 31. Oktober;
Christophorus Maccassoli (um 1420–1485), Ordensmann – Gedenktag: 5. März

CHRISTOPH HACKETHAL (1899–1942) *war Priester und stellte sich im Dritten Reich mutig gegen das Nazi-Regime; 1941 wurde er verhaftet und ins KZ Dachau gebracht, dort starb er am 25. August 1942 an den erlittenen Misshandlungen.*

Christoph Daum (dt. Fußballspieler/-trainer), Christoph Willibald Gluck (dt. Opernkomponist), Christoph Schlingensief (dt. Regisseur), Christoph Waltz (dt. Schauspieler) – Christopher Lee (amerik. Filmschauspieler), Kris Kristofferson (amerik. Sänger, Schauspieler), Chris Rea (amerik. Rocksänger), »Christo« Javaschwev (bulg.-amerik. Künstler), Cristóbal Colón (Entdecker), Krzysztof Kieslowski (poln. Filmemacher), Krzysztof Penderecki (poln. Komponist) – Auch > Christian

Clemens

LAT. CLEMENS, GÜTIG, SANFTMÜTIG = DER MILDE, GNÄDIGE

Klemens, Clement, Klement, Klemenz, Clemente, Kliment

CLEMENS I. Papst. Überlieferungen berichten, dass er der dritte Nachfolger von Petrus als Papst war (vor ihm amtierten noch Linus und Anaklet I.). Verschiedene Quellen vermuten, er sei ein Schüler von Paulus gewesen. Seine Amtszeit ging wohl von 92 (90?) bis zu seinem Tod im Jahr 101. Von ihm stammt der berühmte Korintherbrief, in dem er die zerstrittene Korinthergemeinde zur Eintracht ermahnt. Eine Legende erzählt, er sei Ende des 1. Jh. aus Rom vertrieben worden und habe auf Anweisung des Kaisers Zwangsarbeit in den Steinbrüchen auf der Krim leisten müssen. Eines Tages sei er mit einem Anker um den Hals ins Meer geworfen worden, wo er ertrank. Slawenapostel Kyrillos habe die Gebeine dann 868 nach Rom gebracht und sie dort in der Kirche S. Clemente beigesetzt, die über dem Elternhaus des Papstes erbaut worden war; bis heute werden sie dort aufbewahrt. – Gedenktag: 23. November

Clemens der Bulgare (2. H. 9. Jh.–916), Missionar – Gedenktag: 17. Juli;
Clemens Maria Hofbauer (1751–1820), Ordensmann, Generalvikar – Gedenktag: 15. März;
Clemens Vinzenz Fuhl (1874–1935), Ordensgeneral – Gedenktag: 31. März

Kardinal Clemens August Graf von Galen *(1878–1946) war Bischof von Münster und einer der schärfsten Gegner des Nationalsozialismus. Seine Predigten und mutigen Schriften (u. a. war er 1937 an der Vorbereitung der Enzyklika »Mit brennender Sorge« beteiligt) gegen das Hitler-Regime gingen in die Geschichte ein. Im Februar 1946 empfing er die Kardinalswürde, das Volk jubelte ihm voller Hoffnung auf eine neue, friedliche Zeit zu – aber einen Monat später starb er an einem Blinddarmdurchbruch.*

Clemens Brentano (dt. Schriftsteller), Clemens Krauss (dt. Dirigent), Clemens Fürst Metternich (österr. Staatsmann)

D

Daniel

Hebr. danijjel, Gott ist mein Richter, Gott richtet

Dan, Dane, Danel, Dannel, Daneel, Danil, Danilo, Dano, Dani, Danie, Danni, Däni, Dänni, Daen, Danny, Dany, Nel, Niel, Neeltje, Daniele (auch weiblich), Danila, Danco, Dános

Daniele Comboni. Ordensgründer. Die Comboni-Missionare und die Comboni-Missionsschwestern, die bis heute in 24 Ländern Afrikas und Südamerikas tätig sind, gehen auf ihn zurück. Geboren am 15. März 1831 in Limone am Gardasee, Italien, wurde er Priester. Erfüllt von der Idee der Missionierung in Afrika, gründete er 1867 in Verona den Missionsverein vom Guten Hirten und ein Missionshaus für Afrika. Im selben Jahr eröffnete er eine Niederlassung in Kairo, Ägypten. Als der Papst sein Vorhaben, die Mission in Zentralafrika schnell voranzutreiben, guthieß, schrieb er sofort eine Regel für die Kongregation der Söhne des heiligen Herzens Jesu, und bald darauf folgte die Gründung der Schwesternkongregation. Die Comboni-Brüder und Comboni-Schwestern konnten ihre Arbeit in Afrika aufnehmen. Er selbst wurde 1877 zum Apostolischen Vikar von Zentralafrika ernannt. Am 10. Oktober 1881 starb er 50-jährig in Khartum, Sudan. Seine Heiligsprechung erfolgte am 5. Oktober 2003. – Gedenktag: 10. Oktober

DANIEL STYLITES (409–493), Säulensteher – Gedenktag: 11. Dezember;
DANIEL VON BELVEDERE (gest. 1227), Ordensprovinzial – Gedenktag: 10. Oktober;
DANIEL BROTTIER (1876–1936), Ordensmann – Gedenktag: 28. Februar

Daniel Defoe (engl. Schriftsteller), Daniel Barenboim (israel. Pianist, Dirigent), Daniel Radcliff (engl. Filmschauspieler) – Dan Brown (amerik. Schriftsteller), Danny Kaye (amerik. Filmschauspieler)

David

HEBR. DAVID, GELIEBTER, LIEBLING

Dave, Davy, Davis, Davies, Dawie, Dabi, Daaf, Daw, Dawes, Taffy, Vit, Vid, Vidli, Dofele, Davide, Davyd, Dawid

DAVID VON HIMMEROD. Ordensmann, Mystiker. Er gehört zu den 74 Heiligen und Seligen der berühmten Zisterzienserabtei

Himmerod in Rheinland-Pfalz. Geboren um 1100 in Florenz, trat er 1130 bei Bernhard in Clairvaux dem Zisterzienserorden bei; der Ordensgründer entsandte ihn 1134 zusammen mit weiteren Mönchen zur Klostergründung nach Himmerod. Überlieferungen berichten, dass er in den folgenden Jahrzehnten bis zu seinem Tod am 11. Dezember 1179 ein vorbildliches Mönchsleben führte, das überall bewundert wurde; außerdem besaß er die Gabe der Wunder und durchlebte viele mystische Begnadungen. Bis heute werden seine Reliquien sowie sein Gürtel in Himmerod aufbewahrt. Er ist Patron der Schwangeren. – Gedenktag: 11. Dezember

DAVID VON THESSALONIKE (um 450–um 537), Mönch – Gedenktag: 26. Juni;
DAVID VON MENEVIA (um 530–um 600), Einsiedler, Patron von Wales – Gedenktag: 1. März;
DAVID VON AUGSBURG (um 1205–1272), Ordensmann, Kirchenschriftsteller – Gedenktag: 15. November

David Beckham (engl. Fußballspieler), David Bowie (engl. Schauspieler, Musiker), David Hasselhoff (amerik. Popsänger), David Hockney (engl. Künstler), David Livingstone (schott. Forschungsreisender, Entdecker), David Ben Gurion (israel. Politiker), David Oistrach (ukr.-russ. Geiger) – Dave Brubeck (amerik. Jazzmusiker), Dave Dudley (amerik. Countrysänger)

Dennis

ENGL. FORM VON DIONYSIUS, GRIECH.-LAT., GOTT GEWEIHT.
DIONYSOS = GRIECHISCHER GOTT DES WEINES

Denis, Denys, Dennys, Denny, Dénes, Dionys, Dini, Dion, Dionis, Dionysius, Dionysios, Dionysos, Dienes, Dinnies, Dines, Dins, Diwis, Nisse, Nies, Niese, Nijs, Nis, Nys, Nils (auch > Nikolaus), Niels, Sidney, Sydney

Dionysius von Paris, Märtyrer

Dionysius (Denis) von Paris. Bischof, Märtyrer, Nothelfer. Saint Denis genießt in Frankreich bis heute große Verehrung als Nationalheiliger: Er ist einer der Vierzehn Nothelfer. Über sein Leben und Wirken existieren verschiedene Überlieferungen. Sicher ist wohl, dass er als Heidenmissionar nach Paris kam und dort gemeinsam mit seinen beiden Gefährten Rusticus und Eleutherius den Martertod fand. Der älteste Bericht erzählt, dass er von Papst Clemens I. (90/92–101) zur Missionierung entsandt worden war. Eine Überlieferung aus dem Jahr 520 berichtet, dass er der erste Bischof von Paris gewesen sei; die Weihe habe ihm Papst Fabianus (236–250) erteilt. Eine Legende erzählt außerdem, er habe nach seiner Enthauptung, die auf dem Pariser Mons Mercurii (Mons Martyrium = Montmartre) stattfand, sein abgeschlagenes Haupt aufgenommen und es durch die Stadt bis zu seiner Grablege getragen. Über der Grabstätte wurde später die Basilika St-Denis errichtet, in der danach zahlreiche französische Könige ihre letzte Ruhestätte fanden und die dadurch zu einer der wichtigsten Verehrungsstätten im Frankenreich wurde. Der Kampfruf der königlichen Truppen lautete früher: »Montjoie Saint Denis!« Die Basilika bewahrt die Reliquien bis heute auf. In Deutschland entwickelte sich nach 1050 das Kloster St. Emmeram in Regensburg zu einem Kultzentrum. – Gedenktag: 9. Oktober

Dionysios der Grosse (um 170–264/265), Bischof von Alexandrien – Gedenktag: 17. November;

Dionysius (um 200–268), Papst – Gedenktag: 30. Dezember; Dionysius von Augsburg (um 240–um 304), Bischof von Augsburg – Gedenktag: 26. Februar

Dennis Hopper (amerik. Filmschauspieler), Dennis Quaid (amerik. Filmschauspieler), Denis Diderot (franz. Schriftsteller), Sidney Poitier (amerik. Filmschauspieler), Sydney Pollack (amerik. Filmregisseur)

Diether

Ahdt. diot, Volk, und her, Herr = Kämpfer des Volkes. Auch Kurzform von > Dietrich

Dieter, Dieder, Dider, Deter, Diede, Tiede, Diethe, Dietje, Teetje, Tide, Tido, Diddo, Dido, Deddo, Dedo – Auch > Dietrich

Diether Krebs (dt. TV-Komiker) – Dieter Borsche (dt. Schauspieler), Dieter Thoma (dt. Skispringer), Dieter Bohlen (dt. Schlagersänger/-komponist), Dieter Hildebrandt (dt. Kabarettist), Dieter Dorn (dt. Theaterregisseur) – Auch > Dietrich

Dietrich

Ahdt. diot, Volk, und rich(e), mächtig, reich, Herrscher = mächtig im Volk

Diedrich, Diederich, Diderich, Ditrich, Dietreich, Diderik, Diederick, Theoderich, Theudoricus, Thewald, Dirk, Dierk, Dierck, Dietz, Derk, Diek, Dick (auch > Richard), Derek, Derik, Derrick, Tjark, Tjarko, Tjerk, Til, Till, Tilo, Tillo, Thilo, Tillmann, Tilman, Tillman, Thierry, Thierri, Teodorico, Teoderic – Hans-Dietrich (> Hans) – Auch > Diether

Dietrich Kolde (Coelde). Ordensmann, Volksprediger. Geboren um 1435 in Münster in Westfalen, empfing er die Priesterweihe und trat zunächst den Augustiner-Eremiten, später den Franziskanern bei. Seine Leidenschaft gehörte dem Predigen; im Rheinland und in den Niederlanden wurde er im Lauf der Jahrzehnte einer der bekanntesten Volksprediger. Sein in münsterländischem Dialekt geschriebener Christenspiegel fand große Verbreitung in der Bevölkerung, ebenso seine in einfacher Schrift verfassten pastoralen Abhandlungen über die Leiden Christi und die Verehrung der Gottesmutter. Darüber hinaus widmete er sich tatkräftig der Krankenseelsorge. Während einer Pestepidemie in Brüssel pflegte er aufopfernd die Kranken und Sterbenden. Er starb am 11. Dezember 1515 in Brüssel. Eine Seligsprechung wird seit langer Zeit angestrebt. – Gedenktag: 11. Dezember

Dietrich Bonhoeffer (1906–1945) *engagierte sich als evangelischer Pastor aktiv in der Ökumene und im Weltkirchenrat. Man nannte ihn auch den »Apostel des Friedens«. Im Dritten Reich ab 1940 wegen seiner kritischen Haltung mit Redeverbot, ab 1941 mit Schreibverbot belegt, schloss er sich der Widerstandsbewegung an; am 5. April 1943 wurde er verhaftet, am 9. April 1945 in Flossenbürg gehängt (zwei Wochen später erschoss man seinen Bruder Klaus in Berlin).*

Dietrich Fischer-Dieskau (dt. Opernsänger), Dietrich »Didi« Thurau (dt. Radrennfahrer), Christian Dietrich Grabbe (dt. Dichter) – Dirk Nowitzki (dt. Basketballspieler), Dirk Bogarde (amerik. Filmschauspieler), Til Schweiger (dt. Schauspieler), Thilo Koch (dt. TV-Reporter), Tilman Riemenschneider (dt. Bildhauer) – Auch > Diether

Dirk

> Dietrich

Dominik

LAT. DOMINICUS, DEM HERRN GEHÖREND, GEWEIHT

Dominic, Dominikus, Dominicus, Domenikos, Dominick, Domni, Domini, Domien, Domenik, Domenic, Domenkos, Domonkos, Domokos, Domos, Doman, Dinko, Dunko, Mien, Mini, Minikus, Kus, Minkes, Domenico, Dominique (auch weiblicher Vorname), Domingo, Mingo, Domiku

DOMINIKUS (DOMENICO GUZMÁN). Ordensgründer. Der Dominikanerorden, Vorbild für viele weitere Prediger- und Seelsorgeorden, wurde von ihm gegründet. Geboren um 1170 in Caleruega, Spanien, als Sohn der bekannten Familie Guzmán, wurde er zunächst Priester und dann Mitglied des regulierten Domstifts El Burgo in Osma; ab 1201 war er dort Subprior. Als er während einer Reise durch Südfrankreich die negativen Auswirkungen verschiedener Irrlehren beobachtete, beschloss er, Missionar zu werden, um etwas dagegen zu unternehmen. In Prouille bei Toulouse gründete er seine Missionsstation; bald schlossen sich immer mehr Gleichgesinnte an und schließlich erwuchs aus dieser Gemeinschaft 1215 der Prediger- und Bettlerorden der Dominikaner. Die päpstliche Bestätigung der Regel erfolgte 1216. Armut und Studium waren die Grundlage der Ordensgemeinschaft, die auf der Regel von Augustinus aufgebaut war. Eines der obersten Ziele war die Bewahrung der katholischen Kirche gegen alle Angriffe von außen. Schon 1217 strömten die ersten Brüder aus, um Domini-

Dominikus (Domenico Guzmán)

kanerklöster zu errichten; 1220 fand in Bologna das erste Ordenskapitel statt. 1221 wurde in Rom das erste Frauenkloster des Ordens gegründet, am 6. August desselben Jahres starb der Ordensgründer in Bologna, wo er in der Dominikanerkirche beigesetzt wurde. Die Heiligsprechung erfolgte am 3. Juli 1234. – Gedenktag: 8. August

DOMINGOS DE SILOS (um 1000–1071), Abt – Gedenktag: 20. Dezember;
DOMENICO PIRROTTI (1710–1766), Ordensmann, Mystiker – Gedenktag: 15. Juli;
DOMENICO SAVIO (1842–1856), Schüler, Bekenner – Gedenktag: 9. März

Dominik Graf (dt. Regisseur) – Dominic Raacke (dt. Schauspieler), Dominikus Zimmermann (dt. Barockbaumeister), Domenikos Theodokopoulos »El Greco« (griech.-span. Maler), Domenico Modugno (ital. Schlagersänger), Domenico Scarlatti (ital. Komponist), Dominique Horwitz (dt. Schauspieler)

E

Eberhard

AHDT. EBUR, EBER, UND HARTI, STARK, HART, KÜHN

Eberhart, Everhard, Everhart, Ebert, Evert, Eber, Ebbo, Ebo, Eppo, Epp, Äbi, Jori, Joris (auch > Georg), Jorrit, Jorit, Jork (auch > Georg), Everard, Evrard

EBERHARD VON TÜNTENHAUSEN. Hirte, Wundertäter. Seine Gebeine ruhen seit 1938 bis heute in einem vom Münchner Kardinal Faulhaber gestifteten Glasschrein in der Dorfkirche von

Tüntenhausen in Bayern. Nach den Überlieferungen war er ein Hirte, der Mitte des 14. Jh. im Gebiet von Tüntenhausen bei Freising Schafe hütete. Er soll große Wunderkräfte gehabt haben; beispielsweise soll überall, wo er seinen Hirtenstab in den Boden stieß, ein Baum gewachsen sein. Er starb um 1370, sein Kult ist ab 1428 bezeugt. Vor allem im bäuerlichen Leben genoss er großes Ansehen. Gegen Viehkrankheiten entnahm man früher Erde von seinem Grab in Tüntenhausen und mischte es unter das Viehfutter. 1734 gestattete der Papst die Verehrung offiziell. Er ist Patron der Hirten und Haustiere und Schutzheiliger gegen Viehkrankheiten. – Gedenktag: 28. September

EBERHARD VON NELLENBURG (um 1015–1077), Graf, Laienbruder – Gedenktag: 25. März;
EBERHARD VON SALZBURG (um 1085–1164), Erzbischof von Salzburg – Gedenktag: 22. Juni;
EBERHARD VON SALEM (um 1160–1245), Abt – Gedenktag: 14. April

Eberhard Gienger (dt. Kunstturner), Eberhard Diepgen (dt. Politiker)

Eduard

DT. VORNAME VON ENGL. EDWARD, ALTENGL. EAD, BESITZ, UND WARD, SCHUTZ

Edi, Ede, Ed, Edu, Edo, Eddo, Eddi, Eddie, Eddy, Edy, Otward, Edward, Eadweard, Ted, Teddy, Ned, Neddy, Edvard, Edouard, Edoardo, Odoardo, Eduardo, Duarte

EDUARD DER BEKENNER. König. Sein Volk nannte ihn »good King Edward« in Anerkennung seines großherzigen Wirkens und seiner Güte. Geboren 1003 in Islip bei Oxford, England, als Sohn von König Ethelred, bestieg er 1042 den angelsächsischen

Thron. Er regierte besonnen, freigebig und selbstlos; im Mittelpunkt seines Strebens stand das Wohlergehen seines Volkes. Tatkräftig förderte er das kirchliche Leben in England. Nach der Rückkehr von einer Wallfahrt nach Rom begann er mit dem Wiederaufbau von Westminster Abbey in London; dort wurde er nach seinem Tod am 5. Januar 1066 auch beigesetzt. Am 13. Oktober 1162 wurden seine Gebeine erhoben und in einen Schrein übertragen, der bis heute hinter dem Hauptaltar von Westminster Abbey steht. Er ist der Patron Englands und der englischen Könige. – Gedenktag: 5. Januar und 13. Oktober

EDUARD DER MÄRTYRER (962–979), englischer König, Märtyrer – Gedenktag: 18. März;
EDWARD AMBROSIUS BARLOW (1587–1641), Ordensmann, Märtyrer – Gedenktag: 10. September

EDUARD STEMBERGER (1859–1927) *wirkte als Priester aufopferungsvoll in Tirol und Südtirol. 25 Jahre lang war er hoch angesehener Spiritual am Priesterseminar von Brixen und ein viel gesuchter Ratgeber der Priesteramtskandidaten. Sein vorbildlich-christliches Leben wurde gerühmt, wodurch er großen Einfluss auf das Verhalten der Bevölkerung hatte. Bewundernd nannte man ihn »den zweiten Pfarrer von Ars«. Er starb am 25. Mai 1927 in Taufers im Pustertal im Ruf der Heiligkeit.*

Eduard Künneke (dt. Operettenkomponist), Eduard Mörike (dt. Dichter), Eduard Thöny (dt.-österr. Zeichner und Karikaturist) – Ed Harris (engl. Schauspieler), Eddi Arent (dt. TV-Komiker), Eddie Murphy (amerik. Filmschauspieler), Eddy Merckx (belg. Radrennfahrer), Edward Heath (engl. Politiker), Ted Kennedy (amerik. Politiker), Ted Turner (amerik. Medienzar), Edvard Grieg (norweg. Komponist), Edvard Munch (norweg. Maler), Edouard Balladur (franz. Politiker), Edouard Manet (franz. Maler), Edoardo Ponti (ital. Filmregisseur)

Edwin

ALT-ENGL. EAD, BESITZ, ERBE, UND WINE, FREUND

Otwin, Odwin, Edwyn, Edvin

EDWIN. König, Märtyrer. Geboren 584, wurde er 616 König von Northumbrien. Seine zweite Ehefrau Ethelburga von Kent, eine überzeugte Christin, führte ihn zum Christentum und 627 zur Taufe. Von da an förderte er kraftvoll die Christianisierung in seinem Land. Am 12. Oktober 633 wurde er in der Schlacht von Hatfield von den heidnischen Soldaten des gegnerischen Königs Penda von Mercia ermordet. Damit war sein christliches Werk zerstört. Das Volk verehrte ihn danach wie einen Märtyrer. Der Schrein mit den Reliquien steht bis heute in der Abtei von Whitby. – Gedenktag: 12. Oktober

Edwin Aldrin (amerik. Astronaut), Edwin Fischer (dt. Pianist), Edwin Mattison McMillan (amerik. Physiker, Nobelpreisträger), Edwin Moses (amerik. Leichtathlet)

Erich

NORD. VON ERIK. AHDT. ERA, EHRE, UND RIHHI, MACHTVOLL, ALLEIN HERRSCHEND, REICH

Erik, Eric, Erick, Erk, Erie, Eirik, Erken, Erker, Jerker, Jerik, Jerre, Eherich, Erico

ERICH IX. JEDVARSSON. König, Märtyrer. Er ist ein Nationalheiliger in Schweden. Geboren in der ersten Hälfte des 12. Jh. in Schweden, wurde er 1150 König des Landes. Als tiefgläubiger Christ war er seinem Volk ein Vorbild an Sittenstrenge, Demut und Güte. Große Verdienste erwarb er sich bei der Christianisierung der Finnen. Er starb am 18. Mai 1160 im Kampf gegen die heidnischen Dänen; es heißt, der dänische Königssohn Magnus Henriksson habe ihn während eines Gottesdienstes in der Kirche von Uppsala hinterrücks ermorden lassen. Bereits um 1200 wurde er in Schweden als Heiliger verehrt; der goldene Schrein mit seinen Reliquien steht bis heute im Dom von Uppsala. – Gedenktag: 18. Mai

Erich von Plovpenning (1216–1250), König von Dänemark, Märtyrer – Gedenktag: 10. August

Erich von Däniken (schweiz. Schriftsteller), Erich Fromm (dt.-amerik. Psychoanalytiker), Erich Heckel (dt. Maler), Erich Kästner (dt. Schriftsteller), Erich Kühnhackl (dt. Eishockeyspieler) Erich Ollenhauer (dt. Politiker), Erich Maria Remarque (dt.-amerik. Schriftsteller) – Erik Ode (dt. Schauspieler), Eric Burdon (engl. Rocksänger), Eric Clapton (amerik. Rocksänger)

Ernst

Ahdt. ernust, Entschlossenheit, Ernst, Eifer

Ernest, Ernestus, Ernestinus, Ernestin, Earnest, Arnst, Arnest, Arnust, Arnost, Ernesto, Ern, Erno, Erni, Ernie, Ernio, Ernö

Ernst Pardubitz (Ernst von Prag). Erzbischof. Geboren um 1300 in Ostböhmen als Ritter, kam er durch seine enge Freundschaft zu Karl IV., dem späteren Kaiser, nach Prag, wo er eine segensreiche seelsorgerische und organisatorische Tätigkeit als Priester aufnahm. 1344 wurde er der erste Erzbischof von Prag; im selben Jahr legte er den Grundstein für den Prager Veitsdom, 1348 war er Mitbegründer der berühmten Prager Universität. Er starb am 30. Juni 1364, tief betrauert vom ganzen Volk. – Gedenktag: 30. Juni

Ernst von Zwiefalten (um 1100–1147/8), Abt, Märtyrer(?) – Gedenktag: 7. November

Ernst Jünger (dt. Schriftsteller), Ernst Barlach (dt. Bildhauer), Ernst Rowohlt (dt. Verleger), Ernst Litfass (dt. Erfinder der Litfasssäule), Ernst Ludwig Kirchner (dt. Maler), Ernst Fuchs (österr. Maler) – Ernest Hemingway (amerik. Schriftsteller), Ernest Rutherford (engl. Physiker, Chemienobelpreisträger), Ernesto »Che« Guevara (boliv. Revolutionär), Ernie Els (südafrik. Golfspieler)

Erwin

Ahdt. heri, Herr, und wini, Freund. Kurzform von Eberwin

Erving, Irwin, Irvin, Irving, Earvin, Earwyn, Ervino, Erwijn, Herwin

Egon Erwin Kisch (tschech. Schriftsteller), Erwin Piscator (dt. Regisseur), Erwin Rommel (dt. Feldmarschall, Widerstandskämpfer), Erwin Schrödinger (österr.-dt. Physiker, Nobelpreisträger) – Irwin Shaw (amerik. Schriftsteller), Irving Stone (amerik. Schriftsteller), Earvin »Magic« Johnson (amerik. Basketballspieler)

Eugen

Griech. eugenes, wohlgeboren = der Wohlgeborene

Eugenius, Eugenian, Eugene, Eugène, Eugenio, Jenni, Jenö, Jeno, Geno, Gene, Jevgenij, Evgenij, Evgeny

Eugen I. Papst. Er war der römische Priester, der für den nach Cherson verbannten Papst Martin I. in Rom als Vikar wirkte. Noch vor Martins Tod wurde er 654 von der römischen Kurie zu dessen Nachfolger gewählt. Während seiner dreijährigen Amtszeit zeichnete er sich durch große Milde und besondere Fürsorge für die Armen aus und genoss daher große Verehrung. Er starb am 2. Juni 657 in Rom. – Gedenktag: 2. Juni

EUGEN III. (um 1090–1153), Papst – Gedenktag: 8. Juli

EUGEN BOLZ (1881–1945) *war ab 1928 württembergischer Staatspräsident, trat aber 1933 zu Beginn des Dritten Reichs zurück. Als praktizierender Christ nahm er die Lehre der katholischen Kirche zur Grundlage seines öffentlichen Wirkens, unerschrocken leistete er Widerstand gegen den Nationalsozialismus. Nach dem missglückten Attentat auf Hitler am 20. Juli 1944 wurde er verhaftet und am 23. Januar 1945 in Berlin hingerichtet.*

Eugen Drewermann (dt. Theologe), Eugen Jochum (dt. Dirigent), Eugen Kogon (dt. Schriftsteller), Eugen Roth (dt. Schriftsteller) – Eugène Delacroix (franz. Maler), Eugène Ionesco (rumän.-franz. Schriftsteller), Eugenio Pacelli (ital. Papst Pius XII.), Jeno Varga (sowj. Nationalökonom), Gene Kelly (amerik. Filmschauspieler, Tänzer), Jevgenij Kafelnikow (russ. Tennisspieler), Evgeny Kissin (russ. Pianist)

F

Fabian

VOM ALTRÖM. FAMILIENNAMEN DER FABIER (AUS DER STADT FABIAE STAMMEND). LAT. FABA, DIE BOHNE, FABIUS, DER BOHNENZÜCHTER

Fabianus, Fabius, Fabel, Fabio, Fabiano, Fabien, Fabie, Fabijan, Fab, Fabó, Paben

FABIANUS I. Papst, Märtyrer. Er war Papst in den schweren Zeiten der Christenverfolgungen; gewählt 236, amtierte er bis zu seinem gewaltsamen Tod am 20. Januar 250. Als Bischof von Rom erwarb er sich große Verdienste bei der Organisation der römischen Kirche, die Stadt teilte er in sieben Bezirke ein und gab ihnen jeweils einen Diakon für die Verwaltung. Verschiedene Zeitgenossen überlieferten, dass er innerhalb der Gesamtkirche großes Ansehen genoss. Er starb am 20. Januar 250 als eines der ersten Opfer in der Christenverfolgung des römischen Kaisers Decius; Christen bestatteten ihn in der Calixtuskatakombe, 1915 entdeckte man den Sarkophag bei Ausgrabungen in der Kirche S. Sebastiano wieder. – Gedenktag: 20. Januar

Fabian Ernst (dt. Fußballspieler), Pär Fabian Lagerkvist (schwed. Schriftsteller, Literaturnobelpreisträger) – Fabio Luisi (ital.-österr. Dirigent)

Felix

LAT. FELIX, GLÜCKLICH, DER GLÜCKLICHE

Felicius, Felicianus, Felician, Feliciaan, Felizian, Felizius, Felizianus, Felice, Feliks, Feel, Fiz, Lipp, Lix, Lixel, Peli, Bódog

FELIX VON CANTALICE. Laienbruder, Mystiker. Er gehört zu den besonders verehrten Kirchenpersönlichkeiten in Italien. Geboren 1515 in Cantalice in Umbrien, Italien, lebte und wirkte er ab 1547 als bescheidener, demütiger Laienbruder im Kapuzinerkloster S. Bonaventura in Rom. In der Stadt nannte man ihn nur den »Bruder Deogratias«, weil er sich für die Almosen, die er 40 Jahre lang für sein Kloster sammelte, stets mit einem freundlichen »deo gratias« (Gott sei Dank) bedankte. Er war ein einfacher Mann, der nie eine Ausbildung genossen hatte, der aber über eine tiefe Herzensbildung und ein großes Charisma verfügte. Berühmte Persönlichkeiten seiner Zeit suchten seine Nähe, seinen Rat und seine Freundschaft, so > Philipp Neri und > Karl Borromäus. Mehrmals erschien ihm, dem großen Marienverehrer, Maria mit dem Jesuskind, was die Verehrung seiner Person noch erheblich verstärkte. Er starb am 18. Mai 1587, tief betrauert vom ganzen Volk. Seine Gebeine werden bis heute in der

Felix von Cantalice, Laienbruder, Mystiker

Chiesa Cappuccini in Rom in einem Steinsarkophag aufbewahrt; seine Zelle im Kloster blieb unverändert. Die Heiligsprechung erfolgte am 22. Mai 1712. – Gedenktag: 18. Mai

FELIX VON NOLA (um 200–um 260), Priester, Bekenner – Gedenktag: 14. Januar;
FELIX I. (um 210–273), Papst – Gedenktag: 30. Dezember;
FELIX II. (gest. 492), Papst – Gedenktag: 1. März;
FELIX VON DUNWICH (2. H. 6. Jh.–um 650), Bischof von Dunwich – Gedenktag: 8. März;
FELIX VON VALOIS (1127–1212), Ordensgründer(?) – Gedenktag: 20. November

Felix Dahn (dt. Schriftsteller), Felix Magath (dt. Fußballspieler/-trainer), Felix Mendelssohn-Bartholdy (dt. Komponist), Felix Salten (österr. Schriftsteller), Felix Wankel (dt. Ingenieur)

Ferdinand

AHDT. FRITHU, FRIEDE, UND NANTHA, GEWAGT, KÜHN

Ferd, Ferdi, Ferdy, Ferges, Ferdel, Ferdl, Fendel, Nandel, Nante, Nanno, Nando, Fernand, Fernandel, Ferand, Fernando, Ferdinando, Hernando, Fernandez, Ferante, Ferran, Fernán, Fernao, Nándor

FERDINAND VON KASTILIEN, der Heilige (1199–1252), König – Gedenktag: 30. Mai;
FERDINAND DER STANDHAFTE (1402–1443), Prinz – Gedenktag: 5. Juni

Ferdinand Steinmayr *(1725–1787) stammte aus Baden-Württemberg, wo er dem Jesuitenorden beitrat; dann ging er nach New York und gründete dort die erste katholische Gemeinde der Stadt. 36 Jahre wirkte er segensreich in Amerika, am 17. August 1787 starb er in Philadelphia im Ruf der Heiligkeit.*

Ferdinand Lasalle (dt. Politiker), Ferdinand Porsche (dt. Automobilpionier), Ferdinand Sauerbruch (dt. Chirurg), Ferdinand Graf Zeppelin (dt. Luftschiffkonstrukteur) – Fernao de Magalhäes (portug. Seefahrer)

Florian

Lat. florere, blühen, frisch sein

Florianus, Florin, Flori, Floris, Flor, Floor, Flurus, Flurin, Flur, Fluri, Flöres, Florien, Floriano, Florino, Floriaan, Floryjan, Fóris

Florian. Märtyrer. Er ist der Patron der Feuerwehrleute und Schutzheiliger gegen Feuergefahren und einer der bekanntesten volkstümlichen Heiligen. Der wahre Kern seiner von Legenden umrahmten Vita erzählt, dass er im 3. Jh. im heutigen Zeiselmauer bei Wien geboren wurde und eine christliche Erziehung genoss. Er wurde Offizier, später Kanzleileiter des römischen Statthalters von Lauriacum, heute Lorch bei Enns in Oberösterreich. Während der Christenverfolgung unter Kaiser Diokletian geriet er Anfang des 4. Jh. in Gefangenschaft und musste im Gefängnis furchtbare Martern erleiden. Am 4. Mai 304 ertränkte man ihn im Fluss Enns; zuvor hatte man ihm noch einen schweren Mühlstein um den Hals gebunden. Sein Leichnam wurde von Christen geborgen; über seiner Grabstätte bei Linz errichteten die Passauer Bischöfe dann im 8. Jh. das berühmte Chorherrenstift St. Florian. 40 seiner christlichen Gefährten aus dem Kerker waren am selben Tag wie er von den Christenverfolgern getötet worden; ihre Gebeine fand man vor und nach dem Zweiten Weltkrieg bei Grabungen in Lorch und setzte sie im Hochaltar der Lorcher Basilika bei. Er ist auch Patron von Polen und von Oberösterreich. – Gedenktag: 4. Mai

Florian Gerster (dt. Politiker), Florian Martens (dt. Schauspieler), Florian König (dt. TV-Moderator)

Frank

AHDT. FRANKO, DER FRANKE, DER AUS FRANKEN STAMMENDE, DER FREIE; GERMAN. FRANKA, MUTIG, TÜCHTIG.

Franko, Franke, Franco (auch > Franz), France, Frankie, Franky, Franklin, Vrank, Frenk, Frenkel, Fränkel

Frank Busemann (dt. Leichtathlet), Frank Elstner (dt. TV-Unterhalter), Frank Sinatra (amerik. Filmschauspieler, Sänger), Frank Wedekind (dt. Dichter) – Franko Foda (dt. Fußballspieler), Frankie Fredericks (namibian. Leichtathlet), Franklin D. Roosevelt (US-Präsident)

Franz

DT. FORM ZU ITAL. FRANCESCO, DAS FRANZÖSLEIN, DER FRANZOSE

Franziskus, Frans, Frens, Franco (auch > Frank), Francus, Francis, Francois, Francisque, Francesco, Cecco, Cesco, Francisco, Frasquito, Curro, Paco, Pancho, Fran, Frane, Franjo, Franek, Frantek, Franc, Francisk, Francisko, Franciszek, Frantisek, Francysk, Ferenc, Ferencz, Feri, Ferke, Frangiskos – Franz-Josef (auch > Josef), Franz-Xaver

FRANZ (FRANZISKUS) VON ASSISI. Ordensgründer. Eine der herausragenden Persönlichkeiten der Kirchengeschichte, seit Jahrhunderten verehrt und bewundert auf der ganzen Welt, ge-

Franz (Franziskus) von Assisi, Ordensgründer

nannt auch »der seraphische Heilige«. Dante Alighieri sagte von ihm: »Wie eine Sonne ging er in der Welt auf.« Geboren um die Jahreswende 1181/1182 in Assisi in Umbrien, Italien, als Sohn einer wohlhabenden Kaufmannsfamilie, erhielt er den Taufnamen Giovanni; wegen der französischen Abstammung seiner Mutter rief man ihn jedoch Francesco, Französlein. Im Städtekrieg zwischen Assisi und Perugia geriet er, jetzt 20 Jahre alt, in einjährige Kerkerhaft und durchlebte hier den Wandel vom lebenslustigen, jungen Mann zum kompromisslosen Bettelbruder. Er verzichtete auf sein Erbe, ließ Familie und Wohlstand hinter sich, bekleidete sich mit einer braunen Kutte und ging barfuß als Bettler auf Wanderschaft. Als sich ihm immer mehr Gleichgesinnte anschlossen, zeichnete sich das Ideal des späteren Bettelordens ab. 1210 zog er zusammen mit zwölf Gefährten zu Papst Innozenz III. nach Rom, um sich die Bestätigung für die erste einfache Franziskaner-Regel einzuholen. Es war die Geburtsstunde des Franziskanerordens. Bald zogen Franziskaner in die ganze Welt hinaus, um das von Franz vorgegebene Ideal vom einfachen Leben und der Liebe zu Mensch, Tier und Natur zu verkünden; er selbst predigte oft auch zu den Tieren. Damit auch Frauen einen Zugang zum Orden hatten, gründete Klara von Assisi 1212 den weiblichen Zweig der Franziskaner, den Klarissenorden. 1223 wurde dann die juristisch gefasste Ordensregel päpstlich bestätigt, genannt »die Endgültige«. Am 24. September 1224 empfing Franz auf dem Berg La Verna die Wundmale Christi; es war die erste mit Sicherheit bezeugte Stigmatisation. Als er seinen Tod kommen spürte, ließ er sich von seinen Gefährten in die Portiuncula, seine kleine Hütte bei Assisi, bringen; dort starb er am 3. Oktober 1226 (erst da entdeckte man die Stigmata an seinem Körper). Sein Leichnam wurde an einem geheimen Ort beigesetzt, um ihn vor Reliquienräubern zu schützen. Erst 1818 fand man die Gebeine bei Grabungen und setzte sie in einem Grabmal in der Basilika S. Francesco bei, das seither eine der meistbesuchten Wallfahrtsstätten Italiens ist. Die Heiligsprechung erfolgte am 16. Juli 1228. – Gedenktag: 4. Oktober

FRANCOIS RÉGIS (1597–1640), Ordensmann – Gedenktag: 31. Dezember;
FRANCESCO ANTONIO FASANI (1681–1742), Ordensmann, Prediger – Gedenktag: 29. November;
FRANCESCO FORGIONE, »Pater Pio« (1887–1968), Priester, Mystiker – Gedenktag: 23. September

FRANZ REINISCH (1903–1942) *war Pallottinerpater; unerschrocken bezog er im Dritten Reich Position gegen das Nazi-Regime. Als er mutig und sich der Gefahr bewusst den Fahneneid auf Hitler verweigerte, wurde er verhaftet und am 21. August 1942 im Zuchthaus Berlin-Brandenburg hingerichtet.*

Franz Beckenbauer (dt. Fußballspieler/-trainer), Franz Kafka (dt. Schriftsteller), Franz Klammer (österr. Skirennfahrer), Franz Léhar (österr. Operettenkomponist), Franz Liszt (ungar.-dt. Komponist, Pianist), Franz Schubert (dt. Komponist) – Frans Hals (niederl. Maler), Francis Bacon (engl. Maler), Francis Ford Coppola (amerik. Filmregisseur), François Mitterrand (franz. Politiker), Francesco Moser (ital. Radrennfahrer), Francisco Araiza (mexik. Opernsänger), Paco Rabanne (span. Modeschöpfer), Franjo Tudjman (kroat. Politiker), Ferenc Puskás (ungar. Fußballspieler), Franz-Josef Strauß (dt. Politiker), Franz-Xaver Kroetz (dt. Schriftsteller)

Fred

> Alfred – > Friedrich – > Manfred

Friedrich

Ahdt. fridu, Schutz, Friede, und rihhi, mächtig, reich, Herrschaft

Friederich, Fridrich, Friderich, > Fritz, Fritzl, Fritzel, Frits, Fredericus, Fridericus, Fredrich, Frederich, Frerich, Frerik, Frerk, Frek, Frederick, Frederik, Fredrik, Fredric, Fred, Fredy, Fredi, Ferry, Fery, Fredo, Freddo, Fried, Friedl, Friedel, Friedo, Frido, Friddo, Fridolin, Friedolin, Frily, Fridemann, Friedemann, Frieder, Fiete, Fiedje, Fiddy, Feiko, Fedder, Feddo, Fedde, Ferry, Frédéric, Federico, Federigo, Feodor (auch Theodor), Fedor, Fjodor, Fjodr, Fryderyk, Frigyes, Bedrich – Auch > Alfred, > Manfred

Friedrich Spee. Ordensmann, Dichter. Er war einer der Pioniere des deutschen Kirchenliedes; von ihm stammen so bekannte Lieder wie »O Heiland, reiß' die Himmel auf« und »Zu Bethlehem geboren«. Geboren am 25. Februar 1591 in Kaiserswerth bei Köln aus einem alten Adelsgeschlecht, wurde er Priester und trat jung dem Jesuitenorden bei, um wie sein Vorbild Franz Xaver als Missionar nach Indien zu gehen. Doch während der Wirren des 30-jährigen Kriegs brauchte ihn sein Orden in Deutschland; allein in der damaligen Grafschaft Peine führte er in kürzester Zeit durch seinen persönlichen Einsatz und sein Charisma 26 Dörfer zum Katholizismus zurück. Mutig prangerte er die so ge-

Friedrich Spee, Ordensmann

nannten Hexenprozesse an und schonte dabei auch seine Ordensoberen nicht. Seine Schriften zu den Themen der Zeit waren viel beachtet; er gehörte zu den bedeutendsten Schriftstellern seiner Zeit. Sein bekanntestes Werk war 1631 »Cautio criminalis« (Vorsicht im Urteil), was ihm beinahe den Ausschluss aus dem Orden gebracht hätte. Während der Pflege von Seuchenkranken steckte er sich an und starb am 7. August 1636 in Trier. Seine Gebeine wurden 1980 in einer Gruft in der Trierer Jesuitenkirche wiederentdeckt. Eine Seligsprechung wird angestrebt. – Gedenktag: 7. August

FRIDOLIN VON SÄCKINGEN (6./7. Jh.), Missionar, Abt – Gedenktag: 6. März;
FRIEDRICH VON HIRSAU (um 1010–1071), Abt – Gedenktag: 8. Mai;
FRIEDRICH VON HALLUM (1. H. 12. Jh.–1175), Abt – Gedenktag: 3. März;
FRIEDRICH VON REGENSBURG (gest. 1329), Ordensmann – Gedenktag: 29. November

FRIEDRICH VON BODELSCHWINGH (1831–1910), *der evangelische Geistliche aus Tecklenburg war ab 1872 Leiter der Anstalt für Epileptiker in Bethel bei Bielefeld, der sich nach und nach weitere Wohlfahrtsanstalten anschlossen. In den knapp 40 Jahren unter seiner Führung wurden die Bodelschwinghschen Anstalten zum größten Hilfswerk der Inneren Mission in Deutschland. Die Bethel-Mission ist inzwischen auch in Afrika tätig.*

Friedrich Dürrenmatt (schweiz. Schriftsteller), Friedrich Ebert (dt. Politiker), Friedrich Hölderlin (dt. Dichter), Friedrich Nietzsche (dt. Philosoph), Friedrich Nowottny (dt. TV-Journalist), Friedrich Schiller (dt. Dichter) – Frederick Forsyth (engl. Schriftsteller), Fredi Bobic (dt. Fußballspieler), Friedel Rausch (dt. Fußballspieler/-trainer), Friedemann Bach (dt. Komponist), Frédéric (Fryderyk) Chopin (poln.-franz. Komponist), Federico

Fellini (ital. Filmregisseur), Federico Garcia Lorca (span. Schriftsteller), Fjodor Dostojevskij (russ. Schriftsteller), Bedrich Smetana (tschech. Komponist)

Fritz

EIGENSTÄNDIGE KURZFORM VON > FRIEDRICH, AHDT. FRIDU, SCHUTZ, FRIEDE, UND RIHHI, MÄCHTIG, REICH, HERRSCHAFT

Fritze, Fritzel, Fritzl, Frits

FRITZ KELLER (1891–1943) *war Pfarrer und Kolpingvater; wegen seiner entschlossenen Haltung gegen das Nazi-Regime wurde er verleumdet. 1941 erfolgten seine Verhaftung und die Internierung im KZ Dachau. 1943 zunächst freigelassen, wurde er wenige Wochen später wieder festgenommen und in ein Gefängnis nach Aachen gebracht; dort starb er am 15. Mai 1943 an völliger Entkräftung.*

Fritz Kortner (dt. Theaterregisseur), Fritz Lang (dt. Filmregisseur), Fritz Thiedemann (dt. Springreiter), Fritz Walter (dt. Fußballspieler), Fritz Wepper (dt. Schauspieler), Fritz Wunderlich (dt. Opernsänger)

G

Georg

GRIECH. GE, DIE ERDE; ERGEIN, BEARBEITEN; GEORGOS, DER DIE ERDE BEARBEITET = DER BAUER

Geo, Schorsch, > Jürgen, Jürg, Jürn, Jürjen, Jörgen, Jörg, Jörn, Jörgel, Jörgl, Görge, Görgel, Görgl, Görres, Göres, Giergl, Girgel, Girg, Gorg, Gergl, Gerg, Jerg, Jirg, Irg, Jorg, York, Yorck, Jork (auch >

Eberhard), Gorch, George, Georges, Georgius, Georgios, Giorgios, Joris (auch > Eberhard), Jorgen, Jorge, Jorg, Jordi, Jurjen, Georgio, Giorgio, Göran, Jöran, Jerzy, Jiri, Jirik, Juri, Jurek, Juras, Jurka, Jirka, Djordje, Georgij, Jurij, György, Omar – Hans-Georg, Hansgeorg (auch > Hans)

GEORG. Märtyrer, Nothelfer. Seit dem 15. Jh. gehört er zum Kreis der Vierzehn Nothelfer. Im Jahreslauf der Bauern spielt er eine wichtige Rolle; er gilt als Schneebringer im Frühjahr: »St. Georg kommt nach alten Sitten auf dem Schimmel angeritten.« Die Dienstboten auf den Höfen konnten früher am Georgstag ihre Dienstherren wechseln, und die Bauernkinder durften von nun an wieder barfuß laufen. England verehrt ihn seit Jahrhunderten als Schutzheiligen. Er stammte wohl aus Kappadokien, Türkei, und war Christ. Um 300 ging er in den Kriegsdienst und wurde Soldat im Heer des römischen Kaisers Diokletian, wo er bald aufstieg. Als er sich aber immer öfter und nachdrücklich zu seinem Glauben bekannte, ließ ihn der hasserfüllte Christenverfolger Diokletian gefangen nehmen und schlimmen Folterungen aussetzen. Als aber keine noch so furchtbare Marter ihn von Jesus Christus abbringen konnte, ordnete Diokletian seine Enthauptung an; das Todesjahr soll 304/305 gewesen sein. Die Legende erzählt noch folgende populäre Begebenheit: Zur Zeit, als Georg hoher Soldat in Diokletians Heer war, tyrannisierte ein furchtbarer Drache das Land Kappadokien und forderte täglich Schafe zum Fraß. Als keine Schafe mehr am Leben waren, verlangte er Menschenopfer. Das Los fiel gleich als

Georg, Märtyrer, Nothelfer

Erstes auf die Tochter des Königs; sie trat den Opfergang im Brautkleid an. Doch plötzlich sprang Georg mit einer Lanze auf den Drachen zu und stach ihm in den Hals. Dann führte er das Untier an der Kette vor das Volk. Er versprach, den Drachen zu töten, wenn sich alle taufen ließen. Darauf empfingen 15 000 Menschen die Taufe und er tötete den Drachen. – Gedenktag: 23. April

GEORG VON AMSTRIS (um 759–825), Bischof – Gedenktag: 21. Februar;
GEORGE HAYDOCK (um 1557–1584), Priester, Märtyrer – Gedenktag: 4. Mai;
GEORG VON PFRONTEN, Bruder Jörg (1696–1762), Ordensmann – Gedenktag: 7. Oktober

GEORGE MARSHALL (1880–1959) *war von 1947 bis 1949 Außenminister der USA; der von ihm entworfene »Marshall-Plan« trat 1948 in Kraft und brachte den nach dem Zweiten Weltkrieg Not leidenden westeuropäischen Staaten, besonders Deutschland, massive amerikanische Wirtschaftshilfe, die bis 1951 fortgeführt wurde.*

Georg Baselitz (dt. Maler), Georg Büchner (dt. Schriftsteller), Georg Friedrich Händel (dt. Komponist), Georg Leber (dt. Politiker) – Schorsch Hackl (dt. Rennrodler), Jörg Immendorf (dt. Maler), Jörg Zink (dt. Theologe), Gorch Fock (dt. Schriftsteller), George Clooney (amerik. Filmschauspieler), George Michael (amerik. Popsänger), George Washington (US-Präsident), Georges Bizet (franz. Komponist), Georges Pompidou (franz. Politiker), Giorgios Seferis (griech. Schriftsteller, Literaturnobelpreisträger), Jorge Semprún (span. Schriftsteller), Giorgio Armani (ital. Modeschöpfer), Giorgio de Chirico (ital. Maler), Göran Persson (schwed. Politiker), Juri Gagarin (russ. Astronaut), Jurek Becker (poln.-dt. Schriftsteller), György Lukács (ungar. Philosoph), Omar Sharif (ägypt. Filmschauspieler) – Auch > Jürgen

Gerd

KURZFORM VON > GERHARD

Gerhard

AHDT. GER, DER SPEER, UND HARTI, KÜHN, HART = DER KÜHNE SPEER-WERFER

Gerhart, Gerhardt, Gérard, Gerd, Gert, Geert, Gehrt, Gierd, Geertje, Geerto, Gero, Gerrit, Gerit, Geriet, Gerret, Geret, Jerrit, Jerryt, Jert, Gerko, Gerke, Gerjet, Gertse, Gjert, Gart, Gard, Gaard, Geraad, Garard, Gerardus, Gait, Gaitie, Girard, Gerardo, Gherardo, Galdo, Gaddo, Grades, Garriet, Garret, Garrett, Garrit, Garrard, Gary, Gellért, Herard

GERHARD MAJELLA (GERARDO MAJELLA). Ordensmann, Mystiker. Er gehört in Italien bis heute zu den besonders verehrten Heiligen, aber auch in den USA, in England, Belgien und Holland genießt er große Verehrung. Geboren am 6. April 1726 in Muro Lucano in Italien, erlernte er zunächst das Schneiderhandwerk, trat dann aber 23-jährig als Laienbruder in das Redemptoristenkloster von Caposele bei Neapel ein. In den folgenden sechs Jahren bis zu seinem frühen Tod tat er demütig und bescheiden Dienst als Klosterpförtner und Sakristan. Er besaß die Gaben der Wunder und der Weissagung und war daher im Volk hoch verehrt. Wenn er irgendwo in ein Dorf kam, eilte ihm schon der Ruf voraus: »Der Heilige ist da!« Nach seinem Tod am 16. Oktober 1755 entwickelte sich sein Grab im Kloster Caposele zur Wallfahrtsstätte; vor allem Frauen, die sich vergeblich ein Kind wünschen, rufen ihn um Hilfe an, weshalb er auch den Namen »Engel der Mütter« trägt. Heiligsprechung am 11. Dezember 1904. – Gedenktag: 16. Oktober

GERHARD VON TOUL (935–994), Bischof – Gedenktag: 23. April;

Gellért von Csanád (2. H. 10. Jh.–1046), Bischof, Märtyrer – Gedenktag: 24. September

Gerhard Richter (dt. Maler), Gerhard Polt (dt. Kabarettist), Gerhard Schröder (dt. Politiker), Gerhard Zwerenz (dt. Schriftsteller) – Gerhart Hauptmann (dt. Schriftsteller, Literaturnobelpreisträger), Gérard Philipe (franz. Schauspieler), Gerd Müller (dt. Fußballspieler), Gert Fröbe (dt. Schauspieler), Gero von Boehm (dt. Autor), Gerrit Rietveld (holl. Möbeldesigner), Gary Cooper (amerik. Filmschauspieler)

Guido

Roman. Form zu Wido, Withold, ahdt. witu, engl. widu, Wald

Wido, Wito, Guide, Vito, Goy, Guy, Gui

Guido Vagnotelli (von Cortona). Ordensmann. Geboren um 1185 in Cortona, Italien, aus dem Adelsgeschlecht der Vagnotelli, schloss er sich 1211 Ordensgründer Franz von Assisi an, der Monate zuvor, 1210, vom Papst die erste Bestätigung für seinen Franziskanerorden eingeholt hatte. In den folgenden 36 Jahren gehörte er in Italien zu den meistbeachteten Predigern überhaupt, er besaß ein außergewöhnliches Charisma und wurde vom Volk überall, wo er hinkam, wie ein Heiliger verehrt. Er starb am 12. Juni 1247, an seiner Beisetzung nahmen Zehntausende von Menschen teil. Bis heute steht der immer noch viel besuchte Sarkophag mit seinen Gebeinen in der Kirche S. Maria in Cortona. – Gedenktag: 12. Juni

Guido von Pomposa (um 970–1046), Abt – Gedenktag: 31. März

Guido Baumann (schweiz. TV-Unterhalter), Guido Reni (ital. Maler), Guido Westerwelle (dt. Politiker) – Vito von Eichborn (dt. Verleger), Guy Laroche (franz. Modeschöpfer), Guy de Maupassant (franz. Schriftsteller)

Günter

Abgewandelte Form von Gunter, ahdt. gunt, Kampf, und heri, Heer

Günther, Gunter, Gunther, Gunder, Günzel, Gunzilo, Gundahar, Gunar, Gunnar, Gunner, Gonthier, Gontier, Hans-Günt(h)er

Gunther von Niederaltaich. Ordensmann. Einsiedler. Er war ein Vetter von Kaiser Heinrich II. dem Heiligen. Geboren um 955 in Käfernburg bei Arnstadt, trat er im Alter von 50 Jahren als Laienbruder in das Benediktinerkloster Hersfeld in Hessen ein. Nach verschiedenen Enttäuschungen zog er sich für einige Jahre als Einsiedler auf einen Berg bei Niederaltaich in Bayern zurück. Dann kehrte er zurück, machte mit mehreren Gefährten ein Stück Land im Bayerischen Wald urbar, das ihm der Kaiser geschenkt hatte, und errichtete dort eine Kirche, aus der sich dann nach und nach das Kloster Rinchnach entwickelte. Als er 90-jährig seinen Tod kommen fühlte, ging er in die Einsamkeit des Böhmerwaldes, dort starb er am 9. Oktober 1045. Seine Reliquien wurden später in die Abtei Brevnov bei Prag überführt. – Gedenktag: 9. Oktober

Günter Grass (dt. Schriftsteller, Literaturnobelpreisträger), Günter Eich (dt. Schriftsteller), Günter Pfitzmann (dt. TV-Schauspieler) – Günther Jauch (dt. TV-Moderator), Günther Netzer (dt. Fußballspieler), Gunter Gabriel (dt. Schlagersänger), Gunter Sachs (dt. Industrieller), Gunnar Möller (dt. Schauspieler)

Gustav

SCHWED., VON GÖTSTAF; STÜTZE, ECKPFEILER

Gustaf, Gustel, Gustl, Gusti, Gustavus, Gustaaf, Gus, Gust, Staf, Goesta, Gösta, Gösse, Täve, Gustavo, Gustave, Gustau, Hustav

GUSTAV STRESEMANN (1878–1929), *einer der bedeutendsten Politiker der Weimarer Republik; als deutscher Außenminister (ab 1923), setzte er 1926 gegen den Widerstand der Rechtsparteien den Eintritt Deutschlands in den Völkerbund durch und schloss den deutsch-russischen Freundschaftsvertrag. Zusammen mit dem französischen Außenminister Aristide Briand erhielt er 1926 den Friedensnobelpreis.*

Gustav Heinemann (dt. Politiker), Gustav Hertz (dt. Forscher, Physiknobelpreisträger), Gustav Knuth (dt. Schauspieler), Gustav Mahler (österr. Komponist) – Gustaf Gründgens (dt. Schauspieler, Regisseur), Gustl Weißhappel (dt. Schauspieler), Gus Backus (amerik. Schlagersänger), Gösta Winbergh (schwed. Opernsänger), Gustavo Kuerten (brasil. Tennisspieler), Gustave Doré (franz. Graphiker), Gustave Flaubert (franz. Schriftsteller)

H

Hans

EIGENSTÄNDIGE KURZFORM VON > JOHANNES, HEBR. JOCHANAN, JAHWE IST GNÄDIG, GRIECH. IOANNES

Hanns, Hänschen, Hansi, Hansie, Has, Hasse, Haske, Hanko, Hansko, Hanus, Hansli, Hansl, Hänsel, Hensel, Heisel, Heiseli, Heisi, Gian, Jean (auch weiblicher Vorname) – Hans-Joachim, Hans-Dietrich, Hans-Jürgen, Han(n)s-Martin, Hans-Peter, Hans-Günt(h)er, Hans-Georg – Auch > Johannes

HANS SCHOLL (1918–1943), *gemeinsam mit seiner Schwester Sophie, beide waren Studenten, gehörte er in München der Widerstandsgruppe »Weiße Rose« an. Bei einer Flugblattverteilung in der Universität München wurden die Geschwister verhaftet, am 22. Februar 1943 vom Volksgerichtshof zum Tode verurteilt und am selben Tag hingerichtet.*

Hans Albers (dt. Schauspieler), Hans Eichel (dt. Politiker), Hans Magnus Enzensberger (dt. Schriftsteller), Hans Moser (österr. Schauspieler), Hans »Hänschen« Rosenthal (dt. TV-Moderator) – Hanns Lothar (dt. Schauspieler), Hansi Hinterseer (österr. Schlagersänger), Gian Franco Ferré (ital. Modeschöpfer), Jean Améry (österr. Schriftsteller), Jean Paul (dt. Schriftsteller), Jean Sibelius (finn. Komponist), Jean-Paul Sartre (franz. Schriftsteller), Jean Gabin (franz. Schauspieler), Hans-Dietrich Genscher (dt. Politiker), Hans-Jürgen Wischnewski (dt. Politiker), Hanns-Martin Schleyer (dt. Unternehmer), Hans-Günther Winkler (dt. Springreiter), Hans-Georg Gadamer (dt. Philosoph)

Hans-Georg

> HANS (> JOHANNES) UND > GEORG

Hans-Joachim

> HANS (> JOHANNES) UND > JOACHIM

Hans-Jürgen

> HANS (> JOHANNES) UND > JÜRGEN (> GEORG)

Hans-Peter

> HANS (> JOHANNES) UND > PETER

Harald

AHDT. HARI, HEER, UND WALTAN, WALTEN, HERRSCHEN, HEERFÜHRER

Harold, Hariwald, Herald, Herold, Héraud, Araldo, Eraldo

Harald Juhnke (dt. TV-Unterhalter, Schauspieler), Harald Leipnitz (dt. Schauspieler), Harald Schmid (dt. Leichtathlet), Harald Schmidt (dt. TV-Moderator) – Harold Faltermeyer (dt. Komponist), Harold Wilson (engl. Politiker)

Hartmut

AHDT. HARTI, HART, FEST, KÜHN, UND MUOT, SINN, GEIST, GEMÜT

Hartmuth, Hartmod, Ermut, Ermute, Erdmut, Mutz

Hartmut Reck (dt. TV-Schauspieler)

Heiko

> HEINRICH

Heinrich

AHDT. HAGAN, HOF, HAIN, UND RIHHI, REICH, MÄCHTIG, HERRSCHEN

Hainrich, Hinrich, Henrich, Hinrik, Henrik, Henryk, Hendrik, Hendryk, Hendrikus, Jendrik, Rik, Hinnerk, Hinderk, Henner, Henneke, Henke, Endrich, Endrik, Himrich, Heimrich, > Heinz, Hinz, Hintz, Heinar, Heini, Hein, Heinmann, Heiner, Heino, Heinko, Hei(k)ko, Heintje, Heinke, Heise, Heis, Reitz, Ritz, Henning (auch > Johannes), Hennig, Henne, Henno, Henny, Hennes (auch > Johannes), Enzio, Enzo, Enrico, Arrigo, Enrique, Enric, Enrik, Henri, Harry, Henry, Genrich, Jindrich

Heinrich II., Kaiser

HEINRICH II. Kaiser. Er galt als Vorbild eines christlichen Herrschers, schon bald nach seinem Tod gab man ihm den Beinamen »der Heilige«. Geboren am 6. Mai 973, wurde er 995 Nachfolger seines verstorbenen Vaters als Bayernherzog. Nach dem Tod von Kaiser Otto III. wurde er 1002 auch deutscher König. Zusammen mit seiner Ehefrau Kunigunde, einer luxemburgischen Grafentochter, die er 998 geheiratet hatte, empfing er schließlich 1014 von Papst Benedikt VIII. in Rom die Kaiserkrone; Kunigunde wurde Kaiserin. Im Laufe seiner Herrschaft festigte er die innere Verbindung zwischen dem Reich und der Kirche, seine großzügigen Schenkungen förderten Klöster und Kirchen. Er gilt als Gründer des Bistums Bamberg. Unbeirrt setzte er in den Bistümern jene Bischöfe ein, die ihm durchsetzungsfähig und tatkräftig erschienen. Für die Armen wirkte er, auch hier immer gemeinsam mit Kunigunde, als großer Wohltäter, das Paar selbst lebte bescheiden und ohne jede Pracht. Das Volk verehrte seinen Kaiser sehr und trauerte tief, als er am 13. Juli 1024 starb. Kunigunde zog sich nach seinem Tod als einfache Nonne in ein Kloster zurück und starb 1033 (1039?). Beide sind nebeneinander im Dom von Bamberg beigesetzt. – Gedenktag: 13. Juli (mit Kunigunde)

HEINRICH VON EBRANTSHAUSEN (um 1120–1155), Einsiedler – Gedenktag: 15. Mai;
HEINRICH SEUSE (um 1300–1366), Ordensmann, Mystiker – Gedenktag: 23. Januar;
HEINRICH VON GRÜNENWÖRTH (1. H. 14. Jh.–1396), Mystiker – Gedenktag: 12. April

Heinrich Böll (dt. Schriftsteller, Literaturnobelpreisträger), Heinrich Heine (dt. Schriftsteller), Heinrich Lübke (dt. Politiker), Heinrich Schliemann (dt. Archäologe), Henrich Focke (dt. Flugzeugkonstrukteur) – Henrik Ibsen (norweg. Schriftsteller), Henryk Sienkiewicz (poln. Schriftsteller, Literaturnobelpreisträger), Hendrik F. Verwoerd (südafrik. Politiker), Heinar Kipphardt (dt. Schriftsteller), Heiner Lauterbach (dt. Schauspieler), Heino Ferch (dt. Schauspieler), Heino (dt. Schlagersänger), Heiko Herrlich (dt. Fußballspieler), Heikko Deutschmann (dt. Schauspieler), »Heintje« Simons (Schlagersänger), Henning Mankell (schwed. Schriftsteller), Enrico Caruso (ital. Opernsänger), Arrigo Boito (ital. Dichter, Komponist), Enrique Iglesias (span. Popsänger), Henri Dunant (franz. Gründer des Roten Kreuzes), Henri de Toulouse-Lautrec (franz. Maler), Harry Piel (dt. Schauspieler), Harry Belafonte (amerik. Schauspieler, Sänger), Henry Maske (dt. Boxer), Henry Ford (amerik. Autounternehmer) – Auch > Heinz

Heinz

Eigenständige Kurzform von > Heinrich, ahdt. hagan, Hof, Hain, und rihhi, reich, mächtig, herrschen

Hinz, Hintz, Heiri, Enzo, Enzio – Karl-Heinz > Karl

Heinz Erhardt (dt. Schauspieler), Heinz Haber (dt. Physiker), Heinz Maegerlein (dt. Sportreporter), Heinz Rühmann (dt. Schauspieler) – Enzo Ferrari (ital. Autobauer) – Auch > Heinrich

Helmut

Ahdt. helm, Helm, Schutz, und muot, Geist, Sinn, Entschlossenheit

Helmuth, Hellmut, Hellmuth, Hele, Hel, Helle, Helm, Helmi, Helmke, Helmo, Helmet, Helmes, Helmoed, Hamme

HELMUTH JAMES GRAF VON MOLTKE (1907–1945) *gründete 1933 den Kreisauer Kreis – genannt nach seiner Geburtsstadt Kreisau – als Widerstandsbewegung gegen das Regime der Nationalsozialisten. 1944 wurde er verhaftet und am 23. Januar 1945 in Berlin-Plötzensee hingerichtet.*

Helmut Kohl (dt. Politiker), Helmut Lotti (belg. Schlagersänger), Helmut Newton (dt. Fotograf), Helmut Schmidt (dt. Politiker), Helmut Schön (dt. Fußballspieler/-trainer) – Hellmuth Karasek (dt. Schriftsteller, Kritiker)

Henning

> HEINRICH, > JOHANNES

Herbert

AHDT. HERI, HEER, UND BERAHT, GLÄNZEND

Heribert, Herbort, Haribert, Harbert, Hark, Harke, Harko, Harro (auch > Hermann), Hari, Herb, Herbie, Aribert, Ari, Arie, Ary, Ariberto, Cariberto, Erberto

Herbert Grönemeyer (dt. Rocksänger), Herbert Herrmann (dt. Schauspieler), Herbert von Karajan (österr. Dirigent), Herbert Wehner (dt. Politiker) – Heribert Fassbaender (dt. TV-Sportmoderator), Hark Bohm (dt. Regisseur), Herb Alpert (amerik. Bandleader), Herbie Hancock (amerik. Jazzmusiker), Aribert Reimann (dt. Komponist)

Hermann

AHDT. HERI, HEER, UND MAN, MANN

Herrmann, Herman, Mann, Manno, Manni (auch > Manfred),

Männe, Manes, Menzel, Hemm, Hemmo, Herm, Herme, Hermel, Hermeli, Hermes, Herms, Hermo, Hero, Hermin, Hermien, Hesse, Harm, Harms, Harme, Harman, Harmen, Hare, Harre, Haro, Harro (auch > Herbert), Harris, Armand, Armant, Armando, Ermano, Ermanno, Erminio, Hermano, Keman, German

HERMANN JOSEPH VON STEINFELD. Ordensmann, Mystiker. Geboren 1155 in Köln, erlebte er schon als Kind zahlreiche mystische Begnadungen, die ihn früh berühmt werden ließen. Zwölfjährig trat er in Steinfeld in der Eifel in das Prämonstratenserkloster ein. Die Überlieferung berichtet, dass er nach einer mystischen Vermählung mit Maria den Beinamen Joseph erhielt. Zu Ehren der Gottesmutter dichtete er innige Hymnen, die berühmteste wurde der Herz-Jesu-Hymnus. Er starb wohl am 7. April 1241; beigesetzt wurde er in der Basilika von Steinfeld, wo sein prunkvoller Sarkophag bis heute steht. Das Hauptwallfahrtsfest in Steinfeld wurde auf den 21. Mai gelegt. – Gedenktag: 7. April (21. Mai)

HERMANN DER LAHME (1013–1054), Ordensmann, Kirchenschriftsteller – Gedenktag: 24. September;
HERMANN I. VON BADEN (um 1040–1074), Markgraf, Mönch – Gedenktag: 26. April;
HERMANN VON FRIESACH »DER DEUTSCHE« (Ende 12. Jh.–1245), Ordensmann, Mystiker – Gedenktag: 17. September

HERMANN TÖPFER (1885–1941); *die Gestapo verhaftete den Pfarrer aus Innsbruck 1939 wegen einer harmlosen Äußerung, die man absichtlich falsch interpretierte, um ihn ins Gefängnis werfen zu können; dort starb er im festen Glauben an Gott am 6. März 1941 an den erlittenen Misshandlungen.*

Hermann Hesse (dt. Schriftsteller, Literaturnobelpreisträger), Hermann Löns (dt. Heimatschriftsteller), Hermann Prey (dt. Opernsänger) – Herman van Veen (holl. Sänger), Herman Melville (amerik. Schriftsteller), Armand Peugeot (franz. Automobilpionier), Ermanno Wolf-Ferrari (dt.-ital. Komponist)

Holger

ISLÄND. HOLMI, HOLMR, INSELBEWOHNER, UND GEIRR, SPEER

Holdger, Holmger, Holge, Hogge

Holger Börner (dt. Politiker), Holger Drachmann (dän. Schriftsteller)

Horst

AHDT. HURST, GEHÖLZ, GEBÜSCH

Horstl, Hotte, Horstmar (Horst und Dietmar)

Horst »Hotte« Buchholz (dt. Schauspieler), Horst Eckert »Janosch« (dt. Kinderbuchautor und -illustrator), Horst Janssen (dt. Zeichner), Horst Köhler (dt. Politiker), Horst Tappert (dt. Schauspieler)

Hubert

AHDT. HUGU, SINN, VERSTAND, UND BERAHT, GLÄNZEND

Hubertus, Hugbert, Hubrecht, Huprecht, Huppert, Hupp, Hoppert, Haubert, Huppel, Hüppe, Hüp, Bert (auch > Berthold), Bertes, Brecht, Huberto, Uberto, Oberto, Howard

HUBERT VON MAASTRICHT-TONGERN. Bischof. Er wurde der »Apostel der Ardennen« genannt. Mit seiner Person sind bis heute verschiedene Bräuche verbunden, so auch die Hubertusjagd. Geboren wahrscheinlich um 655 in Aquitanien und möglicherweise zunächst Familienvater, wurde er Glaubensbote in Brabant und in den Ardennen. Nachdem 705 Bischof Lambert von Maastricht-Tongern ermordet worden war, übertrug man ihm das Bischofsamt; wegen der Gefahren, die dem Bistum durch die Normannen drohten, verlegte er den Amtssitz 715 von Maastricht nach Lüttich, wohin er 715 auch die Gebeine seines Vorgängers Lambert übertrug. Bis zu seinem Tod am 30. Mai 727 widmete er sich mit voller Kraft der Christianisierung der Ardennen, seine Bedeutung für das Christentum in dieser Region ist herausragend. Eine Legende erzählt, ihm sei vor seiner Zeit als Glaubensbote einmal bei der Jagd ein Hirsch im Wald erschienen, der in seinem Geweih ein leuchtendes Kreuz getragen habe; darauf habe er sich bekehrt und sei Missionar geworden. Mit Antonius, Cornelius und Quirinus gehört er zu den Vier heiligen Marschällen, von denen man früher annahm, dass sie Gott besonders nahe stehen, und die von den Gläubigen daher um Hilfe in Not gebeten wurden. Er ist Patron der Jäger. – Gedenktag: 3. November (Erhebung der Gebeine am 3. November 743)

Hubert Burda (dt. Verleger), Hubert von Goisern (österr. Rocksänger), Hubert Humphrey (US-Vizepräsident) – Howard Carpendale (südafrik.-dt. Schlagersänger), Howard Carter (engl. Archäologe)

Hugo

AHDT. HUGU, VERSTAND, GEIST, SINN. KURZFORM VON NAMEN MIT HUG- , Z. B. HUGBALD

Hug, Haug, Hauk, Hauke, Hukko, Hugh, Hughes, Hugues, Ugo, Ugone, Ugolino, Hugon

HUGO I. VON CLUNY. Als »Hugo der Große« ging er in die Geschichte ein. Geboren 1024 in Burgund in Frankreich, trat er 14-jährig in das berühmte und mächtige burgundische Benediktinerreformkloster Cluny ein, einige Jahre später empfing er die Priesterweihe. Schon mit 25 Jahren wurde er zum Abt von Cluny gewählt – 60 Jahre sollte er dieses Amt innehaben. Cluny führte er zu großer Blüte; das Kloster wurde zu einem der wichtigsten Geistes- und Kulturzentren überhaupt. Die vom ihm erbaute gewaltige Basilika von Cluny war mit 187 Metern die längste Kirche der Welt. Neun Päpsten und ebenso vielen Herrschern jener Zeit war er Ratgeber und Vertrauter. Er galt als eine der herausragenden Persönlichkeiten des 11. Jh. Die Verehrung für ihn war schon zu Lebzeiten überragend. Er starb am 29. April 1109; seine Heiligsprechung erfolgte 1120. – Gedenktag: 29. April

Hugo von Grenoble (1053–1132), Bischof – Gedenktag: 1. April;
Hugo von Fosses (um 1090–1164), Generalabt – Gedenktag: 10. Februar;
Hugo von Lincoln (um 1140–1200), Bischof – Gedenktag: 16. November

Hugo von Hofmannsthal (österr. Schriftsteller), Hugo Junkers (dt. Flugzeugbauer), Hugo Strasser (dt. Musiker), Hugo Wolf (österr. Komponist) – Hugh Grant (engl. Schauspieler), Hugues Aufray (franz. Schlagersänger), Ugo Tognazzi (ital. Schauspieler)

I / J

Ingo

Kurzform von Namen mit Ingo-, z.B. Ingolf, Ingobald, Ingobert. Ingo = Stammvater der germanischen Ingwäonen

Ingo Schulz (dt. Leichtathlet), Ingolf Lück (dt. TV-Moderator)

Jakob

HEBR. JA'AQOB, VERDRÄNGER, ÜBERLISTER, FERSENHALTER

Jakobus, Jacob, Jacobus, Jackel, Jäckel, Jockel, Joggel, Jocki, Jobbi, Joppes, Joggi, Jäggi, Jäg, Jabbo, Jaap, Kobel, Kobes, Köbes, Schack, Jacques, Giacomo, Giacobbe, Iacopo, Giacco, Jago, Iago, Jaime, Jayme, Diego, Diaz, Santiago, Santi, Santio, Jacobo, Jam, Jamos, Gemmes, Jacomus, Jakes, James, Jim, Jimi, Jimmi, Jimmy, Jakov, Jakow, Jascha, Jakub, Jacub, Jacubowski

JAKOBUS DER ÄLTERE. Apostel, Märtyrer. Seit Jahrhunderten ist Jakobus der Ältere einer der meistverehrten Heiligen der Kirche. Die Jakobswallfahrt erlebt gerade in jüngerer Zeit wieder einen starken Aufschwung, ebenso das Reisen auf den Jakob-Pilgerwegen. Im Jakob-Wallfahrtsort Santiago de Compostela in Nordspanien feiern die Gläubigen jedes Jahr am Festtag des Apostels, am 25. Juli, ein farbenprächtiges Volksfest. Jakobus arbeitete gemeinsam mit seinem Bruder Johannes, dem späteren Evangelisten, als Fischer am See Genezareth; beide wurden auch »Donnersöhne« genannt, vielleicht, weil sie ein so stürmisches Naturell hatten und oft lautstark ihre Meinung sagten. Jesus berief ihn gleichzeitig mit Johannes als Apostel. Verschiedene Überlieferungen berichten, dass er zusammen mit Petrus und Johannes zu Jesu Lieblingsjüngern zählte und dem Gottessohn besonders nahe stand, was auch seine spätere starke Verehrung erklärt. Im Kreis der Zwölf Apostel war er der erste Märtyrer: Er wurde 43/44 auf Anordnung von König Herodes

Jakobus der Ältere, Apostel

Agrippa I. in Jerusalem enthauptet. Die Gebeine gelangten später nach Galizien in den Nordwesten Spaniens und gerieten dort in Vergessenheit. Nach der Legende soll eines Tages über einem Feld ein heller Stern geleuchtet haben, und dort fand man die Reliquien wieder auf; den Ort nannte man campus stellae, das Sternenfeld, daraus wurde später Santiago (St. Jakob) de Compostela. Der Wallfahrtsort zog vom 10. bis ins 15. Jh. hinein mehr Pilger an als Rom und Jerusalem. Spanien verehrt ihn als Landespatron. – Gedenktag: 25. Juli

JAKOBUS DER JÜNGERE (1. Jh.), Apostel – Gedenktag: 3. Mai;
JAKOB GRIESINGER VON ULM (1407–1491), Ordensmann, Künstler – Gedenktag: 11. Oktober;
JAKOB REM (1546–1618), Ordensmann – Gedenktag: 12. Oktober;
JAKOB SALÉS (1556–1593), Märtyrer – Gedenktag: 7. Februar

Jakob Fugger (Augsburger Kaufmann), Jakob Uexküll (estl. Gründer des Alternativen Nobelpreises), Jakob Wassermann (dt. Schriftsteller) – Jacobus Henricus van t'Hoff (holl. Wissenschaftler, Chemienobelpreisträger), Jockel Fuchs (dt. Politiker), Jacques Brel (franz. Chansonsänger), Jacques Offenbach (dt.-franz. Komponist), Giacomo Puccini (ital. Komponist), Diego Armando Maradona (argent. Fußballspieler), James Dean (amerik. Filmschauspieler), James Krüss (dt. Schriftsteller), James Last (dt. Musiker), Jim Morrison (amerik. Rocksänger), Jimi Hendrix (amerik. Rocksänger), Jimmy Carter (US-Präsident)

Jan

> JOHANNES

Jens

> JOHANNES

Joachim

HEBR. JEHOJAQIM, GOTT RICHTET AUF

Achim, Joakim, Jojakim, Akim, Jochen, Jochem, Jochim, Juchem, Gioacchino, Joaquin, Joaquim, Yokin, Jokum, Kim (auch weiblicher Vorname), Chim – Hans-Jochen, Hans-Joachim > Hans

JOACHIM. Vater von Maria. Er wird weltweit als Patron der Ehepaare verehrt, aber auch die Schreiner rufen ihn um Beistand an. Nach dem apokryphen Jakobus-Evangelium war er der Ehemann von Anna und der Vater von Maria. Es heißt, das Paar habe die Tochter nach jahrzehntelanger Kinderlosigkeit in hohem Alter bekommen, nachdem ihnen zuvor ein Engel die Geburt prophezeit hatte. In der Ostkirche wurde er schon ab dem 5. Jh. verehrt, was vor allem auf die Verbreitung seines Namens durch die Marienlegenden zurückzuführen ist. Im Westen setzte die starke Verehrung im 16. Jh. ein, ebenfalls durch die anwachsende Marienverehrung. Das Zweite Vatikanische Konzil vereinte seinen Gedenktag mit dem von Anna auf den 26. Juli. – Gedenktag: 26. Juli

Joachim, Vater von Maria

JOACHIM VON FIORE (um 1135– 1202), Ordensgründer – Gedenktag: 30. März

Joachim C. Fest (dt. Publizist), Joachim Fuchsberger (dt. Schauspieler), Joachim Ringelnatz (dt. Schriftsteller) – Achim Rohde (dt. Schauspieler), Jochen Rindt (dt. Autorennfahrer), Joaquin Rodrigo (span. Komponist), Kim Borg (finn. Opernsänger)

Jochen

KURZFORM VON > JOACHIM

Johannes

HEBR. JOCHANAN, JAHWE IST GNÄDIG, GRIECH. IOANNES

Johann, Johanno, Johan, Jehannes, Jo (auch > Josef), > Hans, Hanns, Hannes, Hennes, Hänschen, Hansi, Hansie, Schan, Schani, Has, Han, Hasse, Haske, Hanko, Hanke, Hansko, Hanus, Hansli, Hansl, Hänsel, Hensel, Henschel, Heisel, Heiseli, Heisi, Hanno, Henno, Henne, Hansen, Henneken, Henke, Henning (auch > Heinrich), Hannemann, Jens, Jes, Jensen, Jan, Jann, Janne, Janno, Jano, Jahn, Janns, Jannis, Janis, Jannes, Jannich, Janning, Janek, Jannik, Jannick, Yannick, Yannik, Yanik, Yan, Yann, Jani, Janko, Jagge, Jakkes, Juhanni, Juhani, Jukka, Jussi, Giovanni, Giovane, Gianni, Gian, Nino, Jean (auch weiblicher Vorname), Joan, Juan, Juanito, Joao, Joanes, Jack, Jacky, Jackie, John, Johnny, Jonny, Ian, Evan, Sean, Jake, Jankin, Janekin, Jehan, Iwan, Ivan, Iven, Yvan, Wanja, Janus, János, Janosch, Janusz, Janusch, Huschka, Jenik, Jons, Ansat – Auch > Hans

JOHANNES (DON) BOSCO. Ordensgründer. »Der fröhliche Heilige« wird er genannt, er ist der Patron der Jugend und der Jugendseelsorge; zu Lebzeiten war er einer der begnadetsten Jugendseelsorger und Lehrer überhaupt. Die Verehrung für ihn und sein Werk war und ist weltumspannend. Geboren am 16. August 1815 in Becchi unweit von Turin, Italien, empfing er 1841 die Priesterweihe und begann umgehend, sich in der Großstadt Turin um die verwahrlosten jungen Burschen zu kümmern. 1845 gründete er die ersten so genannten Oratorien, in denen Jugendliche ein Zuhause fanden, versorgt wurden und das Evangelium vermittelt bekamen. Er selbst war Tag und Nacht im Einsatz, oft bis an die Grenzen seiner Gesundheit. Um die Burschen mit seiner Christus-Botschaft besser zu erreichen, spielte er auch Fußball und musizierte mit ihnen. Nach und

Johannes (Don) Bosco, Ordensgründer

nach rief er Spitäler, Heime und Berufsschulen ins Leben und bewirkte dadurch ein gesellschaftliches Umdenken. 1859 schließlich gründete er den Salesianerorden, die Gesellschaft des heiligen Franz von Sales, der 1874 päpstlich bestätigt wurde. Als Ordensgrundlage galten zu allen Zeiten Güte, Milde und Vertrauen in der Arbeit mit den anvertrauten Menschen. Das größte Vorbild für diese Tugenden war der Ordensgründer selbst; er lebte es leidenschaftlich Tag für Tag vor. Am 31. Januar 1888 starb er, tief betrauert von der ganzen Bevölkerung; ein riesiger Trauerzug begleitete ihn zu seiner letzten Ruhestätte. Das Grab in der Turiner Salesianerkirche ist bis heute eine der meistbesuchten Wallfahrtsstätten Italiens. Die Heiligsprechung erfolgte 1934. – Gedenktag: 31. Januar

JOHANNES (1. Jh.), Apostel, Evangelist – Gedenktag: 27. Dezember;
JOHANNES DER TÄUFER (1. Jh.), Prophet – Gedenktag: 24. Juni;
JOHANNES VON CAPESTRANO (1386–1456), Ordensmann, Prediger – Gedenktag: 23. Oktober;
JOHN FISHER (1469–1535), Kardinal, Märtyrer – Gedenktag: 22. Juni;
JOHANNES VON GOTT (1495–1550), Ordensgründer – Gedenktag: 8. März;
JOHANNES BERCHMANS (1599–1621), Ordensmann – Gedenktag: 13. August;
JOHANNES XXIII. (1881–1963), Papst – Gedenktag: 3. Juni

Johannes Brahms (dt. Komponist), Johannes Heesters (holl.-österr. Schauspieler), Johannes B. Kerner (dt. TV-Moderator), Johannes Rau (dt. Politiker) – Johann Strauß (österr. Walzerkomponist), Johann August Strindberg (schwed. Schriftsteller), Hannes Jaenicke (dt. Schauspieler), Hennes Weisweiler (dt. Fußballtrainer), Jens Lehmann (dt. Fußballtorwart), Jens Weißflog (dt. Skispringer), Jan Kiepura (poln. Opernsänger), Jan Ullrich (dt. Radrennfahrer), Yannick Noah (franz. Tennisspieler), Giovanni Guareschi (ital. Schriftsteller), Giovane Elber (brasil. Fußballspieler), Gianni Agnelli (ital. Industrieller), Nino Cerruti (ital. Modedesigner), Joan Miró (span. Maler), Juan Manuel Fangio (argent. Autorennfahrer), Joao Havelange (brasil. Fußballpräsident), Jack London (amerik. Schriftsteller), Jack Nicholson (amerik. Filmschauspieler), John F. Kennedy (US-Präsident), John Lennon (engl. Musiker), Johnny Depp (amerik. Filmschauspieler), Jonny Hill (dt. Schlagersänger), Ian Thorpe (austral. Schwimmer), Sean Connery (engl. Filmschauspieler), Ivan Lendl (tschech.-amerik. Tennisspieler), Yvan Goll (franz Schriftsteller), János Kádár (ungar. Politiker), »Janosch« Horst Eckert (dt. Kinderbuchautor und -illustrator) – Auch > Hans

Jonas

HEBR. JONAH, TAUBE

Jona, Jonah, Jon, Giona

JONA. Gestalt aus dem Alten Testament. Die Geschichte erzählt, er sei ein Prophet gewesen und habe die Fähigkeit gehabt, dem König das Schicksal des Volkes vorherzusagen. Eines Tages erhielt er von Gott die Aufgabe, den lasterhaften und schlechten Menschen von Ninive zu verkünden, dass ihre Stadt in 40 Tagen untergehen werde. Diese furchtbare Nachricht aber wollte er nicht überbringen. Daher schlich er sich heimlich auf ein

Schiff, um zu fliehen. Das Schiff aber geriet in einen schlimmen Orkan, für den die Matrosen ihn verantwortlich machten und ihn schließlich über Bord warfen. Ein großer Fisch schwamm vorbei und verschluckte ihn, aber nach drei Tagen und drei Nächten spuckte er ihn wieder an Land. Jona reiste auf dem schnellsten Weg nach Ninive und verkündete dort Gottes Vorhersage. Die Menschen bereuten bitterlich und begannen sofort, ein gutes Leben zu führen. Darauf verschonte Gott sie vor dem Untergang. Er aber ärgerte sich nun sehr und fragte Gott, warum er denn nun eigentlich diesen Auftrag überhaupt habe ausführen müssen. Gott antwortete ihm: »Warum bist du jetzt zornig? Glaubtest du etwa, es täte mir nicht Leid, 120 000 verwirrte Menschen (Heiden) zu verlieren, Männer, Frauen und Kinder?« Da verstand er, was für eine wichtige Aufgabe er gehabt hatte. – Gedenktag: 21. September

JONAS UND BARACHISIUS (4. Jh.), Mönche, Märtyrer – Gedenktag: 29. März;
JON ÖGMUNDSSON (um 1052–1121), Bischof – Gedenktag: 23. April

Jonas Bergström (schwed. Filmschauspieler)

Jörg

> GEORG

Josef

HEBR. JOSEPH, GOTT GEBE VERMEHRUNG

Joseph, Sepp, Seppl, Seppel, Sepperl, Seppi, Seppli, Seppo, Sebi, Sebel, Sebo, Sipp, Peppi, Pepi, Beppi, Jos, Joschka, Josel, Josi, Josy, Jopp, Jupp, Pipp, Jo, Joe, Joey, Josèphe, José, Giuseppe, Beppo, Beppe, Peppone, Peppino, Peppo, Pepe, Pepito, Pepillo, Jorge, Joep, Joos,

Jop, Jupke, Josep, Josip, Józef, József, Jóska, Jósa, Jóka, Jóca, Józsa, Joschra, Jossif, Ossip, Osip, Iosif, Jussuf, Yussuf – Franz-Josef

JOSEF. Nährvater Jesu. Papst Pius IX. ernannte ihn 1870 zum Schutzpatron der gesamten katholischen Kirche. Überall auf der Welt wird er hoch verehrt. Fast alles, was man über den so genannten Nährvater Jesu weiß, geht auf Berichte der beiden Evangelisten Lukas und Matthäus zurück. Danach war er ein Zimmermann in Nazareth, verlobt mit der jungen Maria. Als Maria schwanger wurde, wollte er sie ohne Aufsehen verlassen, doch ein Engel klärte ihn im Traum über das Geheimnis von Marias Empfängnis auf. Er heiratete Maria und lebte danach in jungfräulicher Ehe (»Josefsehe«) mit ihr zusammen. Nach der Geburt des Kindes, dem er, wie vom Engel vorgegeben, den Namen Jesus gab, floh er mit seiner Familie vor dem brutalen König Herodes nach Ägypten; nach dem Tod des Herrschers kehrte er nach Nazareth zurück und ließ sich dort mit Maria und Jesus nieder. Als Jesus zwölf Jahre alt war, nahm er ihn mit zur Osterwallfahrt in Jerusalem. Danach erscheint er nicht mehr in den Berichten; vielleicht ist er bald darauf gestorben oder hielt sich von nun an völlig im Hintergrund. Die angebliche Josef-Grabstätte wird in Nazareth in einer Grotte unter der Verkündigungsbasilika gezeigt. Vor allem die Ordensgemeinschaften, besonders Franziskaner, Karmeliter und Serviten, setzten sich zu allen Zeiten für die Verehrung ein, aber auch große Kirchenpersönlichkeiten wie > Bernhard von Clairvaux, Franz von Sales, Bernhardin von Siena und Theresia von Ávila. Mit dem »Josefitag« verbinden sich vor allem im Al-

Josef, Nährvater Jesu

penraum, aber auch in Italien zahlreiche Bräuche; einer der bekanntesten ist das Verteilen von Josefi-Küchlein. – Gedenktag: 19. März

José de Anchieta (1534–1597), Ordensmann, Missionar – Gedenktag: 9. Juni;
Joseph von Corpertino (1603–1663), Ordensmann, Mystiker – Gedenktag: 18. September;
Joseph Oriol (1650–1702), Priester – Gedenktag: 22. März;
Josef Freinademetz (1852–1908), Priester, Missionar – Gedenktag: 28. Januar

Josef Benedikt Peruschitz (1871–1912), *der 41-jährige Benediktiner aus dem bayerischen Kloster Scheyern, befand sich auf dem Passagierschiff »Titanic«, um in die USA zu reisen. Als das Schiff am 15. April 1912 auf einen Eisberg aufgefahren war, erhielten von den 2201 Passagieren nur 711 einen Platz in den Rettungsbooten. Auch ihm, dem Priester, wies man respektvoll einen Platz zu. Er verzichtete aber und blieb an Bord, um mit den Todgeweihten zu beten. Drei Stunden später versank die »Titanic« im Meer.*

Josef Kentenich (1885–1968); *aus seiner Erziehungsarbeit als Pallottinerpater in Schönstatt (Nordrhein-Westfalen) entstand 1914 das Schönstatt-Werk, eine katholische Laienbewegung mit Weltgeltung, die sich auf allen fünf Kontinenten verbreitet hat.1941 wurde er von den Nazis verhaftet und bis Kriegsende im KZ Dachau festgehalten. Nach dem Krieg von Kirchenoberen verleumdet, musste er ins Exil in die USA; von Papst Paul VI. wurde er 1965 rehabilitiert. Er starb am 15. September 1968.*

Josef Neckermann (dt. Kaufhausgründer, Dressurreiter), Josef Meinrad (österr. Schauspieler), Josef Kardinal Ratzinger (dt. Kurienkardinal) – Joseph Beuys (dt. Künstler), Joseph Haydn (österr. Komponist), Joseph Pulitzer (amerik. Verleger), Sepp Herberger (dt. Fußballspieler/-trainer), Joschka Fischer (dt. Politiker), Jupp Heynckes (dt. Fußballspieler/-trainer), Jo Brauner (dt. TV-Moderator), Joe Louis (amerik. Boxer), Joey Kelly (ir.-dt. Sänger), José Carreras (span. Opernsänger), José Luis Rodrígues Zapatero (span. Politiker), Giuseppe di Stefano (ital. Opernsänger), Giuseppe Verdi (ital. Komponist), Jorge Luis Borges (argent. Schriftsteller), Josip Broz Tito (jugoslaw. Politiker), Józef Mindszenty (ungar. Kardinal), Ossip Kurt Flechtheim (dt. Politologe)

Jürgen

EIGENSTÄNDIGE KURZFORM VON > GEORG, GRIECH. GEORGOS, BAUER

Jürg, Jürn, Jürjen, Jörgen – Hans-Jürgen > Hans

Jürgen Fliege (dt. TV-Moderator), Jürgen Habermas (dt. Philosoph), Jürgen Klinsmann (dt. Fußballspieler)

K

Karl

AHDT. KAR(A)L, MANN; NDT. KERL(E), FREIER MANN

Carl, Karli, Carli, Kari, Kare, Kalle, Carle, Kerdel, Kordel, Kadel, Korl, Karlmann, Carolus, Karol, Károly, Karus, Karel, Carel, Carol, Karolis, Charles, Charly, Charley, Charlie, Charlton, Cary, Kerry, Carlo, Carolo, Carletto, Carlos, Carles, Kaarle, Kaale – Karlheinz (auch > Heinz)

KARL BORROMÄUS. Erzbischof, Kardinal. Er gilt als das Vorbild eines Reformbischofs, Seelsorger verehren ihn als Schutzpatron. Geboren am 2. Oktober 1538 in Arona in Oberitalien als Sohn des Grafen Borromeo, nahm er 14-jährig das Studium der Rech-

Karl Borromäus, Erzbischof, Kardinal

te an der Universität Pavia auf, mit 21 Jahren erlangte er die Doktorwürde. 1560, er war jetzt 22 Jahre alt, wurde er zum Kardinal ernannt, 1563 empfing er die Weihe zum Bischof von Mailand. Er entwickelte in kurzer Zeit eine solche Tatkraft in seinem Amt, dass er bald ein leuchtendes Vorbild für die anderen Bischöfe und den ganzen Klerus war. Unermüdlich arbeitete er Tag und Nacht für den Wiederaufbau seiner zuvor durch Misswirtschaft verwahrlosten Diözese und für die Hebung der Religiosität im Volk. Er unterstützte die Missionsarbeit der Ordensgemeinschaften und schuf soziale Einrichtungen für die Armen und Kranken in seinem Bistum, die er alle regelmäßig besuchte, um nach dem Rechten zu schauen. Die Reformbeschlüsse des Konzils von Trient setzte er behutsam, aber konsequent sofort um und war auch hier den anderen Bischöfen ein Maßstab. Seine Reformen waren bald richtungsweisend in ganz Europa. Während einer verheerenden Pestepidemie in Norditalien kümmerte er sich monatelang als Helfer um die Erkrankten und die Sterbenden und setzte dabei Leben und Gesundheit aufs Spiel. Da er sehr asketisch lebte und sich nur von Brot und Wasser ernährte, bestand ständig die Gefahr, dass er zusammenbrach. Im Alter von erst 46 Jahren starb er schließlich, völlig erschöpft und entkräftet, am 3. November 1584. Zehntausende Trauernde zogen in Mailand an der Bahre mit seinem Leichnam vorbei und nahmen Abschied von einer der charismatischsten Kirchenpersönlichkeiten des 16. Jh. Noch heute kommen viele Gläubige an sein Grab im Mailänder Dom. 1610 Heiligsprechung. – Gedenktag: 4. November

KARL DER GROSSE (um 742–814), Kaiser – Gedenktag: 28. Januar;
KARL DER GUTE (um 1084–1127), König, Märtyrer – Gedenktag: 2. März;
CARLO STEEB (1773–1856), Ordensgründer – Gedenktag: 15. Dezember;
CHARLES LWANGA (1865–1886), Märtyrer – Gedenktag: 3. Juni;
KARL LEISNER (1915–1945), Priester – Gedenktag: 12. August

CARL VON OSSIETZKY (1889–1938) *war Sekretär der deutschen Friedensgesellschaft und Hauptschriftleiter der »Weltbühne«. Als überzeugter Pazifist kritisierte er die deutsche Rüstung, wurde 1931 wegen Landesverrats verurteilt, 1932 amnestiert. Ab 1933 saß er in verschiedenen Konzentrationslagern ein. 1936 erhielt er den Friedensnobelpreis, die Nationalsozialisten verboten ihm jedoch die Annahme.*

Karl Böhm (österr. Dirigent), Karl Lagerfeld (dt. Modeschöpfer), Karl May (dt. Schriftsteller) – Carl Orff (dt. Komponist), Carl Spitzweg (dt. Maler), Carl Zuckmayer (dt. Schriftsteller), Karol Wojtyla (Papst Johannes Paul II.), Karel Gott (tschech. Schlagersänger), Charles de Gaulle (franz. Politiker), Charles Aznavour (franz. Sänger), Charles Dickens (engl. Schriftsteller), Charlie Chaplin (engl. Filmschauspieler), Charlton Heston (amerik. Filmschauspieler), Cary Grant (amerik. Filmschauspieler), Carlo Goldoni (ital. Dichter), Carlo Schmid (dt. Politiker), Carlos Kleiber (österr.-argent. Dirigent), Carlos Santana (mex. Gitarrist), Karlheinz Böhm (österr. Schauspieler, Afrikahelfer)

Karl-Heinz

> KARL UND > HEINZ (> HEINRICH)

Karsten

> CHRISTIAN

Kevin

KELT.-ALTIR. COEMGEN, LIEBENSWÜRDIG, HÜBSCH VON GEBURT

COEMGEN (KEVIN). Gründerabt. Er ist der Patron der irischen Hauptstadt Dublin und gehört zu den großen Persönlichkeiten der katholischen Kirche in Irland. Geboren wohl um 515 in Leinster, erhielt er seine christliche Erziehung von dem berühmten Abt Petroc, dem bis heute meistverehrten Heiligen in Cornwall. Dann zog er sich in die Einsamkeit zurück, denn er wollte von nun an als Einsiedler leben. Bald aber kamen immer mehr Gleichgesinnte, die ihn und seine asketische Lebensführung bewunderten und Gott so dienen wollten, wie er es tat. Der Ruf seines heiligmäßigen Lebens war längst weit über die Grenzen Irlands hinausgedrungen. Aus der ständig größer werdenden Gemeinschaft entwickelte sich schließlich das Kloster Glendalough, eine der berühmtesten Abteien Irlands. Ihr Gründerabt starb 618, über 100 Jahre alt, sein Grab in Glendalough war über Jahrhunderte ein Wallfahrtsort. – Gedenktag: 3. Juni

Kevin Costner (amerik. Filmschauspieler), Kevin Kline (amerik. Filmschauspieler), Kevin Kuranyi (dt. Fußballspieler)

Klaus

EIGENSTÄNDIGE KURZFORM VON > NIKOLAUS, GRIECH. NIKÉ, SIEG, UND LAÓS, VOLKSMENGE = SIEGER DES VOLKES

Claus, Klas, Klaas, Clos, Claas, Claes – Klaus-Dieter, Klaus-Jürgen, Klausjürgen – Auch > Nikolaus

BRUDER KLAUS (NIKOLAUS VON DER FLÜE). Einsiedler, Mystiker. Er gilt als einer der großen Mystiker des Spätmittelalters. Die Verehrung für ihn ist in der Zentralschweiz bis heute lebendig. Geboren 1417 auf dem Flüeli am Sarnersee, Schweiz, heiratete er 1445 Dorothea Wyss und bekam mit ihr in glücklicher

Ehe zehn Kinder. Den Lebensunterhalt für die große Familie verdiente er als Bewirtschafter seines Bauernhofes, außerdem war er ein angesehener Richter. 1467 kam die entscheidende Wende: In Absprache mit seiner Ehefrau verließ er seine Familie, um fortan nur noch Gott zugewandt als Einsiedler zu leben. Er erbaute sich in der Ranftschlucht unweit seines Bauernhofes eine Kapelle, in der er in den folgenden 20 Jahren bis zu seinem Tod lebte. Als sich bald herumsprach, dass Bruder Klaus, wie er nun genannt wurde, nie etwas aß und nur die Kommunion zu sich nahm, und man außerdem immer öfter von seinen mystischen Begnadungen hörte, sahen die Menschen in ihm einen Heiligen; immer mehr strömten zu ihm, um ihn um Rat und Hilfe in persönlichen Dingen zu bitten. Die Ranftkapelle wurde zum Wallfahrtsort. Auch Politiker kamen zu ihm und ließen sich von ihm beraten. Als eines Tages bei der Tagsatzung zu Stans der Bund der Eidgenossen auf dem Spiel stand, weil man sich vollkommen zerstritten hatte, eilte der Pfarrer von Stans zu ihm, um seine Hilfe bei der Frage einzuholen, was in der ausweglos erscheinenden Situation zu machen sei. Wie der Rat an die Streithähne genau gelautet hat, ist nicht überliefert, jedenfalls aber setzten sich alle Parteien nach der Rückkehr des Pfarrers noch einmal an einen Tisch und versöhnten sich schließlich. Das so genannte »Stanser Verkommnis« wurde am 22. Dezember 1481 positiv abgeschlossen, der Einsiedler von der Ranftkapelle hatte die Einheit der Eidgenossen gerettet und wurde fortan als Friedensstifter verehrt. Er starb am 21. März 1487, sein Tod löste große Trauer im ganzen Bund aus. Das Grab in der Pfarr- und Wallfahrtskirche Sachseln wird bis heute von vielen Gläubigen besucht, auch das Geburts-

Nikolaus von der Flüe, Mystiker

haus auf dem Flüeli kann noch besichtigt werden. Heiligsprechung am 15. Mai 1947. – Gedenktag: 25. September

CLAUS GRAF SCHENCK VON STAUFFENBERG (1907–1944) *war ab 1942 zusammen mit Henning von Tresckow die treibende Kraft einer Gruppe junger Widerständler, die einen Staatsstreich im Nazi-Deutschland planten. Da er Zugang zum Führerhauptquartier in Rastenburg hatte, verübte er selber am 20. Juli 1944 das Attentat auf Adolf Hitler, das jedoch fehlschlug. Noch am selben Tag wurde er in Berlin hingerichtet.*

Klaus Maria Brandauer (österr. Schauspieler), Klaus Mann (dt. Schriftsteller), Klaus Meine (dt. Rocksänger) – Claus von Amsberg (dt.-niederl. Prinz), Claus Seibel (dt. TV-Moderator), Klas Pontus Arnoldson (schwed. Politiker, Friedensnobelpreisträger), Claes Oldenburg (schwed.-amerik. Künstler), Klausjürgen Wussow (dt. Schauspieler) – Auch > Nikolaus

Konrad

AHDT. KUONRAT, KUONI, KÜHN, UND RAT, RATGEBER

Conrad, Kunrad, Konradin, Conradin, Conradus, Conny, Konny, Konni, Conni, Connie, Kudli, Kuno, Cuno, Con, Keno, Ceno, Keanu, Keno, Kenne, Konne, Konert, Köne, Konde, Kunz, Konz, Conz, Radel, Räde, Rädl, Koenraad, Conrado, Corrado, Kóndrat – Auch > Kurt, Curt, Curd, Cord, Cordt, Kord, Kort, Koert, Coert

KONRAD VON PARZHAM (JOHANN BIRNDORFER). Ordensmann. »Den ewigen Pförtner« nannte man ihn, weil er 41 Jahre lang treu seinen Dienst an der Pforte seines Klosters verrichtete. Geboren am 22. Dezember 1818 in Parzham, Bayern, arbeitete er zunächst bis zu seinem 31. Lebensjahr als Bauer. Dann verzichtete er auf den ihm zustehenden Bauernhof und trat in das Kapuzinerkloster St. Anna in Altötting in Bayern ein. Von 1853 an arbeitete er dort als Pförtner, jeden Tag war er 18 Stunden lang

Ansprechpartner, Helfer und Tröster für Wallfahrer, die zu Tausenden nach Altötting kamen, einem der damals meistbesuchten Wallfahrtsorte überhaupt. Die übrigen Stunden des Tages verbrachte er in inniges Gebet versunken in der Alexius-Zelle im Kloster, von wo aus er durch eine kleine Öffnung in der Wand direkt auf den Hochaltar der Klosterkirche sehen konnte. Nach 41 Jahren war er völlig erschöpft und ausgezehrt, auch von zahlreichen Erkrankungen, die er nie hatte ausheilen lassen, um nicht an der Klosterpforte zu fehlen. Er ging nun zu seinem Oberen und sagte: »Jetzt kann ich nicht mehr.« Drei Tage später starb er, es war der 21. April 1894. Schon zu Lebzeiten war er wie ein Heiliger verehrt worden. Nach seinem Tod nahm die Verehrung weiter zu. Bis heute pilgern Gläubige zu seinem Schrein in der Klosterkirche, die seit 1953 Bruder-Konrad-Kirche heißt. Heiligsprechung 20. Mai 1934. – Gedenktag: 21. April

Kuno (Konrad) von Trier (um 1016–1066), Erzbischof, Märtyrer – Gedenktag: 1. Juni;
Konrad (Kuno) von Urach, Zähringen (1180–1227), Kardinalbischof – Gedenktag: 29. September;
Konrad von Piacenza (1290–1351), Ordensmann, Einsiedler – Gedenktag: 19. Februar

Konrad Adenauer (dt. Politiker), Konrad Duden (dt. Sprachforscher), Konrad Lorenz (österr. Verhaltensforscher, Medizinnobelpreisträger) – Conrad Gesner (schweiz. Gelehrter), Conrad Veidt (dt. Schauspieler), Cuno Amiet (schwed. Maler), Keanu Reeves (liban.-amerik. Filmschauspieler) – Auch > Kurt

Kurt

Eigenständige Kurzform von > Konrad, ahdt. Kuonrat, kuoni, kühn, und rat, Ratgeber

Curt, Curd, Cord, Cordt, Kord, Kort, Koert, Coert

Kurt Masur (dt. Dirigent), Kurt Russell (amerik. Filmschauspieler), Kurt Schumacher (dt. Politiker), Kurt Tucholsky (dt. Schriftsteller) – Curt Bois (dt. Schauspieler), Curt Götz (dt. Schriftsteller, Schauspieler), Curd Jürgens (dt. Schauspieler), Cordt Schnibben (dt. Schriftsteller)

L

Lars

KURZFORM VON LAURENTIUS, DER MANN AUS LAURENTUM. LAT. LAURUS, LORBEER

Lasse, Las, Lassi, Lares, Larry

Lars Riedel (dt. Leichtathlet), Lars Söderblom (schwed. Theologe, Friedensnobelpreisträger), Lars Vogt (dt. Pianist) – Lasse Kjus (norw. Skirennläufer), Larry Hagman (amerik. TV-Schauspieler)

Leo

KURZFORM VON > LEONHARD, SELTENER VON > LEOPOLD

Leon

KURZFORM VON > LEONHARD

Leonhard

LAT. LEO, LÖWE, UND AHDT. HARTI, STARK, HART

Leo, Leon, Lion, Lionel, Lionnel, Leone, Lon, Lei, Leonz, Lenz, Lenhard, Lehnhard, Lienhard, Linhart, Lienhart, Lernhard, Lernet,

Hardi, Hardl, Liendel, Leindl, Lieni, Lernet, Leret, Leen, Leent, Leonard, Lenard, Lenny, Lenni, Lennie, Len, Lyonel, Lee, Leonce, Leonzio, Leonello, Lenardo, Leonardo, Lionardo, Lennart, Lennert, Linnart, Lenne, Lelle, Lew, Lev

LEONHARD VON NOBLAC. Einsiedler, Abt. Er gehört zu den besonders verehrten und volkstümlichen Heiligen im Alpengebiet, vor allem als Patron der Pferde wird er gern angerufen. In Bayern finden bis heute zeitnah zum Gedenktag des Heiligen farbenprächtige Leonhard-Umritte statt, bei denen festlich geschmückte Pferde im Mittelpunkt stehen. Zahlreiche Legenden schmücken seine Lebensgeschichte aus, ein historischer Kern aber ist sicher. Danach lebte er im 6. Jh. und stammte wahrscheinlich aus fränkischem Adel. Möglicherweise erhielt er vom großen Bischof Remigius die Taufe. Bei Noblac im Bistum Limoges, Frankreich, gründete er in einem Wald eine Einsiedlerzelle, die schon bald großen Zulauf von Rat- und Hilfesuchenden hatte, denn der kluge Eremit wurde wie ein Heiliger verehrt. Aus der Einsiedelei entwickelte sich im Laufe der Jahre das Kloster St-Léonard-de-Noblac, dem er in seinen letzten Lebensjahren als Abt vorstand. Er starb wohl im Jahr 559. Eine Legende erzählt, dass er sich besonders fürsorglich um Gefangene gekümmert habe; durch seine freundschaftliche Verbindung zum fränkischen König Chlodwig habe er vielen in Gefängnissen einsitzenden Menschen die Freiheit geschenkt. Gefangenen, die im Kerker den Namen »Leonhard« ausriefen, sollen augenblicklich die Ketten abgefallen sein, die sie dem Einsiedler dann in seine Zelle brachten. – Gedenktag: 6. November

LEO I. DER GROSSE (um 395–461), Papst – Gedenktag: 10. November;
LEONHARD VON PORTO MAURIZIO (1676–1751), Ordensmann, Missionar – Gedenktag: 26. November;
LEONARDO MURIALDO (1828–1900), Ordensgründer – Gedenktag: 30. Mai;

LÉON GUSTAVE DEHON (1843–1925), Ordensgründer – Gedenktag: 12. August

LEONARDO BOFF (geb. 1938), *der brasilianische Theologe, Sohn italienischer Einwanderer, ist einer der weltweit engagiertesten Verteidiger der Menschenrechte; er gilt als Schöpfer der Befreiungstheologie. Seit 1993 ist er Professor für Ethik und Theologie an der Universität Rio de Janeiro. 2001 erhielt er den Alternativen Nobelpreis.*

Leonhard Frank (dt. Schriftsteller), Leonhard Stock (österr. Skirennfahrer) – Leo von Caprivi (dt. Politiker), Leo Putz (dt. Maler), Leo Tolstoi (russ. Dichter), Leon Jessel (dt. Operettenkomponist), Lion Feuchtwanger (dt. Schriftsteller), Lionel Hampton (amerik. Jazzmusiker), Lionel Richie (amerik. Sänger), Leonard Bernstein (amerik. Dirigent, Komponist), Leonard Cohen (kanad. Sänger), Lenny Kravitz (amerik. Rocksänger), Lyonel Feininger (dt.-amerik. Maler), Lee Strasberg (österr.-amerik. Filmregisseur), Leonardo DiCaprio (amerik. Filmschauspieler), Leonardo da Vinci (ital. Universalkünstler), Lennart von Bernadotte (schwed. Graf), Lew Jaschin (russ. Fußballtorwart), Lev Kopelew (sowj. Schriftsteller)

Leopold

AHDT. LIUTBALD, LIUT, VOLK, UND BALD, KÜHN

Luitpold, Leupold, Lebold, Leibold, Leodebald, Lutbald, Liutbald, Luitbald, Lüpold, Lippold, Pold, Poldl, Poldi, Polde, Polt, Leo, Leopoldo, Poldo, Lipót

LEOPOLD III. DER HEILIGE. Markgraf von Österreich. Er ist der Landespatron von Österreich. Als erster Landesfürst Österreichs erlangte er überregionale Bedeutung und legte damit den Grundstein für die spätere Selbstständigkeit des Landes. Geboren um 1075 in Gars, Österreich, aus dem Geschlecht der Babenberger, erhielt er seine christliche Erziehung von Bischof Altmann von Passau. 1095 übernahm er als Markgraf die Regierung von Österreich. Verheiratet war er ab 1106 mit Agnes, der Tochter von Kaiser Heinrich IV. Das Paar bekam zusammen 18 Kinder, darunter die späteren Bischöfe Otto von Freising und Konrad II. von Salzburg. In den Wirren des Investiturstreits stand er treu an der Seite des Papstes; dem Mönchtum ebnete er in Österreich den Boden, er gründete Kirchen und Klöster, darunter Klosterneuburg und Mariazell. Umsichtig und überaus sozial war sein Regierungsstil; als Familienvater und als Christ war er dem Volk ein großes Vorbild. Nach 41-jähriger segensreicher Regentschaft starb er am 15. November 1136 an Verletzungen, die er sich bei einem Jagdunfall zugezogen hatte. Beigesetzt wurde er in Klosterneuburg, wo heute noch der Reliquienschrein steht. 1485 Heiligsprechung. – Gedenktag: 15. November

LUITPOLD (12. Jh.– um 1250), Graf, Einsiedler – Gedenktag: 1. November;
LEOPOLD VON GAICHE (1732–1815), Ordensmann – Gedenktag: 2. April;
LEOPOLD VON CASTELNOVO, Bogdan Mandic (1866–1942), Ordensmann, Mystiker – Gedenktag: 30. Juli

Leopold Figl (österr. Politiker), Leopold Mozart (dt. Komponist), Leopold von Ranke (dt. Schriftsteller) – Luitpold von Bayern (Prinz)

Lothar

AHDT. HLOTHAR, HLUT, BERÜHMT, UND HERI, HEER = BERÜHMTER KRIEGER

Lotar, Lutter, Luther, Lüder (auch > Ludwig), Lüders, Lüdeke (auch > Ludwig), Lühr, Lür, Lüer, Chlotar, Klothar, Lothaire, Loyer, Lotario

LOTHAR VON SÉES. Bischof. Sein heiligmäßiges Leben wurde gerühmt, in Frankreich wird er, über 1200 Jahre nach seinem Tod, noch immer verehrt. Geboren wurde er um 685 in Nordfrankreich; nach dem frühen Tod seiner Ehefrau zog er sich als Einsiedler in ein einsam gelegenes Kloster bei Argentan zurück, das er selbst gegründet hatte. Die Menschen wurden schon bald auf sein vorbildliches Leben aufmerksam, das Kloster nannten sie dann nach ihm einfach St-Loyer. Als 720 die Ernennung zum Bischof der Diözese Sées in der Normandie anstand, fiel die Wahl auf ihn. Er nahm den Ruf nach Sées an und wirkte danach über 30 Jahre als geachteter und bewunderter Hirte seines Bistums. Dann legte er sein Amt jedoch nieder und zog sich wieder in die Einsamkeit von Argentan zurück; dort starb er am 14. Juni 756. Reliquien werden noch heute im Kloster St-Loyer und in Sées verehrt. – Gedenktag: 14. Juni

Lothar de Maizière (dt. Politiker), Lothar Matthäus (dt. Fußballspieler/-trainer), Lothar Späth (dt. Politiker) – Lotar Olias (dt. Komponist), Lothar Günther Buchheim (dt. Schriftsteller)

Ludwig

AHDT. HLUT, BERÜHMT, UND WIG, KAMPF = BERÜHMTER KÄMPFER

Ludewig, Ladewig, Lodewig, Ludovicus, Lodevicus, Chlodwig, Klodewig, Ludwik, Ludvig, Ludivic, Ludvic, Ludvik, Ludovic, Lowik, Lowis, Lovis, Lutz (auch > Lukas), Luz, Lotz, Lotze, Luggi, Ludi, Lude, Ludel, Luthe, Ludchen, Luwe, Lu, Lüder (auch > Leopold), Lücke, Lüdeke (auch > Leopold), Wiggerl, Wigg, Wickel, Wickl, Wickes, Louis, Lois, Clovis, Lewis, Luigi, Gigio, Gino, Vico, Ludovico, Lodovico, Luis, Luiz, Lajos

LUDWIG IX. DER HEILIGE. König von Frankreich. Er ist Stadtpatron von Paris, aber auch von München und Berlin, Patron der Wissenschaft und der Juweliere, aber auch der Maurer und Ta-

Ludwig IX., der Heilige

pezierer. Alle französischen Botschaftskirchen weltweit sind ihm geweiht. Zu Lebzeiten nannte man ihn den »ungekrönten Kaiser des Abendlandes«. Geboren am 25. April 1214 in Poissy, Frankreich, wurde er 1226 nach dem frühen Tod seines Vaters Ludwig VIII. neuer König von Frankreich. Seine Mutter Blanca führte für ihn umsichtig die Regentschaft, bis er alt genug war, um selbst regieren zu können. In den folgenden Jahrzehnten brachte er durch kluge Reformen Land und Königtum zu höchster Blüte. Er sorgte für die Armen im Staat ebenso engagiert, wie er die Wissenschaften und die Kultur förderte; er stärkte die Städte und gab ihnen Gestaltungsfreiheit, ging rigoros gegen Missbräuche in der Kirche und im Klerus vor, ordnete das gesamte Gerichtswesen neu und ließ Krankenhäuser und Schulen errichten. Eine bedeutende Rolle spielte er in der Friedensvermittlung zwischen dem Papst und dem Kaiser. Bei allem, was er tat, war sein Handeln von tiefer Religiosität und Respekt vor den Menschen geprägt. Zur Aufbewahrung der 1239 von ihm erworbenen Dornenkrone Christi ließ er in Paris die Ste-Chapelle erbauen. Er starb am 25. August 1270 in Tunis auf einem Kreuzzug, nachdem in seinem Heer eine Seuche ausgebrochen war und er sich angesteckt hatte. Seine Gebeine übertrug man in die Abtei St-Denis bei Paris, sein Herz in den Dom von Monreale auf Sizilien. 1297 Heiligsprechung. – Gedenktag: 25. August

LUDWIG IV. DER HEILIGE (1200–1227), Landgraf – Gedenktag: 11. September;
LUIS BELTRÁN (1526–1581), Ordensmann, Missionar – Gedenktag: 9. Oktober;

LUIGI MARIA CALCO (1669–1709), Ordensmann, Volksmissionar – Gedenktag: 20. August;
LUIGI ORIONE (1872–1940), Ordensgründer – Gedenktag: 12. März

LUDWIG MITTERER (1883–1943), *Priester und Pfarrer aus Otterskirchen in Bayern, gab sich im Dritten Reich mutig als Gegner des NS-Regimes zu erkennen und ließ sich auch nicht von Drohungen einschüchtern. Schließlich wurde er verhaftet und am 1. November 1943 in Brandenburg-Görden hingerichtet. Auf seinem Grabstein stehen die Worte: »Er fiel als Opfer seines priesterlichen Bekennermutes.«*

Ludwig van Beethoven (dt. Komponist), Ludwig Erhard (dt. Politiker), Ludwig Hirsch (österr. Liedermacher), Ludwig Thoma (dt. Schriftsteller) – Ludvik Svoboda (tschech. Politiker), Lovis Corinth (dt. Maler), Lutz Hübner (dt. Theaterautor), Louis Armstrong (amerik. Jazzmusiker), Louis Pasteur (franz. Chemiker), Lewis Wallace (amerik. Schriftsteller), Luigi Colani (dt. Designer), Luigi Pirandello (ital. Schriftsteller), Vico Torriani (schweiz. Sänger, TV-Unterhalter), Luis Buñuel (span. Filmregisseur), Luis Trenker (ital. Filmregisseur und Schauspieler)

Lukas

LAT., AUS LUCANIA (UNTERITALIEN) STAMMEND. LAT. LUX, DAS LICHT

Lucas, Lux, Laux, Lutz (auch > Ludwig), Luk, Luks, Lauks, Lukian, Luc, Luch, Luckel, Luckes, Lubbe, Kas, Luce, Luke, Lucano, Luca, Luka, Loeks, Lukes, Luuk, Luuks, Lucja, Lukasz, Lukarz

LUKAS. Evangelist. Er gilt als Verfasser des dritten Evangeliums und der Apostelgeschichte. Aber obwohl er seit Jahrhunderten verehrt wird, weiß man nicht sehr viel über sein Leben. Wahrscheinlich ist, dass er aus dem syrischen Antiochien stammte, Heide war und von Beruf Arzt. Möglicherweise begegnete er

Jesus noch persönlich. Bekehrt wurde er wahrscheinlich um das Jahr 50 von Paulus, den er danach auf seinen Missionsreisen begleitet haben soll. Auch als der Völkerapostel zweimal in Rom gefangen gehalten wurde, blieb er treu an seiner Seite. Nach dem Tod von Paulus um 67 ließ er sich wohl in Achaia in Griechenland nieder, missionierte dort und verfasste Evangelium und Apostelgeschichte. Im Alter von 84 Jahren soll er hier eines friedlichen Todes gestorben sein. Andere Quellen nennen Ephesus in der Türkei als seinen Sterbeort; dort zeigt man auch ein Lukas-Grab. Im Jahr 357 wurden Gebeine nach Konstantinopel gebracht und später in der Apostelkirche beigesetzt. Einige Reliquien gelangten an einem 18. Oktober im 8. Jh. nach Padua, Italien, wo sie bis heute in der Kirche S. Giustina verehrt werden; Papst Alexander III. erkannte diese Gebeine 1177 offiziell als Lukas-Reliquien an. Der Lukas-Tag ist in der Landwirtschaft ein Wetterlostag, früher ließen Bauern ihr Vieh geweihte Lukas-Zettel fressen, um Seuchen und Unglück von den Tieren fern zu halten. Die im 6. Jh. entstandene Legende, Lukas sei Maler von Marienikonen gewesen, ließ ihn zum Patron der Maler und Künstler werden. – Gedenktag: 18. Oktober

LUKAS ALFRED ETLIN (1864–1927), Ordensmann – Gedenktag: 15. Dezember

Lucas Cranach der Ältere und der Jüngere (dt. Maler), Luc Bondy (schweiz. Regisseur), Luca di Montezemolo (ital. Rennsportmanager)

M

Manfred

AHDT. MAN, MANN, UND FRIDU, FRIEDE = MANN DES FRIEDENS

Manfried, Manifred, Manfrit, Mandi, Many, Mani, Manni (auch > Hermann), Fred (auch > Alfred, > Friedrich), Manfredo

MANFRED. Einsiedler. »Der heilige Mann Manfred« wurde er zu Lebzeiten schon genannt. Viele suchten den Rat des verehrten Einsiedlers, der in der Bergeinsamkeit oberhalb des Luganer Sees lebte und von den Menschen als Gott besonders nahe stehend angesehen wurde. Als er am 28. Januar 1430 starb, begleitete eine große Trauergemeinde seinen Leichnam bis zur Grabstätte in Riva San Vitale. – Gedenktag: 28. Januar

Manfred Krug (dt. Schauspieler), Manfred Mann (dt. Rocksänger), Manfred Wörner (dt. Politiker) – Manni Kaltz (dt. Fußballspieler)

Manuel

SPAN. KURZFORM VON EMANUEL, HEBR. IMMANUEL, GOTT MIT UNS

Manu, Mani, Maan, Mane, Mendel, Manel, Nallo, Mannie, Manny, Manuele, Manolo, Manolito, Manuil, Manoel, Manoil, Munja

EMANUEL VON CREMONA (1. H. 13. Jh.–1298), Bischof – Gedenktag: 1. Oktober

Manuel de Falla (span. Komponist), Juan Manuel Fangio (argent. Autorennfahrer) – Manoel de Oliveira (portug. Filmregisseur)

Marcel

FRANZ. FORM VON LAT. MARCELLUS, WEITERBILDUNG VON > MARKUS, LAT. UNTER DEM SCHUTZ DES MARS

Marcell, Marzel, Marzell, Marcellus, Marzellus, Marzellin, Marcellinus, Marzellinus, Marzlof, Marzolf, Markel, Marcelis, Marcelus, Marceli, Markell, Marchell, Marcelin, Marcellin, Marceau, Marcelle, Marcello, Marcellino, Marzio, Marcelo

MARCELLUS I. Papst. In der Papstkrypta im Petersdom zu Rom steht heute sein Marmorsarkophag. Wohl 307 oder 308 wurde er zum Papst gewählt; sein Amtsantritt beendete eine mehrjährige Sedisvakanz auf dem Stuhl Petri, die durch die Christenverfolgung durch Kaiser Diokletian und die völlige Zerrüttung der römischen Gemeinde verursacht worden war. Innerhalb weniger Monate soll er die kirchliche Verwaltung in Rom neu geordnet haben, wurde dann aber von Kaiser Maxentius verbannt und starb schon 309, möglicherweise am 16. Januar. Beigesetzt wurde er in der Priscilla-Katakombe. – Gedenktag: 16. Januar

MARCELLINUS (1. H. 3. Jh.–304), Papst – Gedenktag: 25. April;
MARZELLIN JOSEPH CHAMPAGNAT (1789–1840), Ordensgründer – Gedenktag: 6. Juni;
MARCEL CALLO (1921–1945), Laienapostel, Märtyrer – Gedenktag: 19. März

MARCELLO CANDIA (1916–1983) *sah auf einer Geschäftsreise das Elend in Ländern der Dritten Welt und gründete ein Missionshilfswerk. 1965 verkaufte er in seiner Heimat Italien seinen gesamten Besitz und zog in den Nordosten von Brasilien, wo er sich künftig aufopfernd um die Aussätzigen kümmerte; für behinderte und verwahrloste Jugendliche aus ganz Brasilien gründete er Schulen. Alle Einrichtungen existieren durch eine Stiftung, die er noch vor seinem Tod eingerichtet hat, bis heute.*

Marcel Marceau (franz. Pantomime), Marcel Proust (franz.

Schriftsteller), Marcel Reich-Ranicki (dt. Schriftsteller, Kritiker) – Marcello Mastroianni (ital. Filmschauspieler)

Marco

ITAL. UND SPAN. FORM VON > MARKUS

Mario

ITAL. UND SPAN. FORM VON MARIUS, ALTRÖM. GESCHLECHTERNAME

Marius, Maris, Marin, Marinus, Marino, Rino, Marishino, Marianus, Marian (auch weiblicher Vorname), Mar, Mari, Maro, Marjo, Marij, Mas, Mos

MARINUS VON RIMINI. Diakon, Einsiedler. Er gilt als Gründer des Zwergstaates San Marino im Norden Italiens und ist sein Patron. Die Überlieferung berichtet, dass er, ein getaufter Christ, um 300 als Zwangsarbeiter unter den Christenverfolgern des römischen Kaisers Diokletian arbeiten musste; nach seiner Freilassung zog er sich als Einsiedler auf einen Berg nahe der Adria zurück und führte dort ein heiligmäßiges Leben. Nach seinem Tod nannten die Menschen den Berg nach ihm San Marino. Die Marinus-Gebeine wurden 1586 bei Grabungen in der Basilika von San Marino wieder aufgefunden. – Gedenktag: 4. September

MARIUS VON AVENCHES (1. H. 6. Jh.–594), Bischof – Gedenktag: 31. Dezember;
ANIANUS UND MARINUS (7. Jh.–697), Missionare, Märtyrer – Gedenktag: 15. November;
MARINUS UND DECLANUS (8. Jh.), Missionare – Gedenktag: 1. Dezember

Mario Adorf (schweiz. Schauspieler), Mario Soares (portug. Politiker), Mario Puzo (amerik. Schriftsteller), Johannes Mario Simmel (österr. Schriftsteller) – Marius Müller-Westernhagen (dt. Rocksänger), Marino Marini (ital. Bildhauer)

Markus

LAT. MARCUS, SOHN, SCHÜTZLING DES MARS, UNTER DEM SCHUTZ VOM MARS

Marcus, Mark, Marc, Marks, Marx, Marke, Marko, Merkle, Merkel, Marco, Marcos, Marek

MARKUS. Evangelist, Märtyrer. Er gilt als Verfasser des zweiten Evangeliums, des kürzesten der vier Evangelien. Petrus nannte ihn freundschaftlich »mein Sohn«, und durch ihn wurde er wahrscheinlich auch zum Christentum bekehrt. Etwa ab dem Jahr 44 begleitete er Paulus und Barnabas zeitweise als Gehilfe auf deren erster Missionsreise nach Antiochien, später reiste er mit Barnabas nach Zypern. Von 61 bis 63, so berichtet es der zweite Kolosserbrief, weilte er in Rom, wo er dem gefangen gehaltenen Paulus beistand. Hier schloss er sich auch wieder eng an Petrus an und schrieb wohl auch sein Evangelium. Nach dem Tod von Petrus soll er in den Orient gezogen sein und dort missioniert haben. Sein weiteres Leben und Wirken liegen im Dunkeln, allerdings existieren darüber mehrere Legenden; eine davon erzählt, wie er zum Patron von Venedig wurde und den bis dahin dort verehrten Schutzheiligen Theodor verdrängte. Venezianische Kaufleute sollen angebliche Markus-Reliquien 829 aus Alexandrien (wo er nach einer der Legenden Bischof gewesen war) gestohlen und nach Venedig gebracht haben. Dort erbaute man zur Aufbewahrung der Gebeine eine Kirche, die 836 feierlich eingeweiht wurde: aus diesem Gotteshaus wurde der heutige Markusdom von Venedig. Auch im Marien-Markus-Münster auf der Bodenseeinsel Reichenau wird bis heute eine Reliquie verehrt. Neuere Untersuchungen erwägen, dass es sich beim Paulus-Begleiter Markus und dem Verfasser des Markus-Evangeliums um zwei verschiedene Personen handelt. – Gedenktag: 25. April

Markus Barkworth (um 1570–1601), Ordensmann, Märtyrer – Gedenktag: 27. Februar;
Markus Stephan Crisinus (1580–1619), Priester, Märtyrer – Gedenktag: 7. September;
Marcus von Aviano (1631–1699), Ordensmann, Prediger – Gedenktag: 13. August

Markus Babbel (dt. Fußballspieler), Markus Lüpertz (dt. Maler), Markus Wasmeier (dt. Skirennläufer) – Mark Spitz (amerik. Schwimmer), Mark Twain (amerik. Schriftsteller), Marc Chagall (russ.-franz. Maler), Marco Rehmer (dt. Fußballspieler)

Martin

Lat. Martius, zu Mars (röm. Kriegsgott) gehörig, kriegerisch

Martinus, Märtin, Märten, Märte, Märtel, Märti, Martl, Martel, Mart, Marti, Martti, Martie, Marty, Marte, Martili, Mirtel, Tienes, Mertin, Merten, Mertel, Marten, Marton, Maarten, Maart, Maartinus, Martien, Martijn, Morten, Morton, Mort, Martino, Marcin, Mártoni

Martin von Tours. Bischof. Seine Idee, mönchische Askese mit dem Apostolat zu verbinden, wurde zum Vorbild für das ganze abendländische Mönchtum. Die Szene der Mantelteilung, seine Hilfe für einen frierenden Bettler, ist eines der am häufigsten dargestellten Kunstmotive aus dem großen Schatz der Heiligenlegenden. Geboren 316/317 in Claudia Sabaria, dem heutigen Szombathely in Ungarn, als Sohn eines heidnischen römischen Militärtribuns, kam er als Kind in Pavia, Italien, wohin der Vater versetzt worden war, in Kontakt mit dem Christentum. Im Alter von zehn Jahren entschied er, die Taufe zu empfangen und Mönch zu werden. Doch der Vater zwang ihn, Soldat zu werden, und so trat er 15-jährig in die Armee ein. Drei Jahre später, er war jetzt in Gallien stationiert, erblickte er eines Tages am Stadttor von Amiens mitten im eiskalten Winter einen nackten Bettler. Er nahm sein Schwert, teilte seinen Reitermantel und gab dem Mann die eine Hälfte davon. In der folgenden Nacht, so erzählt die Legende, erschien ihm im Traum Jesus, bedeckt mit der Mantelhälfte, und sprach:

Martin von Tours, Bischof

»Martin, der noch nicht getauft ist, hat mich damit bekleidet.« Kurz darauf empfing er die Taufe. Jahre später, nach seinem Ausscheiden aus der Armee, wurde er Schüler des berühmten Hilarius. 361 gründete er in Ligugé das erste Kloster Galliens, wahrscheinlich auch das erste Kloster in Europa überhaupt. Überall, wo er missionierte, gewann er die Herzen der Menschen, und sie forderten auch, dass er 371 zum neuen Bischof von Tours ernannt wurde. Nach seiner Wahl lehnte er es ab, im Bischofspalast zu wohnen, sondern errichtete sich in der Nähe eine kleine Einsiedelei, um darin bescheiden als Mönch zu leben. Aus ihr entwickelte sich die Abtei Marmoutier, die er im Laufe seiner 25 Jahre währenden Amtszeit zu einer berühmten Schule zukünftiger Missionare und Bischöfe machte. Er selbst missionierte unermüdlich in ganz Gallien, in großer Liebe zu den Menschen warb er bei den Heiden für den christlichen Glauben und ertrug dabei auch, immer und jedem verzeihend, Anfeindungen und Verleumdungen. Seine Liebe zu den Armen, die oft ausgebeutet wurden, war besonders groß. Mit seinem ausgeprägten Gerechtigkeitssinn versuchte er überall, wo er konnte, zu helfen. Sein Ruf drang so weit hinaus, dass er bald zu den meistverehrten Kirchenpersönlichkeiten des 4. Jh. gehörte. Am 8. November 397 starb er, inzwischen über 80 Jahre alt. An seiner Beisetzung am 11. November 397 nahm eine kaum überschaubare Menschenmenge teil, darunter über 2000 Mönche aus ganz Gallien, die um ihr großes Vorbild trauerten. Über seinem Grab in Tours wurde eine kleine Kirche errichtet, die man nach seinem Mantel »capella« nannte; daher stammt der Name Kapelle. – Gedenktag: 11. November

MARTIN I. (um 600–655), Papst, Märtyrer – Gedenktag: 16. September;
MARTIN VON PORRES (1569–1639), Ordensmann – Gedenktag: 5. November;
MARTIN LUMBERAS (1598–1632), Ordensmann, Märtyrer – Gedenktag: 11. Dezember

Martin Heidegger (dt. Philosoph), Martin Luther (dt. Reformator), Martin Luther King (amerik. Menschenrechtskämpfer), Martin Niemöller (dt. Theologe), Martin Scorsese (amerik. Filmregisseur), Martin Walser (dt. Schriftsteller) – Martinus J. G. Veltman (holl. Physiker, Nobelpreisträger), Martti Ahtisaari (finn. Politiker), Marty Feldman (amerik. Filmschauspieler), Morten Olsen (dän. Fußballspieler), Morton Rhue (amerik. Schriftsteller)

Matthias

GRIECH. MATHTHIAS, ARAM. MATTAI, GESCHENK GOTTES

Mathias, Mattias, Matheis, Matthies, Mathis, Mathi, Mattes, Mades, Mats, Matz, Hias, Hies, Hiesl, Heis, Deis, Theis, Thies, This, Ties, Thaisen, Tewes, Tigges, Mathew, Matthew, Matt, Mat, Mati, Matty, Matti, Mattie, Mattis, Mathieu, Matthieu, Mathie, Mathy,

Mattia, Matías – Andere Form: Matthäus; Matteo, Matous, Mateusz, Matwei

MATTHIAS. Apostel. Die Apostelgeschichte berichtet, wie Matthias in den Kreis der Zwölf Apostel kam: Nachdem Judas Jesus verraten hatte, musste ein Nachfolger für den Verräter gefunden werden. Das Los fiel auf ihn, der zuvor wohl dem Kreis der 72 Jünger angehört hatte. Die Überlieferungen sagen, dass er wahrscheinlich einer der Männer war, die von der Taufe des Johannes bis zum Empfang des Heiligen Geistes an Pfingsten alles miterlebten, auch die Auferstehung Christi. Danach soll er Palästina verlassen und »im äußeren Äthiopien« das Evangelium verkündet haben. Verlässliche Berichte über sein weiteres Leben und seinen Tod existieren jedoch nicht. Eine der Legenden sagt, er sei als Märtyrer in Äthiopien gestorben, eine andere berichtet Folgendes: Als er in Mazedonien wirkte, wollten die Ungläubigen seine »Heiligkeit« auf die Probe stellen; sie reichten ihm einen Becher mit vergiftetem Wein, um zu sehen, was er tun würde. Er sprach den Namen Christi und trank den Wein in einem Zug aus, und er blieb völlig unversehrt. Dann heilte er 250 Menschen, die von dem vergifteten Wein getrunken hatten und erblindet waren. Danach sei er nach Judäa zurückgekehrt und dort zu Tode gesteinigt worden. Die abendländische Kirche sagt, er sei in Mazedonien geblieben und dort eines friedlichen Todes gestorben. So mit Legenden umrankt wie seine Lebensgeschichte ist auch die seiner Gebeine. Angeblich entdeckte Kaiserin Helena die Reliquien und brachte sie nach Rom. Später sollen sie in ihrem Auftrag in ihre Heimatstadt Trier überführt worden sein, wo sie 1050 und 1127 erhoben wurden. In der dortigen Matthias-Basilika zeigt man bis heute das einzige Apostelgrab nördlich der Alpen. Auch die Kirche S. Giustina in Padua erklärt, im Besitz von Reliquien zu sein. Um die Person des Heiligen entwickelte sich ein starkes Brauchtum; im bäuerlichen Kalender ist der 24. Februar ein Lostag (»Matheis bricht's Eis«). – Gedenktag: 24. Februar; im neuen römischen Kalender: 14. Mai

MATTHÄUS (1. Jh.), Apostel, Evangelist – Gedenktag : 21. September;
MATTHÄUS VON GIRGENTI AGRIGENT (um 1400–1450), Bischof – Gedenktag: 7. Januar

Matthias Claudius (dt. Lyriker), Matthias Grünewald (dt. Maler), Matthias Reim (dt. Schlagersänger), Matthias Wissmann (dt. Politiker) – Mats Wilander (schwed. Tennisspieler), Matthew Broderick (amerik. Filmschauspieler), Matt Damon (amerik. Filmschauspieler), Matti Hautamäki (finn. Skispringer), Mathieu Carrière (dt. Schauspieler), Matthäus Merian (dt. Topograph)

Max

EIGENSTÄNDIGE KURZFORM VON > MAXIMILIAN, LAT. MAXIMUS, MAXIMIANUS, DER ERHABENSTE, GRÖSSTE, ÄLTESTE

MAX JOSEF METZGER (1887–1944), *Priester aus Schopfheim, war ein Vorkämpfer der deutschen Friedensbewegung. Bereits im Ersten Weltkrieg als Divisionspfarrer ein kämpferischer Pazifist, gründete er 1919 die Christkönigs-Gesellschaft. Im Dritten Reich war er ein entschiedener Gegner des Nationalsozialismus; als 1943 ein von ihm verfasstes Memorandum über einen künftigen deutschen Friedensstaat in die Hände der Gestapo fiel, wurde er verhaftet und am 17. April 1944 hingerichtet.*

Max Frisch (schweiz. Schriftsteller), Max Liebermann (dt. Maler), Max Morlock (dt. Fußballspieler), Max Planck (dt. Physiker, Nobelpreisträger), Max Raabe (dt. Chansonsänger), Max Schmeling (dt. Boxer)

Maximilian

LAT. MAXIMUS, DER ERHABENSTE, GRÖSSTE, ÄLTESTE

> *Max, Maxi, Maxe, Maxim, Maxime, Maximus, Maximianus, Maximian, Maximin, Maximinus, Maximinianus, Maximinian, Massimilien, Maximilien, Maxence, Maxime, Massimo, Massimino, Massimiliano, Massiminiano, Maksim*

MAXIMILIAN KOLBE. Priester, Märtyrer. Er ist einer der großen Heiligen des 20. Jh. Rajmund Kolbe wurde am 7. Januar 1894 in Zdunska-Wola in Polen als Sohn einer armen Handwerkerfamilie geboren. 17-jährig trat er dem Franziskanerorden bei und nahm den Namen Maximilian an. Er studierte in Rom und empfing dort 1918 die Priesterweihe. 1922 kehrte er nach Polen zurück. Sein ganzes Wirken galt nun dem Presseapostolat; er gründete die Zeitschrift »Ritter der Immaculata«, die bis 1939 eine Millionenauflage erreichte. 1930 ging er in die Mission nach Japan. 1936 kehrte er nach Polen zurück, eröffnete eine katholische Radiostation und predigte während der Besatzungszeit durch die Deutschen mutig gegen den Nationalsozialismus. Im Mai 1941 wurde er von der Gestapo verhaftet und ins Konzentrationslager Auschwitz überführt. Die Nationalsozialisten wollten die Stimme des ihnen unbequem gewordenen Franziskanerpaters, der sich zuvor durch keine Drohung hatte einschüchtern lassen, zum Schweigen bringen. Er wurde gefoltert und seelisch misshandelt, aber sein Wille war nicht zu brechen. Im Juli 1941 sonderte der Lagerleiter zehn Gefangene aus, die in den Hungerbunker

Maximilian Kolbe, Märtyrer

eingeschlossen werden sollten; einer von ihnen war ein polnischer Familienvater, der schluchzend zusammenbrach und nach seinen Kindern rief. Kolbe, der alles mit ansehen musste, trat aus der Reihe derer, die verschont geblieben waren, hervor und bot sein Leben für das des Todgeweihten an. Der Lagerleiter akzeptierte den Tausch und ließ ihn mit den neun anderen Gefangenen sofort in den Hungerbunker einsperren. Dort wurde er am 14. August 1941 mit einer Spritze getötet; als einziger der zehn Eingesperrten hatte er den Hungerbunker so lange überlebt. Papst Johannes Paul II. sprach ihn am 10. Oktober 1982 in Rom heilig. Der gerettete Pole nahm zusammen mit seiner Ehefrau an der Feier im Petersdom teil. – Gedenktag: 14. August

MAXIMINUS VON TRIER (2. H. 3. Jh.–346), Bischof – Gedenktag: 12. September;
MAXIMILIAN VON LORCH (3. Jh.), Bischof, Märtyrer – Gedenktag: 12. Oktober;
MAXIMUS CONFESSOR (580–662), Mönch, Theologe – Gedenktag: 13. August

Maximilian Harden (dt. Publizist), Maximilian Schell (schweiz. Schauspieler) – Maxim Gorki (russ. Schriftsteller), Maximilien de Robespierre (franz. Revolutionär), Massimo Rocchi (ital. Filmschauspieler)

Michael

HEBR. MI-KHA-EL, WER IST WIE GOTT?

Michel, Michl, Michaelis, Micha, Michi, Mikel, Mickel, Mechel, Mekel, Geel, Mick, Mike, Mickey, Micky, Mich, Michon, Michele, Michaele, Miguel, Miquel, Michiel, Michiels, Mikael, Michal, Michail, Mischa, Minja, Mihály, Mika, Miko, Michalis, Mikis

MICHAEL. Erzengel. Er wird als Patron der katholischen Kirche verehrt und als Schutzheiliger des deutschen Volkes (der »Deutsche Michel«). Die Beinamen, die er trägt, zeigen die hohe Verehrung, die er auf der ganzen Welt genießt: Engel der Gerechtigkeit, Hüter des Paradieses, Engelsfürst, Beschützer der Kirche Christi, Fürst der Seelen, Vertrauter Gottes. Am 8. Mai 495 soll er auf dem Monte Sant'Angelo in Apulien, Italien, mehreren Hirten erschienen sein, worauf sich der Kult im Abendland rasch verbreitete; der Erscheinungsort gilt als eines der ältesten Michael-Heiligtümer der Erde. Die berühmte Atlantik-Abtei Mont-Saint-Michel in der Normandie, ebenfalls ein viel besuchter Wallfahrtsort, entstand 709 unter Bischof Autbert, der den Erzengel in einer Vision auf einem Felsen im Meer gesehen hatte. Der Gedenktag am 29. September existiert seit dem 5. Jh., als Papst Leo I. an diesem Datum in Rom die Kirche S. Michele weihte. Seit 1969 wird aller drei Erzengel (Michael, Gabriel und Raphael) am 29. September gedacht. Der Michaelstag ist ein Wetter- und Lostag im bäuerlichen Kalender. – Gedenktag: 29. September

MICHAEL CARVALHO (1577–1623), Ordensmann, Märtyrer – Gedenktag: 25. August;
MICHAEL DE SANCTIS (1591–1625), Ordensmann, Mystiker – Gedenktag: 10. April

Michael Douglas (amerik. Filmschauspieler), Michael Ende (dt. Schriftsteller), Michael Groß (dt. Schwimmer), Michael Moore (amerik. Schriftsteller), Michael Schumacher (dt. Autorennfahrer) – Michel Piccoli (franz. Filmschauspieler), Michel Sardou (franz. Schlagersänger), Mick Jagger (engl. Rocksänger), Mike Krüger (dt. Schlagersänger), Mike Oldfield (engl. Popsänger), Mickey Rourke (amerik. Filmschauspieler), Miguel de Cervantes (span. Schriftsteller), Miguel Induráin (span. Radrennfahrer), Mikael Niemi (finn. Schriftsteller), Michail Gorbatschow (russ. Politiker), Mika Häkkinen (finn. Autorennfahrer), Mikis Theodorakis (griech. Sänger, Komponist)

Moritz

EINGEDEUTSCHTE FORM VON LAT. MAURITIUS, WEITERBILDUNG VON MAURUS, DER MANN AUS MAURETANIEN, DER MAURE, DER MOHR; GRIECH. MAUROS, DUNKEL

Moriz, Mauritz, Mauriz, Maurus, Maurits, Morris, Maurice, Maur, Maurizio, Mauro, Maurino, Maurilio, Mauricio, Maurino, Maurin, Murillo, Móric

MAURITIUS VON AGAUNUM. Märtyrer. Über Jahrhunderte genoss er große Verehrung als Militärheiliger. Ende des 3. Jh. befehligte er die Thebäische Legion, eine Truppe aus der Thebäis in Ägypten, deren Soldaten alle Christen waren. Als er und seine Männer sich standhaft weigerten, dem Christenglauben abzuschwören und an einer von Kaiser Maximianus angeordneten Christenverfolgung teilzunehmen, wurde er mit seinen Soldaten im Lager in Agaunum (St-Maurice im Wallis, Schweiz) von kaiserlichen Vasallen ermordet; die Überlieferungen berichten, dies sei zwischen 280 und 300 geschehen. Um 380 fand man die Gebeine der Märtyrer wieder auf, worauf man über dem Fundort eine Kirche errichtete, die sich rasch zum großen Wallfahrtsort entwickelte. Durch die Pilger verbreitete sich der Kult der Thebäischen Legion und ihres Anführers bald in ganz Europa. In der Abtei St-Maurice im gleichnamigen Ort stehen bis heute die prachtvollen Reliquiare der Märtyrer. – Gedenktag: 22. September

MAURUS VON SUBIACO (6. Jh.), Abt – Gedenktag: 15. Januar; MAURINUS VON KÖLN (10. Jh.), Märtyrer – Gedenktag: 10. Juni; MAURITIUS PANNONIUS (um 1280–1336), Ordensmann – Gedenktag: 20. März

Moritz Bleibtreu (dt. Schauspieler), Ernst Moritz Arndt (dt. Schriftsteller), Moritz von Schwind (dt. Maler) – Maurits Cornelis Escher (niederl. Grafiker), Morris Louis (amerik. Maler),

Maurice Chevalier (franz. Filmschauspieler, Chansonier), Maurice Ravel (franz. Komponist), Maurizio Pollini (ital. Pianist)

N

Ni(e)ls

KURZFORM VON > NIKOLAUS ODER VON > DENNIS

Niklas

KURZFORM VON > NIKOLAUS

Nikolaus

GRIECH. NIKÓLAOS, NIKÉ, SIEG, UND LAOS, VOLKSMENGE = (BE-)SIEGER DES VOLKES

Niklaus, Nicolaus, Niculaus, Nicolau, Nicolas, Nicholas, Nikolas, Niklas, Niclas, Niku, Nico, Niko, Niculin, Nick, Nic, Niclo, Nikol, Nicol, Nicole (auch weiblicher Vorname), Niki, Nik, Nicki, Nikki, Nickel, Nikkel, Nigg, Nils, Niels, Nels, Nisse, Nitsche, Neklas, Kai, Kaie, Key, Keye, Kei, Kay, Kaj, Colin, Cola, Nicola (auch weiblicher Vorname), Nicolò, Niccolò, Nicoletto, Nicolaas, Nikolaas, Nikolow, Nikolai, Nicolai, Nicolaj, Nikita, Kolja, Mikola, Mikolás, Mikolaj, Miklas, Miklós, Kolas, Mikosch, Mikus, Nicos, Nikolaos – Auch > Klaus; Claus, Klas, Klaas, Clos, Claas, Claes

NIKOLAUS VON MYRA. Bischof. Nothelfer. Seit Jahrhunderten gehört er zu den beliebtesten Volksheiligen in West und Ost. Er ist der Freund der Kinder, der Patron für eine glückliche Heirat und der Schutzheilige ebenso für Gefangene wie für Reisende, Bäcker und Metzger. Im Osten ist er nach Maria die meistverehr-

Nikolaus von Myra, Bischof, Nothelfer

te Heiligengestalt. Der Nikolaustag gehört zu den festen Ereignissen im Jahreslauf, vor allem für die Kinder. Weltweit gibt es dazu die unterschiedlichsten Bräuche. Geboren wurde Nikolaus wahrscheinlich in Patras in Griechenland. Wohl in der ersten Hälfte des 4. Jh. wurde er Bischof von Myra, heute Demre, Türkei. Verschiedene Überlieferungen berichten, er sei in der Christenverfolgung des Galerius Valerius Maximinus im Kerker schwer misshandelt worden. Danach, noch gezeichnet von den Folterungen, habe er am berühmten Konzil von Nicäa (325) teilgenommen; gestorben sei er 327. Andere Quellen nennen als Todeszeitpunkt die Jahre zwischen 342 und 351. Der Verehrungskult breitete sich ab Mitte des 6. Jh. aus, griff auf die gesamte griechische Kirche über, später auch auf die slawischen Länder. Die stärkste Verehrung genoss Nikolaus ab dem 8. Jh. in Russland. Etwa im 10. Jh. kam der Kult durch Kaiserin Theophanu nach Deutschland, Frankreich und England. Nachdem italienische Seefahrer die Gebeine 1087 aus Myra gestohlen und in einem Holzfass versteckt in das zu jener Zeit von den Normannen regierte Apulien gebracht hatten, begann seine Verehrung in Italien. In der apulischen Stadt Bari weihte Papst Urban II. 1089 die Basilika S. Nicola, die zur Aufbewahrung der Reliquien errichtet worden war und bis heute existiert. In Demre zeigt man heute in der Nikolaus-Basilika den leeren Steinsarkophag (mit einem großen Loch auf der Vorderseite). Der Brauch, dass Kinder am Nikolaustag oder am Vorabend beschenkt werden, geht auf die so genannte Schülerlegende zurück: Im Mittelalter war es in Klosterschulen Brauch, dass im »Bischofsspiel« einmal im Jahr ein Schüler die Funktion des Abtes oder des Bischofs übernahm und über das Kloster und die Schule »herrschte«. Ursprünglich fand dies am 28. Dezember statt, aber ab dem 14. Jh. war der 6. Dezember der Kinderbischofstag. – Gedenktag: 6. Dezember

NIKOLAUS GIUSTINIANI (um 1110–um 1180), Ordensmann, Bekenner – Gedenktag: 21. November;
NIKOLAUS VON TOLENTINO (um 1245–1305), Ordensmann – Gedenktag: 10. September;
NICOLAUS HERMANNI (um 1330–1391), Bischof von Linköping – Gedenktag: 2. Mai;
NIKLAUS VON DER FLÜE (Bruder Klaus) > Klaus

NIKOLAUS GROSS (1898–1945) *war zunächst Bergmann, bevor er sich ab 1926 aktiv beim Verband katholischer Arbeitervereine engagierte, aus dem sich die Katholische Arbeitnehmer-Bewegung (KAB) entwickelte. Schon ab 1929 warnte er in Schriften und Blättern vor den Nationalsozialisten und vor Hitler. Die christliche Familie bezeichnete er als »besten Schutz gegen den Nationalsozialismus«. Nach dem gescheiterten Hitler-Attentat vom 20. Juli 1944 wurde er verhaftet und hingerichtet.*

Nikolaus Brender (dt. TV-Intendant), Nikolaus Kopernikus (dt. Astronom) – Nicolas Cage (amerik. Filmschauspieler), Nicolas Poussin (franz. Maler), Nicholas Ray (amerik. Filmregisseur), Niklas Luhmann (dt. Soziologe), Nico Dostal (österr. Komponist), Nick Heidfeld (dt. Autorennfahrer), Niki Lauda (österr. Autorennfahrer), Niels Bohr (dän. Physiker, Nobelpreisträger), Kai Pflaume (dt. TV-Moderator), Kaj Munk (dän. Schriftsteller), Colin Powell (amerik. Politiker), Cola di Rienzo (altröm. Politiker), Niccolò Machiavelli (ital. Schriftsteller), Nicolaas Bloembergen (niederl.-amerik. Physiker, Nobelpreisträger), Nikolai Gogol (russ. Schriftsteller), Nicolai Gedda (schwed. Opernsänger), Nicolaj Berdjajev (russ. Philosoph), Nikita Chruschtschow (russ. Politiker), Miklós Horthy (ungar. Politiker), Nicos Kasantzakis (griech. Schriftsteller) – Auch > Klaus

Norbert

AHDT. NORD, NORDEN, UND BERAHT, GLÄNZEND, BERÜHMT = DER IM NORDEN BERÜHMTE

Nordbert, Norbertus, Norberto, Noberto

NORBERT VON XANTEN. Ordensgründer. Als er den Tod kommen fühlte, sagte er: »Ich war am Hofe, ich lebte im Kloster, ich stand in hohen Ehrenämtern der Kirche – und ich habe überall gelernt, dass es nichts Besseres gibt, als sich ganz Gott hinzugeben.« Geboren um 1082 wahrscheinlich auf der Burg Gennep am Niederrhein als Sohn eines Ritters, führte er zunächst ein weltliches Leben als Stiftsherr in Xanten. Nach der Legende war es ein Blitzstrahl während eines Ausrittes, der ihn so tief berührte, dass er, die Todesnähe fühlend, ein neues Leben gelobte. 1115 empfing er, inzwischen über 30 Jahre alt, die Priesterweihe. Von nun an zog er barfuß als Wanderprediger durch Deutschland, Frankreich und Belgien. Er aß kaum etwas, schlief so gut wie nie und verausgabte sich völlig. Mit seinem Charisma und seinen mitreißenden Predigten lockte er überall die Menschenmassen an. Als er schließlich vollkommen erschöpft war, zog er sich mit einigen Gefährten in einen einsamen Wald in Nordfrankreich zurück und gründete 1120 in dem Ort Prémontré eine Gebetsgemeinschaft, der er die Augustinerregel gab. Nach und nach entstand ein Reformorden der Augustiner-Chorherren, dessen Mitglieder sich Prämonstratenser (nach Prémontré) nannten; nach ihrem Gründer werden sie auch Norbertiner genannt. 1126 wurde er zum Erzbischof von Magdeburg ernannt, einem völlig heruntergekommenen Bistum. Umjubelt von der Bevölkerung, die große Hoffnungen auf ihn setzte, zog er barfuß in die Stadt ein. Innerhalb kürzester Zeit führte er die Diözese wieder zur Blüte. Am 6. Juni 1134 starb er in Magdeburg, seine Gebeine ruhen heute in der Prämonstratenserabtei Strahov in Prag. 1582 Heiligsprechung. – Gedenktag: 6. Juni

Norberto di Santa Maria dell'Orto (1829–1911), Professpriester – Gedenktag: 29. Juni

Norbert Blüm (dt. Politiker), Norbert Schramm (dt. Eiskunstläufer), Norbert Schultze (dt. Komponist)

O

Olaf

Altnord. anleifr, Nachkomme des (göttlich verehrten) Urahns

Olav, Olafr, Oleifr, Olof, Olov, Oluf, Ola, Ole, Olle, Olavo, Olao, Olau, Olaus

Olaf II. Haraldsson der Heilige. König, Märtyrer. Obwohl er vor 1000 Jahren lebte, ist sein Kult in Norwegen noch heute stark und lebendig. Die große Verehrung für ihn hat nie nachgelassen. Er ist der Landespatron von Norwegen. Geboren 995 als Sohn von Harald von Norwegen, folgte er seinem Vater 1015 auf dem Thron. Mit Leidenschaft setzte er sich in der Folge für die Christianisierung seiner Untertanen ein, holte Missionare aus England und Deutschland ins Land und errichtete Kirchen und Klöster. Zusammen mit Priestern und Mönchen reiste er bis in die entlegensten Winkel, sogar bis nach Grönland und Island, um das Evangelium zu verbreiten. Er hatte große Erfolge, aber seine Härte bei der Umsetzung der Christianisierung brachte ihm auch Feinde. 1028 wurde er von Stammesfürsten seiner Krone beraubt und ins Exil vertrieben. Beim Versuch, sein Land zurückzuerobern, fiel er am 29. Juli 1030 bei Stiklestad. Unmittelbar danach begann seine kultische Verehrung; 1031 wurde sein Leichnam mit allen Ehren in der Klemenskirche in Nidaros beigesetzt. Später gelangten die Gebeine nach Trondheim.

Über der Aufbewahrungsstätte entstand der Dom, der zum Wallfahrtsort wurde. – Gedenktag: 29. Juli

Hans Olaf Henkel (dt. Industrieller), Olaf von Norwegen (König), Olaf Thon (dt. Fußballspieler) – Olav Gulbransson (norweg. Illustrator), Olof Palme (schwed. Politiker), Per Olov Enquist (schwed. Schriftsteller), Ole von Beust (dt. Politiker)

Oliver

ALTFRANZ. OLIVIER, OLIVENBAUM, OLIF, OLIVENZWEIG. LAT. OLIVARIUS, OLIVENBAUMPFLANZE

Olivier, Olli, Ollie, Ol, Noll, Oliviero, Oliverto

OLIVER PLUNKET. Erzbischof, Märtyrer. Reliquien des irischen Heiligen werden in Irland und in England verehrt, aber auch in Lamspringe im Bistum Hildesheim; dort findet jedes Jahr im August eine Reliquienprozession statt, bei welcher ein Schrein mit Reliquien des Märtyrers durch die Ortschaft getragen wird. Geboren 1629 in Loughcrew, Irland, studierte er in Rom Theologie und empfing 1654 die Priesterweihe. 1669 wurde er zum Erzbischof von Armagh und zum Primas von Irland ernannt. Kraftvoll begann er, die irische Kirche wiederherzustellen, was aber weiterhin lebensgefährlich war, denn die Katholiken waren immer noch schwersten Verfolgungen ausgesetzt. Er kümmerte sich um die Ausbildung des Klerus, reformierte die Ordensgemeinschaften und sorgte dafür, dass auch entlegenste Orte im Land Seelsorger erhielten. Ab 1674 konnte er nur noch aus dem Verborgenen wirken, da weitere antikatholische Gesetze in Kraft getreten waren. Auf Grund falscher Beschuldigungen wurde er 1679 verhaftet und in einem Scheinprozess mit Hilfe von gekauften falschen Zeugen zum Tod verurteilt; der Urteilsspruch lautete auf »Hochverrat«. Kurz vor seiner Ermordung trat er im Gefängnis vor dem ebenfalls inhaftierten Ordensoberen dem Benediktinerorden bei. Am 11. Juli 1681 wurde er in Tyburn/London gehängt und gevierteilt. Ein Benediktiner, der mit ihm im Kerker eingesessen hatte, brachte den Leichnam später in das Benediktinerkloster Lamspringe, das ab 1643 von englischen und schottischen Benediktinern besiedelt war. 1883 übertrug man den Großteil der Reliquien nach Downside in Südengland, ein kleiner Teil blieb in Lamspringe. 1975 Heiligsprechung. – Gedenktag: 11. Juli

Oliver Bierhoff (dt. Fußballspieler), Oliver Hardy (amerik. Filmschauspieler), Oliver Kahn (dt. Fußballtorwart), Oliver Stone (amerik. Filmregisseur) – Olivier Messiaen (franz. Komponist), Olli Dittrich (dt. TV-Kabarettist)

Otto

EIGENSTÄNDIGE KURZFORM AUS NAMEN, DIE SICH MIT OT- ODER OD-ZUSAMMENSETZEN, Z. B. OTFRIED, OTWIN; AUCH ENTSTANDEN AUS ODO

Otte, Ott, Otl, Otho, Odo, Oddo, Odde, Odd, Ode, Udo (auch > Ulrich), Utto, Uto, Onno, Ono, Unno, Okko, Okke, Obbo, Ontje, Otil, Ossel, Othon, Odon, Othello, Otello, Ottone, Ottorino

OTTO VON BAMBERG. Bischof, Apostel von Pommern. Er ist der Patron des Erzbistums Bamberg und der Diözese Berlin und wird als Begründer der Kirche von Pommern verehrt. Geboren um 1061 aus schwäbischem Adel, bewegte er sich ab 1088 im Umfeld von Kaiser Heinrich IV., dem er eng verbunden war; er blieb auch bei ihm, als während des Investiturstreits der Bann über Heinrich verhängt wurde und er den Gang nach Canossa antrat. Als Dank für die Treue ernannte ihn Heinrich 1102 zum Bischof von Bamberg; die Weihe empfing er 1106 von Papst Paschalis II. Dadurch besaß er die Legitimation sowohl des Kaisers als auch des Papstes, eine während des Investiturstreits bemerkenswerte Tatsache. In den folgenden Jahren bemühte er sich unermüdlich um eine Versöhnung zwischen beiden Institutionen und konnte schließlich den Kompromiss des Wormser Konkordats von 1122 vorbereiten. Zwischen 1124 und 1128 gründete und organisierte er auf Bitten von Boleslaw von Polen die Kirche von Pommern. Er gründete und förderte Klöster verschiedener Orden wie Zisterzienser und Prämonstratenser und baute ein Netz von Missionaren auf, die in kurzer Zeit über 22 000 Menschen tauften. Auch im Bistum Bamberg wirkte er unermüdlich, gründete Pfarreien, stärkte den Klerus und hielt mehrere wichtige Synoden ab. Er starb am 30. Juni 1139 und wurde im Kloster Michaelsberg beigesetzt; das Grab wurde zur Wallfahrtsstätte. – Gedenktag: 30. Juni

UTTO (UDO) VON METTEN (um 745–829), Abt – Gedenktag: 3. Oktober;
OTTO VON FREISING (um 1112–1158), Bischof – Gedenktag: 22. September;
OTHO (um 1195–1220), Missionar, Märtyrer – Gedenktag: 16. Januar

Otto von Bismarck (dt. Reichskanzler), Otto Dix (dt. Maler), O.W. Fischer (dt. Filmschauspieler), Otto Klemperer (dt. Dirigent), Otto Preminger (österr.-amerik. Filmregisseur), Otto Schily (dt. Politiker), Otto Waalkes (dt. Komiker) – Otl Aicher (dt. Grafiker), Odd Hassel (norweg. Politiker), Udo Jürgens (österr. Schlagersänger), Udo Lindenberg (dt. Rocksänger), Ottorino Respighi (ital. Komponist)

P

Patrick

IR.-ENGL. VON RÖM. PATRICIUS, DER PATRIZIER, DER HOHE ADLIGE

Patric, Patrik, Patricius, Patrizius, Patriz, Pat (auch weiblicher Vorname), Paddy, Paddie, Patty (auch weiblicher Vorname), Padraic, Padraig, Padrig, Patrice, Paris (auch weiblicher Vorname), Patrizio, Patrico, Patricio, Patrikej, Patrikij

PATRICK. Bischof, Apostel Irlands. Der 17. März, der St. Patrick's Day, ist in Irland ein fröhlicher Festtag. Die Menschen feiern ihren Nationalheiligen und tragen in Erinnerung an ihn ein dreiblättriges Kleeblatt – sein Attribut – am Hut oder an der Kleidung. Das Kleeblatt, mit dessen Hilfe der Bischof den Heiden die Dreifaltigkeit erklärt haben soll, ist seit dem 5. Jh. das Nationalsymbol Irlands. Geboren um 385 in Westengland, das damals unter römischer Herrschaft stand, erhielt Patrick eine christliche Erziehung. Seine Familie führte aber ein sehr weltliches Leben. Im Alter von etwa 16 Jahren wurde er von Seeräubern nach Irland verschleppt, wo er fortan als Sklave arbeiten musste. In dieser Zeit erlebte er eine starke Wandlung und fühlte sich Gott sehr nah. Nach sechs Jahren gelang ihm die Flucht. Er zog auf den Kontinent und vervollständigte in verschiedenen Klöstern seine Bildung. Um 432 wurde er, wahrscheinlich in Gallien, zum Bischof geweiht und kehrte, einer inneren Stimme folgend, nach Irland zurück. Mit der Zustimmung

Patrick, Apostel Irlands

und unter dem Schutz der meisten irischen Stammeskönige begann er seine fruchtbare Missionsarbeit unter den Heiden. Unermüdlich war er in den folgenden Jahren gemeinsam mit seinen Missionsgefährten in ganz Irland unterwegs. Überall gründete er Kirchen, Klöster und Schulen und verkündete das Evangelium. Mönchskirchen machte er zu Bischofssitzen und organisierte so die katholische Kirche in Irland von Grund auf für die folgenden Jahrhunderte. Um 440 richtete er sich seinen Bischofssitz in Armagh ein. Die heidnischen irischen Druiden standen seiner Arbeit immer feindlich gegenüber, oft musste er um sein Leben fürchten. Gegen seine Widersacher verfasste er vor seinem Tod seine berühmte »Confessio«, einen Rechenschaftsbericht über seine Missionsarbeit. Er starb wohl zwischen 457 und 464, wahrscheinlich um 461. Sein Kult gelangte durch die irischen Auswanderer in die ganze Welt, vor allem auch in die USA. – Gedenktag: 17. Dezember

Patrick Kühnen (dt. Tennisspieler), Patrick Lindner (dt. Schlagersänger), Patrick Süskind (dt. Schriftsteller) – Paddy Kelly (ir.-dt. Schlagersänger), Padraig Harrington (ir. Golfspieler), Patrice Lumumba (kongol. Politiker), Pat Cox (ir. Politiker)

Paul

LAT. PAULUS, KLEIN = DER KLEINE

Paulus, Paulinus, Paulos, Paule, Pole, Pale, Paale, Pals, Pols, Pabel, Pagel, Pay, Peye, Pauw, Pauwels, Paulot, Paolo, Paolino, Paulo, Pablo, Paulino, Poul, Pälle, Paavo, Pavel, Pawel, Pál

PAULUS. Völkerapostel, Märtyrer. Er gilt als erster christlicher Theologe überhaupt, als Baumeister des Christentums, als Organisator der katholischen Kirche. Sein Einfluss auf die Theologie wirkte über alle Jahrhunderte und ist noch heute von Bedeutung. Es heißt, dass er es war, der in den Wirren des 1. Jh. die

Paulus, Apostel, Märtyrer

Einheit der Christenheit bewahrt hat. Obwohl er kein eigentlicher Jünger Jesu war, gilt er als Apostel und wird wie Petrus Apostelfürst genannt. Geboren in Tarsos in Kilikien (Türkei) als Sohn jüdischer Eltern, ererbte er von seinem Vater das römische Bürgerrecht, und wie dieser erlernte er zunächst das Zeltmacherhandwerk. Später kam er zum Studium nach Jerusalem und machte bei dem bekannten Lehrer Gamaliel eine Ausbildung zum Rabbi. In Jerusalem wurde der intellektuell hochgebildete Saulus, so sein damaliger Name, zum erbitterten Gegner und Bekämpfer der jungen christlichen Gemeinde; aktiv beteiligte er sich an der Verfolgung von Christen, so bei der Steinigung des Stephanus. Auf dem Weg nach Damaskus, wo er dabei mitwirken sollte, die dortige Christengemeinde auszurotten, geschah die Wandlung, das so genannte Damaskuserlebnis: Vor dem Stadttor erschien ihm der gekreuzigte Jesus, aus Saulus wurde der Apostel Paulus. Die Apostelgeschichte berichtet dreimal über dieses Ereignis, er selbst erwähnt es im Galaterbrief und in einem der Korintherbriefe. Noch in Damaskus ließ er sich taufen, dann zog er nach Arabien, um das Wort Gottes unter den Heiden zu verkünden. Etwa im Jahr 44 brach er zu seinen drei berühmten großen Missionsreisen auf, bei denen er christliche Gemeinden in Kleinasien, Mazedonien und Griechenland gründete. Mit allen Gemeinden blieb er nach seiner Weiterreise in brieflicher Verbindung. Etwa 58 geriet er in Jerusalem in römische Gefangenschaft, Mitte 60 überführte man ihn per Schiff in einer monatelangen Reise nach Rom, wo er nochmals für zwei Jahre in Haft blieb. In dieser Zeit soll er Petrus wieder getroffen haben. Zwischen 63 und 67 erlitt er unter der Herrschaft von Kaiser Nero in Rom das Martyrium, wahrscheinlich durch Enthauptung. Apokryphe Akten berichten, dass sein Haupt dreimal auf der Erde aufschlug und dort drei Quellen entsprangen. Am Beisetzungsort entstand eine Andachtsstätte, die im 4. Jh. in eine große Basilika umgewandelt wurde; heute ist S. Paolo fuori le mura eine der sieben Pilgerkirchen Roms. Die Reliquien werden zusammen mit denen von Petrus im Petersdom, beide Häupter seit 1370 in der Lateranbasilika SS. Giovanni e Paolo in Rom aufbewahrt. Als gemeinsamen Festtag für beide Apostelfürsten legte die Kirche den 29. Juni fest. Im bäuerlichen Brauchtum ist dieser Tag der so genannte »Halbwintertag«. Er gilt als Wetterlostag für die Witterung im Herbst. – Gedenktag: 29. Juni

PAULINUS VON TRIER (um 300–358), Bischof – Gedenktag: 31. August;
PAULINUS VON NOLA (um 353–431), Bischof, Dichter – Gedenktag: 22. Juni;
PAUL MIKI (1562–1597), Ordensmann, Märtyrer – Gedenktag: 6. Februar;
PAUL VOM KREUZ (1694–1775), Ordensgründer, Mystiker – Gedenktag: 19. Oktober

Paul Celan (rumän.-dt. Schriftsteller), Paul Cézanne (franz. Maler), Paul Hindemith (dt. Komponist), Paul McCartney (engl. Popsänger), Paul Newman (amerik. Filmschauspieler) – Paulus Krüger (südafrik. Politiker), Paulo Coelho (portug. Schriftsteller), Pablo Neruda (chilen. Schriftsteller), Pablo Picasso (span. Maler), Paavo Nurmi (finn. Leichtathlet), Pavel Kohout (tschech. Schriftsteller)

Peter

LAT. PETRUS, GRIECH. PETRÓS, FELSEN

Petrus, Pieter, Pitter, Pidder, Pieder, Pit, Pitt, Pitte, Piet, Pitz, Pet, Pete, Petz, Per, Pier, Peer, Peko, Peeke, Peekje, Pike, Pierke, Pierkje, Piertje, Pietje, Pierce, Pierre, Pierrot, Pierrin, Pietro, Piero, Pero, Pierino, Pedro, Petro, Pérez, Petri, Petiri, Petros, Pere, Pertti, Pelle, Pello, Peder, Peider, Pieder, Peet, Pes, Petar, Petr, Piotre, Piotr, Pjotr, Petruschka, Petö

PETRUS. Apostel, Märtyrer. »Du bist Petrus, der Fels, und auf diesen Felsen will ich meine Kirche bauen.« Durch diese Worte von Jesus wurde der Fischer Simon aus Kafarnaum am See Gennesaret zum Apostel Petrus, dem engsten Vertrauten des Gottessohnes, und später als Bischof von Rom zum Oberhaupt der ganzen Kirche, zum ersten Papst. Gemeinsam mit Paulus legte er im 1. Jh. den Grundstein für die katholische Kirche. Nachdem Jesus Petrus – wie auch seinen Bruder Andreas – in den Kreis der Apostel berufen hatte, wurde er zum Wortführer der Zwölf. Nach der Gefangennahme des Gottessohnes verleugnete Petrus ihn dreimal, wie Jesus es vorausgesagt hatte. Er war einer der ersten Zeugen der Auferstehung. Zunächst nahm er in der Gemeinde von Jerusalem eine führende Stellung ein. Dann begab er sich auf Missionsreisen, die ihn am Anfang, wie auch die anderen Urapostel, durch Palästina führten. Später reiste er nach Antiochien und Kleinasien und schließlich nach Rom. Bezeugt

Petrus, Apostel, Märtyrer

ist, dass er beim Apostelkonzil um 48/50 in Jerusalem anwesend war. Dort geriet er, wie auch bei anderen Gelegenheiten, mit Paulus in Streit darüber, welche Form die richtige Missionsarbeit haben sollte. Während eines Aufenthaltes in Rom – wo er um 61 auch Paulus wieder begegnet sein soll – wurde er gefangen genommen und im Jahr 64 oder 67 am Kreuz hingerichtet. Die Überlieferung berichtet, er habe Kaiser Nero, der ihn zum Tod verurteilte, gebeten, mit dem Kopf nach unten sterben zu dürfen, da er nicht würdig sei, wie Jesus Christus aufrecht ans Kreuz genagelt zu werden; so geschah es auch. Über der Grabstätte in Rom errichtete Konstantin der Große im 4. Jh. eine mächtige Basilika. Wo einst die Apsis der Kirche war, befindet sich heute im Petersdom das Petrusgrab; das Gotteshaus gehört zu den wichtigsten und meistbesuchten Stätten der Christenheit. Die Häupter von Petrus und Paulus werden seit 1370 in der Laterankirche SS. Giovanni e Paolo in Rom aufbewahrt. Der 29. Juni wurde als gemeinsamer Festtag für beide Apostelfürsten festgelegt. Seit Mitte des 3. Jh. ist im Westen ein Petrus-Kult nachweisbar; schon im 4. Jh. gab es Petruskirchen in Ravenna und in Konstantinopel. Bis ins 12. Jh. trug ein Großteil aller Bischofskirchen im Westen seinen Namen. – Gedenktag: 29. Juni

Petrus Damiani (1007–1072), Kardinal, Kirchenlehrer – Gedenktag: 23. Februar;
Petrus von Alcántara (1499–1562), Ordensmann, Mystiker – Gedenktag: 19. Oktober;
Petrus Canisius (1521–1597), Ordensmann, Kirchenlehrer – Gedenktag: 21. Dezember;
Peter Friedhofen (1819–1860), Ordensgründer – Gedenktag: 21. Dezember

Abbé Pierre *(Henri Gronès, geb. 1912), »Frankreichs gutes Gewissen« nennt man den Priester und Kapuzinermönch, der 1912 in Lyon geboren wurde. Mit seinem spektakulären Hilferuf im eiskalten Winter 1954, umgehend den Not leidenden Obdachlosen im Land zu Hilfe zu kommen, lös-*

te er in Frankreich eine moralische Revolution aus, und die Regierung ließ in Rekordzeit 12 000 Sozialwohnungen errichten. Die überkonfessionelle Emmaus-Bewegung für Menschen vom Rand der Gesellschaft, die heute in 37 Ländern der Welt tätig ist, ist seine Gründung.

Peter Falk (amerik. Filmschauspieler), Peter Frankenfeld (dt. TV-Unterhalter), Peter Maffay (dt. Sänger), Peter Tschaikowski (russ. Komponist), Peter Ustinov (engl. Schauspieler) – Pieter Breughel (belg. Maler), Piet Mondrian (niederl. Maler), Pete Sampras (amerik. Tennisspieler), Pier Paolo Pasolini (ital. Filmregisseur), Peer Steinbrück (dt. Politiker), Pierce Brosnan (ir. Filmschauspieler), Pierre Cardin (franz. Modeschöpfer), Piero Manzoni (ital. Künstler), Pertti Karppinen (finn. Ruderer)

Philipp

GRIECH. PHILOS, FREUND, UND HIPPOS, PFERD = DER PFERDEFREUND

Philippus, Philip, Phillip, Filipp, Filip, Filippus, Phillyp, Fips, Flips, Phil, Philo, Phlip, Phipp, Phipps, Lipp, Lips, Lipps, Lippus, Leps, Lippel, Lipperl, Lüppo, Lübbo, Philippe, Filippo, Lippo, Pippo, Felipe, Filipe, Filko, Fülöp, File, Filo

PHILIPP NERI. Ordensgründer, Mystiker. Pippo buono wurde er in Rom gerufen, der gute Philipp. Die Menschen, ob jung oder alt, liebten und verehrten den Spaßvogel Gottes und heiligen Komödianten, wie man ihn auch nannte; er gilt als einer der fröhlichsten Botschafter der Kirche. Geboren am 21. Juli 1515 in Florenz, Italien, studierte er zunächst Theologie in Rom und war danach 16 Jahre Hauslehrer in einer Familie. In den Nächten hielt er sich in den römischen Katakomben auf, er hatte Visionen und durchlebte immer wieder mystische Begnadungen. 1544 kam es zu einem einschneidenden Erlebnis, von dem er danach so berichtete: Er sah eine feurige Kugel in seinen Mund eindringen, und sein Herz wurde von einer starken Kraft ausgeweitet. Eine ärztliche Untersuchung ergab danach, dass sich zwei Rippen ohne Fremdeinwirkung nach außen gebogen hatten. Von nun an widmete er sein Leben ganz der Straßenmission in Rom. Mit seiner unkonventionellen Art und den fröhlichen Predigten gewann er schnell die Herzen der Menschen, die er wie ein Magnet anzog. Hohen Kirchenpersönlichkeiten hielt er in seinen öffentlichen Reden immer wieder Prunksucht und lockeren Lebenswandel vor und traf damit genau die Meinung des Volkes. 1551 empfing er die Priesterweihe und schloss sich einer Priestergemeinschaft an; aus dieser entwickelte sich 1552 das so genannte Oratorium, die Keimzelle der Oratorianer, als deren (Mit-)Begründer er gilt und die ihre Aufgabe darin sahen, durch eigene Fröhlichkeit und Begeisterung bei den Menschen die Freude an Gott zu wecken. 1578 ernannte der Papst die Gemeinschaft, die inzwischen stark gewachsen war, zur Kongregation. Bischöfe und Kardinäle suchten inzwischen Philipps Rat, zu seinen engsten Freunden gehörten Karl Borromäus und Ignatius von Loyola. Am 26. Mai 1595 starb er in Rom; eine unübersehbare Menschenmenge nahm an seiner Beisetzung teil. Seine Gebeine ruhen bis heute in einem Glasschrein in der Kirche S. Maria in Vallicella (Chiesa Nuova) in Rom. 1622 Heiligsprechung. – Gedenktag: 26. Mai

PHILIPPUS (1. Jh.), Apostel – Gedenktag: 11. Mai;
PHILIPP VON ZELL (8. Jh.), Einsiedler – Gedenktag: 3. Mai;
PHILIPP JENINGEN (1642–1704), Ordensmann, Mystiker – Gedenktag: 8. Februar;
FILIPPO RINALDI (1856–1931), Ordensgeneral – Gedenktag: 5. Dezember

Philipp Reis (dt. Physiker, Erfinder), Philipp Scheidemann (dt. Politiker), Philipp Vandenberg (dt. Schriftsteller), Prinz Philip (Herzog von Edinburgh) – Phil Collins (engl. Popsänger), Filippo Lippi (ital. Maler), Felipe González (span. Politiker), Felipe von Spanien (Kronprinz)

R

Rainer

AHDT. RAGIN, BESCHLUSS, RAT, UND HERI, HEER

Reiner, Reinar, Rainar, Rainerus, Reinerus, Raginher, Reinher, Renner, Riener, Rener, Regner, Regino (auch > Reinhold), Reimo, Reinken, Neres, Nieres, Nier, Rayner, Rainier, Reinier, Rénier, Régnier, Rainero, Raniero, Ranieri, Rainerio, Ragnar, Regnar, Regner, Reginar, Rajner, Rajnerij

RANIERI VON PISA (um 1100–1160), Pilger – Gedenktag: 17. Juni;
REINER VON OSNABRÜCK (2. H. 12. Jh. –1235), Inkluse – Gedenktag: 11. April;
RAINER VON S. SEPOLCRO (um 1250–1304), Ordensmann – Gedenktag: 1. November

Rainer Maria Rilke (österr. Dichter), Rainer Werner Fassbinder (dt. Filmregisseur), Rainer Barzel (dt. Politiker), Rainer Schüttler (dt. Tennisspieler) – Reiner Klimke (dt. Dressurreiter), Reiner Kunze (dt. Schriftsteller), Rainier von Monaco (Fürst)

Ralf

KURZFORM VON RADOLF, AHDT. RAT, RAT, RATGEBER, UND WOLF, WULF, WIE EIN WOLF, KRAFT, KRAFTVOLL. VON ENGL. RAEDWULF – AUCH > ROLF, > RUDOLF

Ralph, Raulf, Raoulf, Rauf, Raffe

Sir Ralf Dahrendorf (dt. Politiker), Ralf Möller (dt. Filmschauspieler), Ralf Schumacher (dt. Autorennfahrer) – Ralph Benatzky (österr. Operettenkomponist), Ralph Fiennes (engl. Filmschauspieler), Ralph Siegel (dt. Schlagerkomponist) – Auch > Rolf, > Rudolf

Reinhard

VON RAGINHART, AHDT. RAGIN, RAT, BESCHLUSS, UND HARTI, HART

Reinhart, Rainhard, Rainhart, Raginhard, Reginhart, Reginhard, Reinert, Reinart, Reinaert, Renz, Renko, Renke, Reinke (auch weiblicher Vorname), Reinko, Reineke, Reinecke, Régnard, Rénard, Renardo

REGINHART VON LÜTTICH (um 980–1037), Bischof – Gedenktag: 5. Dezember;
REGINHARD VON SIEGBURG (um 1040–1105), Abt – Gedenktag: 4. November

Reinhard Glemnitz (dt. Schauspieler), Reinhard Mey (dt. Chansonsänger) – Rainhard Fendrich (österr. Schlagersänger)

Reinhold

VON REINOLD/RAGINALD, AHDT. RAGIN, RAT, BESCHLUSS, UND WALTAN, WALTEN, HERRSCHEN. AUCH IN DER BEDEUTUNG HOLD.

Reinold, Reinoldus, Renold, Renald, Reinald, Rainald, Rinald, Reinelt, Rendel, Raginald, Reginald, Reginold, Regino (auch > Rainer), Regi, Reinwalt, Reinsch, Holder, Holde, Ronald, Ranald, Reynold, Ronny, Ronnie, Ron (auch > Robert), Rex, Renault, Regnault, Renaud, Reinaud, Raynaud, Rinaldo, Reinoldo, Rino

REINOLD. Mönch. Er ist der Patron von Dortmund, die dortige Reinoldikirche erwähnt ihn schon im Jahr 1238. Nach der Legende war er im 10. Jh. Mönch in der Abtei St. Pantaleon in Köln und dort vom Abt damit beauftragt, die Domsteinmetze bei ihrer Arbeit zu beaufsichtigen. Weil er dabei so streng war, geriet er ständig in Streit mit den Arbeitern. Eines Tages schlossen sich die Steinmetze zusammen und erschlugen ihn in ihrer Wut mit ihren Hämmern. Den Leichnam warfen sie in einen

Teich, im dem er später auf wundersame Weise wieder aufgefunden wurde. Einige Reliquien gelangten dann nach Dortmund in die Reinoldikirche, weitere später nach Toledo in Spanien. Er ist der Patron der Maurer, Steinmetze und Bildhauer. – Gedenktag: 7. Januar

Reinhold Beckmann (dt. TV-Moderator), Reinhold Messner (ital. Bergsteiger), Reinhold Schneider (dt. Schriftsteller) – Reginald Gardiner (engl. Schauspieler), Ronald Reagan (US-Präsident), Ronny Ackermann (dt. Skisportler), Ron Wood (engl. Musiker), Rex Harrison (engl. Filmschauspieler)

René

FRANZ. FORM VON RENATUS, LAT. RE-NATUS, DER (DURCH DIE TAUFE) WIEDERGEBORENE

Renatus, Renato, Reno, Renat, Renaat

RENATUS VON SORRENT (4./5. Jh.), Bischof – Gedenktag: 6. Oktober

René Clair (franz. Filmregisseur), René Kollo (dt. Opernsänger), René Lacoste (franz. Tennisspieler), René Magritte (belg. Maler), René Sommerfeldt (dt. Skilangläufer) – Renato Bruson (ital. Opernsänger)

Richard

VOM ANGELSÄCHS. RICHEARD. AHDT. RIHHI, REICH, MÄCHTIG, UND HARTI, HART

Richart, Reich, Reichard, Reichart, Righard, Righart, Rieghard, Rieghart, Rikkart, Rikkard, Rikkerd, Rikert, Rikkert, Rickert, Rieckert, Ritsch, Rietsch, Ritsche, Richeli, Ritser, Ridsert, Ritsert, Rit-

serd, Ritzart, Ritzard, Ridzard, Riko, Riek, Dick, Dicky, Dickie, Rick, Ricky, Rickie, Hick, Hobe, Ricard, Ricardo, Riccardo, Ricco, Rico, Rijkert, Rikkard

RICCARDO ERMINIO PAMPURI. Ordensmann, Arzt. Nach vielen Gebetserhörungen, die sich um seine Person ereignet hatten, sprach Papst Johannes Paul II. ihn 1981 selig, nach weiteren Wundern 1989 heilig. Geboren am 2. August 1897 bei Pavia, Italien, wurden er und seine zehn Geschwister früh Vollwaisen. Durch die liebevolle Hilfe von Verwandten konnte er, der selbst über kein Geld verfügte, Medizin studieren, danach gelobte er, sein Leben den Kranken und Armen zu widmen. Er zog nach Mailand und war fortan Tag und Nacht unterwegs, um zu helfen und zu heilen, wo immer er konnte; die Kranken, die kein Geld hatten, behandelte er kostenlos und versorgte sie außerdem mit Kleidung, Essen und Geld. 1927 trat er dem Orden der Barmherzigen Brüder bei und wurde Direktor des Instituts für Zahnheilkunde in Brescia. Auch dort strömten die Menschen in großen Scharen zu ihm, sein Charisma war so außergewöhnlich, dass Mütter sogar ihre Kinder zu ihm brachten, damit er sie segnete. Erst 33 Jahre alt, erkrankte er an einer Lungenentzündung und starb am 1. Mai 1930 in Mailand im Ruf der Heiligkeit. An seiner Beisetzung nahm eine riesige Menschenmenge teil. – Gedenktag: 1. Mai

RICHARD DER ANGELSACHSE (Mitte 7. Jh.–720), Pilger – Gedenktag: 7. Februar;
RICHARD VON CHICHESTER (um 1198–1253), Bischof – Gedenktag: 3. April;
RICHARD VON ST. ANNA (1585–1622), Missionar, Märtyrer – Gedenktag: 10. September

Richard Burton (engl. Filmschauspieler), Richard Clayderman (franz. Pianist), Richard Gere (amerik. Filmschauspieler), Richard Penniman »Little Richard« (amerik. Rocksänger), Richard

Wagner (dt. Komponist), Richard von Weizsäcker (dt. Politiker) – Dick Fosbury (amerik. Hochspringer), Ricky Martin (puertoric. Popsänger), Riccardo Muti (ital. Dirigent), Ricco Groß (dt. Biathlet)

Robert

AHDT. HRUOD, RUHM, UND BERAHT, GLÄNZEND. ENGL. FORM VON NIED.-DT. RUPERT

Robertus, Robbert, Robrecht, Rodebrecht, Rodebert, Robrecht, Rudbert, Robi, Röbi, Röbbe, Röbbl, Robel, Robeli, Robelin, Bert (auch > Albert, > Berthold), Bertes, Rollo (auch > Rudolf), Rob, Robb, Robby, Roby, Robbie, Robyn, Robin, Ron (auch > Reinhold), Bob, Bobby, Dob, Dobby, Dobbin, Hob, Hobby, Hodge, Pop, Popkin, Roberto, Roope – Auch Rupert; Rupertus, Ruopert, Ruperto

ROBERT BELLARMIN. Kardinal. Er gilt als einer der wortgewaltigsten Verteidiger der katholischen Lehre gegenüber der protestantischen; seine Predigten und Schriften erreichten schon zu seinen Lebzeiten Weltruhm. Geboren am 4. Oktober 1542 in Montepulciano, Italien, aus einem Adelsgeschlecht, trat er 18-jährig dem Jesuitenorden bei und empfing später die Priesterweihe. In Löwen, Belgien, wirkte er als viel beachteter Kontroverstheologe und Prediger. 1576 rief ihn der Papst nach Rom, wo er unter unvorstellbarem Zulauf an der Gregoriana-Universität lehrte; der Name Bellarmin drang in die ganze Welt hinaus. 1597 verfasste er den »Kleinen Katechismus für das Volk«, der 400 Auflagen erreichte, in 60 Sprachen übersetzt wurde und in Italien heute noch benutzt wird. Sein berühmtestes Werk waren die »Disputationen über die Streitfragen des christlichen Glaubens«, die zu den glänzendsten Leistungen des Kirchenschriftstellertums zählen. 1599 erhielt er die Kardinalswürde. Bewundert und verehrt als eine der großen Kirchenpersönlichkeiten seiner Zeit starb er am 17. September 1621 in Rom; sein bekleideter Leichnam ruht bis heute in einem Glasschrein in der Jesuitenkirche S. Ignazio in Rom. 1930 Heiligsprechung. – Gedenktag: 17. September

Robert von Molesme (um 1027–1110), Ordensmitbegründer – Gedenktag: 29. April;
Robert Floer (Mitte 12. Jh.–1218), Einsiedler – Gedenktag: 24. September;
Robert von Sala (1272–1341), Ordensmann – Gedenktag: 18. Juli

Robert Kennedy (amerik. Politiker), Robert De Niro (amerik. Filmschauspieler), Robert Redford (amerik. Filmschauspieler), Robert Schumann (dt. Komponist), Robert Stolz (österr. Komponist) – Robby Nash (amerik. Surfer), Robbie Williams (engl. Popsänger), Robin Gibb (engl. Popsänger), Bob Dylan (amerik. Sänger), Sir Bob Geldof (ir. Musiker), Bob Marley (jamaik. Reggaesänger), Bobby Charlton (engl. Fußballspieler), Bobby McFerrin (amerik. Jazzmusiker), Roberto Rossellini (ital. Filmregisseur)

Roland

Ahdt. hruod, Ruhm, und nand, kühn, wagemutig

Orland, Orlandus, Roeland, Ruland, Rulant, Rutland, Roel, Rolland, Rowland, Rolly, Rolando, Orlando, Orlan

Roland von Chézery (um 1135–1200), Abt – Gedenktag: 13. Juli;
Roland von Medici (um 1320–1386), Einsiedler – Gedenktag: 15. September

Roland Kaiser (dt. Schlagersänger), Roland Koch (dt. Politiker), Roland Mattes (dt. Schwimmer) – Orlando di Lasso (niederl. Komponist)

Rolf

EIGENSTÄNDIGE KURZFORM VON > RUDOLF, AHDT. HRUOD, RUHM, UND WOLF, WULF, KRAFT, KRAFTVOLL, WIE EIN WOLF – AUCH > RALF > RUDOLF

Rolph, Roulf, Rolof, Roloff, Roele, Roelf, Roelef, Roelof, Relf, Relef

Rolf Boysen (dt. Schauspieler), Rolf Hochhuth (dt. Schriftsteller), Rolf Wolfshohl (dt. Radrennfahrer), Rolf Zuckowski (dt. Komponist) – Auch > Ralf, > Rudolf

Rüdiger

AHDT. HRUOD, RUHM, GER, SPEER

Rüdeger, Rüdger, Rüdi, Ruodiger, Rütger, Rötger, Rutger, Rudger, Rudgar, Rodger, Rodge, Roger, Rogier, Ruggero, Ruggiero, Roggero, Ror, Roor, Roar

RUDGER VON VERDUN (um 1080–1140), Abt – Gedenktag: 27. Dezember;
ROGER LE FORT (um 1300–1368), Erzbischof von Bourges – Gedenktag: 1. März

ROGER SCHUTZ (geb.1915) *ließ sich als ev.-ref. Pfarrer 1948 in dem kleinen südburgundischen Dorf Taizé nieder, wo er 1949 die ökumenische Bruderschaft Communauté de Taizé gründete. Als Frère Roger wird er ihr Prior. Ziel der Ordensgemeinschaft ist die Förderung der Einheit der Christen. Ein Ziel, dem auch das 1974 erstmals einberufene Konzil der Jugend verpflichtet ist: internationale Jugendtreffen, die durch zwei Worte bestimmt werden: Kampf und Kontemplation. Kampf gegen das, was die Menschen hindert, ein friedliches Leben mit sich und mit anderen zu führen, Kampf gegen Armut und Unterdrückung. Kontemplation, Besinnung auf die Botschaft des auferstandenen Christus, die fähig macht, »auf die Menschen und auf die ganze Welt mit den Augen Christi zu sehen«. 1974 wurde Frère Roger für seine Arbeit mit dem Friedenspreis des Deutschen Buchhandels ausgezeichnet.*

Rüdiger von Wechmar (dt. Politiker) – Rötger Feldmann (dt. Comiczeichner), Roger Moore (engl. Filmschauspieler), Roger Vadim (franz. Filmregisseur), Rogier van der Weyden (belg. Maler), Ruggiero Raimondi (ital. Opernsänger)

Rudolf

AHDT. HRUOD, RUHM, UND WOLF, WULF, KRAFT, KRAFTVOLL, WIE EIN WOLF

Rudolph, Radolf, Rodulf, Rodolf, Rudi, Ruof, Ruel, Rudo, Rudlof, Dolf, Dolfi, Dulf, Roluf, Roff, Roll, Rollo (auch > Robert), Rolle, Roele, Roelke, Rotho, Rul, Rulle, Rulke, Rulte, Relke, Ruodi, Ruedi, Rühle, Rüdeu, Rüedi, Rüedeli, Ruedli, Rütt, Rodolphe, Roux, Rodolfo, Ridolfo, Rodulfo, Raoul, Raúl, Rault – Auch > Ralf; Ralph, Raulf, Raoulf, Rauf, Raffe – Auch > Rolf; Rolph, Roulf, Rolof, Roloff, Roele, Roelf, Roelef, Relf, Relef

RUDOLF (ROTHO) VON BÜREN. Bischof. In Paderborn genoss er über Jahrhunderte große Verehrung. Er stammte aus dem Adelsgeschlecht der Edelherren von Büren und wurde um 1020 Mönch im Benediktinerkloster Stablo in Belgien; sein Abt und Lehrmeister war dort der berühmte Ordensmann Poppo, eine der herausragenden Persönlichkeiten des monastischen Lebens im 11. Jh. Nachdem er in der Folgezeit selbst durch verschiedene gelungene Organisationen innerhalb des Ordenslebens auf sich aufmerksam gemacht hatte, ernannte ihn Kaiser Konrad II. 1036 zum Bischof von Paderborn, wo er die Nachfolge von Bischof Meinwerk antrat. Er starb am 6. November 1052 nach verdienstvollem Wirken, tief betrauert von den Menschen in Paderborn. Beigesetzt wurde er im Paderborner Dom. Im 14. Jh. errichtete man dort ein prachtvolles Hochgrab zur Aufbewahrung der Gebeine. – Gedenktag: 6. November

RUDOLF LUNKENBEIN (1939–1976), *Salesianerpater aus Döringstadt in Bayern, ließ sich 31-jährig als Missionar in Merure in Brasilien unter den Ärmsten der Armen nieder. Er machte sich Sprache, Leben und Gefühle der Indianer völlig zu Eigen, um erfolgreich missionieren zu können. Die Einheimischen liebten ihn wie einen Vater. 1976 wurde er von Großgrundbesitzern, denen er bei ihrer Landpolitik im Weg stand, ermordet. In Merure tragen heute zahlreiche Buben und junge Männer den Namen Rudolf.*

Rudolf Caracciola (dt. Autorennfahrer), Rudolf Diesel (dt. Physiker), Rudolf Nurejew (russ. Balletttänzer), Rudolf Scharping (dt. Politiker), Rudolf Schock (dt. Opernsänger) – Rudi Carell (niederl. TV-Moderator), Rudi Völler (dt. Fußballspieler/-trainer), Dolf Lundgren (schwed. Filmschauspieler), Rollo Gebhard (dt. Weltumsegler), Rodolfo Valentino (ital.-amerik. Filmschauspieler), Raoul Hausmann (österr. Künstler)

S

Sascha

KURZFORM VON > ALEXANDER

Sebastian

GRIECH. SEBASTÓS, VEREHRUNGSWÜRDIG = DER VEREHRUNGSWÜRDIGE

Sebastianus, Bastian, Bastin, Basti, Baste, Bast, Bastle, Bästel, Bascho, Baschi, Basche, Basch, Baschel, Bastia, Best, Bestian, Bestlin, Wastl, Wastel, Janes, Jannes (auch > Johannes), Sebastiaan, Bastiaan, Bas, Sébastien, Bastien, Sebastiano, Bastiano, Basto, Sebesta, Sobek

Sebastian, Märtyrer

SEBASTIAN. Märtyrer. Schon in der Frühzeit genoss er im ganzen christlichen Abendland große Verehrung. Das Bild des von Pfeilen durchbohrten Märtyrers findet sich bis heute in vielen katholischen Kirchen auf der ganzen Welt. Über sein Leben weiß man nicht viel, manches ist durch Legenden überlagert. Sicher ist, dass er aus Mailand, Italien, der Heimatstadt seiner Mutter, stammte und in der zweiten Hälfte des 3. Jh. in Rom als Märtyrer starb. Dies berichtet auch Ambrosius, Bischof von Mailand (374–397). Manche Quellen nennen als Todesdatum den 20. Januar 288. In Mailand gab es schon im 4. Jh. einen intensiven Kult. Die Legende berichtet, er sei Offizier der kaiserlichen Garde gewesen. Als Kaiser Diokletian, ein erbitterter Christenverfolger, erfuhr, dass er bekennender Christ war, ließ er ihn, obwohl er ihn sehr schätzte, zum Tode verurteilen. Man band ihn an einen Baum und schoss so lange mit Pfeilen auf ihn, bis man ihn tot glaubte. Eine Witwe namens Irene sah jedoch, dass er noch lebte, band ihn los und pflegte ihn in ihrem Haus gesund. Er begab sich sodann wieder zu Diokletian und prangerte ihn laut wegen der Christenverfolgung an. Der Kaiser ließ ihn daraufhin mit Keulen erschlagen und seinen Leichnam in die Cloaca maxima in Rom werfen. Die Christin Lucina barg den Körper und bestattete ihn an der Via Appia. Papst Damasus errichtete 367 über dem Grab die Basilika S. Sebastiano, die heute zu den sieben Pilgerkirchen Roms gehört. Um seine Person entwickelte sich ein reiches Brauchtum. Früher wurden am 20. Januar Sebastiansminne und Sebastiansbrot verteilt. – Gedenktag: 20. Januar

SEBASTIAN APPARIZIO (1. H. 16. Jh.–1600), Laienbruder – Gedenktag: 25. Februar;
SEBASTIAN KIMURA (um 1580–1622), Ordensmann, Märtyrer – Gedenktag: 10. September;
SEBASTIANO VALFRÉ (1629–1710), Ordensoberer – Gedenktag: 30. Januar

Johann Sebastian Bach (dt. Komponist), Sebastian Deisler (dt. Fußballspieler), Sebastian Kneipp (dt. Wasserdoktor), Sebastian Koch (dt. Schauspieler)

Siegfried

AHDT. SIGU, SIEG, UND FRIDU, FRIEDE = SIEGENDER BESCHÜTZER

Sigfried, Sigfrid, Siegfrid, Sigefrid, Sigefred, Sigofrid, Sifrid, Siffrid, Sifred, Seifried, Seifert, Seufert, Sigge, Siggi, Sigi, Siegel, Seidel, Siffer, Seit, Seitz, Sizzo, Scheifart, Sigfrido, Sigfredo, Sigisfredo, Sifredo – Auch Sigurd

SIEGFRID (SIGURD) VON SCHWEDEN. Bischof. Er ist seit 1474 einer der Hauptpatrone von Schweden, wird aber bis heute in ganz Skandinavien als »Apostel des Glaubens« verehrt. Reliquien von ihm findet man an zahlreichen Orten. Geboren in England, war er zunächst Mönch im Benediktinerkloster Glastonbury. Im ersten Drittel des 11. Jh. kam er nach Norwegen, wahrscheinlich als geweihter Missionsbischof. Er verkündete mit Unterstützung von König Olaf Haraldsson im ganzen Land das Evangelium und taufte Tausende von Menschen. Dann zog er weiter nach Schweden, wo er auch König Olaf Erikson und seine Familie taufte und in Skara einen Bischofssitz installierte. Später nahm er seinen Bischofssitz in Växjö, wo er 1030 oder 1045 friedlich starb. Schon früh entwickelte sich seine Grabstätte in Växjö zur Wallfahrtsstätte. – Gedenktag: 15. Februar

Siegfried Lenz (dt. Schriftsteller), Siegfried Lowitz (dt. Schauspieler), Siegfried Rauch (dt. TV-Schauspieler), Siegfried Unseld (dt. Verleger) – Siggi Held (dt. Fußballspieler)

Simon

GRIECH. FORM VON HEBR. SIMEON, SCHIMON, ERHÖRUNG

Simeon, Siemon, Siem, Sieme, Siemen, Sim, Sime, Syme, Symke, Simme, Simen, Sima, Syma, Simmel, Simke, Simmie, Simeone, Simone (auch weiblicher Vorname), Simón, Simó, Siman, Semjon, Symon, Symeon

SIMEON VON TRIER. Inkluse. Das Andenken an ihn ist in Trier bis heute sehr lebendig. Die berühmte Porta Nigra wird nach ihm auch Simeonstor genannt, und in der Dom-Schatzkammer bewahrt man seine Mütze aus Kamelhaar als kostbare Erinnerung an den Heiligen auf. Geboren in der zweiten Hälfte des 10. Jh. in Syrakus auf Sizilien als Sohn eines Griechen, studierte er in Konstantinopel und ging dann nach Palästina, wo er zunächst als Einsiedler am Jordan lebte. Später schloss er sich einer Mönchsgemeinschaft in Bethlehem an und wurde dort zum Diakon geweiht. Um 1027 kam er in die Normandie, Frankreich, um für den Bau eines Klosters Almosen zu sammeln. Anschließend begleitete er den berühmten Trierer Erzbischof Poppo auf eine Wallfahrt ins Heilige Land. 1030 ließ er sich in Trier unter großer Anteilnahme des Volkes feierlich in eine Zelle am Nordturm der Porta Nigra einmauern. Dort lebte er hoch verehrt bis zu seinem Tod am 1. Juni 1035. Nur wenige Monate später sprach Papst Benedikt IX. ihn heilig. Poppo ließ zu seinen Ehren die Porta Nigra zu einer Kirche ausbauen, die rasch zu einer Wallfahrtsstätte wurde. Der Steinsarkophag steht heute in der Kirche St. Gervasius in Trier, Reliquien werden in der Trierer Simeonskirche aufbewahrt. – Gedenktag: 1. Juni

SIMON ZELOTES (1. Jh.), Apostel – Gedenktag: 28. Oktober;
SIMEON STYLITES DER ÄLTERE (um 390–459), Säulensteher – Gedenktag: 5. Januar;
SIMEON DER NEUE THEOLOGE (949–1022), Mystiker, Kirchenschriftsteller – Gedenktag: 12. März;
SIMON STOCK (um 1205-1265), Ordensgeneral – Gedenktag: 16. Mai;
SIMON VON LIPNICA (um 1438–1482), Ordensmann – Gedenktag: 18. Juli

Simon Estes (amerik. Opernsänger), Simon Peres (israel. Politiker), Sir Simon Rattle (engl. Dirigent) – Siemen Rühaak (dt. TV-Schauspieler), Simone Martini (ital. Freskenmaler), Simón Bolivar (südamerik. Politiker)

Stephan

GRIECH. STÉPHANOS, KRANZ, KRONE = DER MIT DEM SIEGESKRANZ; DURCH DEN HEILIGEN STEPHANUS UMDEUTUNG IN »DER MIT DER MÄRTYRERKRONE«

Stephanus, Stefan, Stefanus, Stephanos, Steffen, Steffel, Steffl, Stefferl, Stef, Steef, Steff, Steffi (auch weiblicher Vorname), Stephaan, Stefaan, Stéphane, Etienne, Estienne, Stephen, Steven, Steve, Stevie, Stefano, Estéban, Estévan, Stenka, Stepko, Stepka, Dusan, Stepan, István, Sczepan

STEPHANUS. Märtyrer. Er gilt als erster bekannter Märtyrer der Christenheit und wird deshalb Erzmärtyrer genannt. Im Osten ist sein Kult seit dem 4. Jh. bekannt, im Westen begann er im 5. Jh. Der Stephanstag, der zweite Weihnachtsfeiertag, hat bis heute besonders in ländlichen Gebieten große Bedeutung. Nach den Überlieferungen war Stephanus einer der sieben Diakone der christlichen Urgemeinde von Jerusalem, die von den Aposteln durch Handauflegen geweiht worden waren und ih-

Stephanus, Märtyrer

nen bei der Arbeit halfen. Er zeichnete sich als hervorragender Prediger aus und zog seine Zuhörer durch sein außergewöhnliches Charisma in Bann. Eines Tages beschuldigten ihn Juden der Gotteslästerung und schleppten ihn vor den Richter. Als er dort eine brillante Verteidigungsrede hielt, entstand ein heftiger Tumult. Die Legende berichtet, der Richter habe sein Gesicht plötzlich in einem gleißenden Licht gesehen und daraufhin voller Angst seine sofortige Steinigung angeordnet. Eine vor Wut rasende Menschenmenge schleppte ihn durch die Straßen Jerusalems bis hinaus vor die Stadt. Dort wurde er zu Tode gesteinigt. Einer der Beobachter war Saulus, der spätere Völkerapostel Paulus. Das Todesjahr soll zwischen 34 und 37 liegen. Seine Gebeine wurden 415 wieder aufgefunden, große Teile davon befinden sich seit 560 in der Kirche S. Lorenzo fuori le mura in Rom. – Gedenktag: 26. Dezember

Stephan I. (um 200–257), Papst – Gedenktag: 2. August;
Stephan I. von Ungarn (um 970–1038), König – Gedenktag: 16. August;
Stephan Harding (1059–1134), Ordensmitbegründer – Gedenktag: 16. Juli;
Stephan Pongrácz (1582–1619), Ordensmann, Märtyrer – Gedenktag: 8. September

Stephan Hermlin (dt. Schriftsteller), Stephan Lochner (dt. Maler) – Stefan Askenase (poln. Pianist), Stefan Effenberg (dt. Fußballspieler), Stefan Heym (dt. Schriftsteller), Stefan Raab (dt. TV-Unterhalter), Stefan Zweig (österr. Schriftsteller), Steffen Seibert (dt. TV-Moderator), Stéphane Mallarmé (franz. Schriftsteller), Etienne Jacques de Montgolfier (franz. Erfinder), Stephen King (amerik. Schriftsteller), Steven Spielberg (amerik. Filmregisseur), Steve McQueen (amerik. Filmschauspieler), Stevie Wonder (amerik. Sänger), István Bury (ungar.-dt. Autor), István Szabo (ungar. Regisseur)

Sven

ALTNORD. SVEINN, JÜNGLING, JUNGER KRIEGER

Swen, Svend, Svente, Svenne, Svein, Sweyn

Sven Hannawald (dt. Skispringer), Sven Ottke (dt. Boxer), Sven Strüver (dt. Golfspieler) – Svend Fleuron (dän. Schriftsteller)

T

Theodor

GRIECH. THEÓS, GOTT, UND DÓRON, GESCHENK, GABE = GOTTESGESCHENK

Theodorus, Theodoros, Theo, Teo, Thed, Tetje, Thetje, Tedje, Thederl, Theodul, Joder, Dores, Döres, Théodore, Theodore, Ted, Teddy, Theddy, Teodoro, Tivadar, Todor, Fedor (auch > Friedrich), Feodor, Fjodor

THEODOR VON EUCHAITA. Märtyrer. Er gilt als einer der Großmärtyrer des Orients. Bis ins 13. Jh. war er Schutzpatron von Venedig, dann wurde er von Markus verdrängt. Um 300 arbeitete er als Soldat im Heer des römischen Kaisers Maximianus. Als der Herrscher eine Christenverfolgung anordnete, gab er sich mutig als praktizierender Christ zu erkennen. Auf den Befehl, seinem Glauben abzuschwören, antwortete er damit, dass er in Amasea einen heidnischen Tempel in Brand setzte. Er wurde festgenommen und tagelangen Folterungen ausgesetzt, die ihn aber nicht von Christus abbrachten. Schließlich verbrannte man ihn bei lebendigem Leib. Ort des Martyriums war Euchaita, Pontos, das Todesjahr vermutet man um 306 bis 311. Im gesamten Orient wurden ihm danach Kirchen geweiht, und auch im Westen gab es schon um 530 in Rom die erste Verehrungsstätte, es folgten Ravenna, Neapel, Palermo und vor allem Venedig. – Gedenktag: 9. November

Theodor (Theodul) von Octodurum (Mitte 4. Jh.–410), Bischof – Gedenktag: 16. August;
Theodoros Studites (759–826), Abt, Bekenner – Gedenktag: 11. November

Theodor Babilon *(1899–1945) war ab 1919 für das Kolpingwerk tätig, ab 1932 war er Leiter des Kolpinghauses in Köln. Im Zuge der Verhaftungen von Kirchenpersönlichkeiten durch die Gestapo sollte auch er 1944 festgenommen werden. Er hätte im letzten Augenblick fliehen können, befürchtete aber, damit seine Frau und seine fünf Kinder in Gefahr zu bringen. So kam er ins Konzentrationslager und starb dort am 11. Februar 1945.*

Theodor Adorno (dt. Philosoph), Theodor Fontane (dt. Schriftsteller), Theodor Heuss (dt. Politiker), Theodor Mommsen (dt. Historiker, Literaturnobelpreisträger) – Theo Lingen (dt.-österr. Schauspieler), Theo Waigel (dt. Politiker), Teo Otto (dt. Bühnenbildner), Theodore »Teddy« Roosevelt (US-Präsident), Ted Kennedy (amerik. Politiker), Fjodor Schaljapin (russ. Sänger)

Thomas

HEBR. THOMAS, DER ZWILLING, DER ZWILLINGSBRUDER

Tom, Tam, Thom, Thoma, Toms, Tamme, Tammes, Tommes, Maas, Dohmes, Dammo, Dehmel, Thomé, Thommy, Tommy, Tomy, Tomie, Tomi, Tammy, Tomaso, Tommaso, Maso, Masetto, Tomas, Tomes, Tomis, Tamás, Toma

THOMAS. Apostel. Sein Name findet sich in allen Apostelkatalogen. Vor seiner Berufung in den Kreis der Zwölf Apostel Jesu arbeitete er wohl als Fischer in Galiläa. Bei der Erscheinung Christi am Auferstehungstag war er nicht mit dabei und bezweifelte daher die Auferstehung zunächst, als die anderen ihm davon berichteten. Daher stammt der Begriff »der ungläubige Thomas«. Als er acht Tage später Jesus selbst sah, wurde er überzeugt und soll ausgerufen haben: »Mein Herr und mein Gott« (Johannes 20,25–28). Nachdem die Apostel auseinander gegangen waren, wirkte er als Missionar und kam auf seinen Reisen bis nach Persien und Indien. Möglicherweise wurde er im Jahr 72 in Indien von Heiden mit dem Schwert oder mit der Lanze erstochen. Als Martyriumsort wird Kalamina bei Mailapur (Madras) genannt. Dort gibt es den Großen Thomasberg, auf dem 1547 zu Ehren des Apostels eine Kirche errichtet wurde. Auf dem Altar der Kirche steht das steinerne Thomas-Kreuz, das 1522 von den Portugiesen wieder aufgefunden wurde. Eine Inschrift auf dem aus dem 7. Jh. stammenden Kreuz erzählt von Predigten und vom Martyrium

Thomas, Apostel

des Apostels. Angebliche Thomas-Reliquien gelangten an einem 3. Juli (Gedenktag) im 3. Jh. nach Edessa (Türkei) und Jahrhunderte später in den Abruzzenort Ortona in Italien. Bis 1969 wurde der Gedenktag am 21. Dezember begangen. Die Kirche änderte dies, weil der Tag so nah an Weihnachten liegt. Er ist der Patron der Architekten, Maurer und Zimmerleute, aber auch der Theologen und steht für eine gute Heirat. – Gedenktag: 3. Juli

Thomas Becket (1118–1170), Erzbischof, Märtyrer – Gedenktag: 29. Dezember;
Thomas von Aquin (1225–1274), Ordensmann, Kirchenlehrer – Gedenktag: 28. Januar;
Thomas More (1478–1535), Lordkanzler, Märtyrer – Gedenktag: 22. Juni

Thomas Bernhard (österr. Schriftsteller), Thomas Alva Edison (amerik. Erfinder), Thomas Gottschalk (dt. TV-Unterhalter), Thomas Mann (dt. Schriftsteller), Thomas Quasthoff (dt. Opernsänger) – Tom Cruise (amerik. Filmschauspieler), Tom Gerhardt (dt. Komiker), Tom Hanks (amerik. Filmschauspieler), Tommy Dorsey (amerik. Jazzmusiker), Tommy Haas (dt. Tennisspieler), Tomi Ungerer (franz. Zeichner), Tommaso Albinoni (ital. Komponist)

Thorsten

Altnord. Thor, der germanische Donnergott, und sten, Steinwaffe

Torsten, Thorstein, Torstein, Thurstan, Toste, Totte

Torsten Frings (dt. Fußballspieler)

Tim

KURZFORM VON TIMOTHEUS, GRIECH. TIMEIN, VEREHREN, UND THEÓS, GOTT = GOTTESVEREHRER, GOTTESFÜRCHTIG = »EHRE GOTT!« AUCH KURZFORM VON THIEMO > NAMEN MIT DIET- , Z. B. DIETMAR

Timotheus, Timotheos, Timm, Timo, Timmo, Timme, Time, Tiem, Tiemo, Thiemo, Timmy, Dimme, Dimmen, Temmen, Tjomme, Timothée, Timothy, Timoteo, Timofej, Tymoteusz

TIMOTHEUS. Paulus-Begleiter, Bischof. Viele Jahre war er der treueste und hoch geschätzte Begleiter von Paulus. Kennen gelernt hatte er den Völkerapostel, als dieser auf seiner ersten Missionsreise in seine Heimatstadt Lystra (Türkei) kam und dort predigte. Gemeinsam mit seiner Mutter – sein Vater war Heide, seine Mutter Jüdin – empfing er dann von Paulus die Taufe. Danach bat er Paulus, obwohl er noch sehr jung war, ihn künftig auf seinen Reisen begleiten zu dürfen. Der Apostel nahm das Angebot an und sagte: »Sei den Menschen ein Vorbild in dem, was du sagst und tust, in der Liebe, im Glauben, in der Ehrlichkeit.« Er war von nun an fast immer an der Seite von Paulus, der ihm viele Aufgaben anvertraute. Einmal vertrat er Paulus in der Gemeinde von Ephesus (Türkei), als dieser auf Missionsreise nach Mazedonien unterwegs war. Brieflich gab ihm der Apostel genaue Anweisungen, was er in Ephesus zu tun hatte. In einem Brief befahl Paulus ihn dann auch zu sich nach Rom, als er sein Ende vorausahnte. Nach dem Tod des Apostels (zwischen 63 und 67) kehrte Timotheus laut altkirchlicher Überlieferung wieder nach Ephesus zurück und wurde dort der erste Bischof. Als Todesjahr wäre 97 denkbar. Die Kirche S. Giovanni in Fonte in Rom erklärt heute, im Besitz der Reliquien zu sein. – Gedenktag: 26. Januar

TIMOTHEUS VON REIMS (3./4. Jh.), Märtyrer – Gedenktag: 23. August;
THIEMO VON SALZBURG (1040–1102), Erzbischof, Märtyrer (?) – Gedenktag: 28. September

Tim Henman (engl. Tennisspieler) – Timo Boll (dt. Tischtennisspieler), Timo Hildebrand (dt. Fußballspieler), Timothy Dalton (walis. Filmschauspieler)

Tobias

HEBR., JAHWE (GOTT) IST GUT = DIE GÜTE DES HERRN

Tobi, Toby, Tobby, Töbe, Töbi, Tobie, Tobies, Tobais, Tewes, Tobia, Topi, Topias, Tobija, Tobiah, Tovija, Tovij

TOBIAS. Gestalt aus dem Alten Testament. Er war der Sohn von Tobit (Tobias), dem Erzähler des gleichnamigen Buches des Alten Testaments, beide lebten in Ninive. Als sein Vater erblindete, folgte er bereitwillig dessen Bitte, zu einem entfernt lebenden Bekannten zu reisen, um bei ihm Geld abzuholen. Um nicht allein den weiten Weg gehen zu müssen, bat er einen Freund namens Asarja, ihn zu begleiten. Als die beiden Männer am Flussufer des Tigris ein Lager aufschlugen, wurde Tobias plötzlich von einem großen Fisch angegriffen. Asarja forderte ihn auf, das Tier zu töten und ihm Herz, Leber und Galle zu entnehmen und aufzubewahren. Er vertraute Asarja, obwohl er nicht wusste, wozu dies gut sein sollte, und machte alles so, wie ihm befohlen. Nach Hause zurückgekehrt, bestrich er gemäß der Aufforderung von Asarja die blinden Augen seines Vaters mit der Galle des Fisches – und Tobit konnte wieder sehen. Als beide sich überglücklich bei Asarja bedanken wollten, gab dieser sich zu erkennen: Es war der Erzengel Rafael. – Gedenktag: 13. September

Tobias Barnersoi (dt. Skirennläufer), Tobias Moretti (österr. Schauspieler)

Tom

> THOMAS

U

Udo

> OTTO, > ULRICH

Ulrich

AHDT. UODAL, ERBGUT, HEIMAT, UND RIHHI, REICH, MÄCHTIG

Ullrich, Uli, Ulli (auch weiblicher Vorname), Ulrik, Ulric, Rickel, Uhl, Ullus, Ultsch, Ueli, Uoli, Ule, Ulerk, Utz, Uz, Udo (auch > Otto), Udalrich, Odalric, Olsen, Ohlsen, Ole (auch > Olaf), Olderico, Odelrico, Ulderico, Udelrico, Ulrico

ULRICH VON AUGSBURG. Bischof. Seine Kanonisation im Jahr 993 war die erste förmliche Heiligsprechung in der katholischen Kirche. Sie erfolgte 20 Jahre nach dem Tod des Bischofs, der über Jahrhunderte zu den meistverehrten Heiligen überhaupt gehörte. Die berühmte Schlacht auf dem Lechfeld gegen die Ungarn ist untrennbar mit seinem Namen verbunden. Geboren 890 in Augsburg als Sohn des Edlen Hupald, erhielt er seine christliche Ausbildung ab 900 in St. Gallen. Im Jahr 923 wurde er von König Heinrich I. zum Bischof von Augsburg ernannt. Unerschütterlich hielt er während seiner gesamten Amtszeit in Treue zu Reich und Königshaus. Als wenige Jahre nach seinem Amtsantritt die Ungarn Augsburg bedrohten, ließ er eine Steinmauer

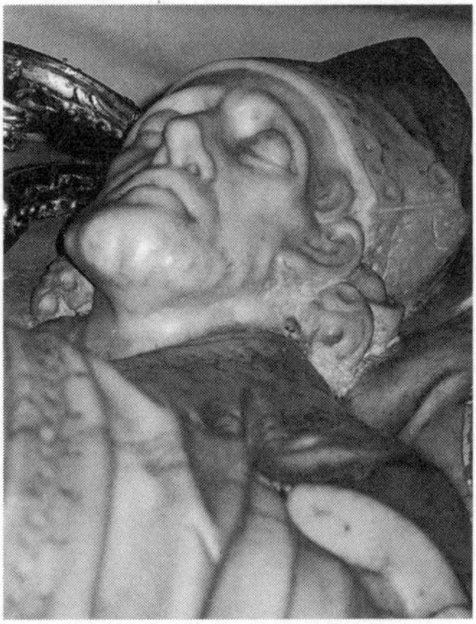

Ulrich von Augsburg, Bischof

rund um die Stadt legen. Er war ein leidenschaftlicher Seelsorger und kümmerte sich unermüdlich um alle Belange in seinem Bistum: Er errichtete und unterstützte Klöster und Kirchen, entsandte Priester auch in die entlegensten Winkel der Diözese, gründete Armenhospitäler, förderte zur Bildung des Klerus die Augsburger Domschule, stärkte das Mönchtum und hielt wichtige Synoden ab. Er selbst führte ein Leben in Demut und Bescheidenheit, oft pilgerte er nach Rom. Im Jahr 955, er war inzwischen 32 Jahre im Amt, bedrohten die Ungarn Augsburg erneut. Am 10. August 955 entsandte er eine Gruppe von Kämpfern unter der Führung seines Bruders Dietpald in die Schlacht gegen die Ungarn auf dem Lechfeld südlich von Augsburg. Der Kampf wurde gewonnen, er hatte dem deutschen König damit zum Sieg über die Ungarn verholfen. Nach einem halben Jahrhundert im Bischofsamt starb er am 4. Juli 973. Am 31. Januar 993 wurde er heilig gesprochen. Seine viel besuchte Grabstätte befindet sich in der Basilika St. Ulrich und Afra in Augsburg. – Gedenktag: 4. Juli

ULRICH VON ZELL (1029–1093), Ordensmann – Gedenktag: 14. Juli

Ulrich Mühe (dt. Schauspieler), Ulrich Plenzdorf (dt. Schriftsteller), Ulrich Wickert (dt. TV-Moderator) – Uli Hoeneß (dt. Fußballspieler), Ulli Stein (dt. Cartoonist)

Uwe

AHDT. VON NAMEN MIT OT- , BESITZ

Uve, Uwo, Uvo, Owe, Ouwe, Ove, Ubbe, Ubbo, Ubbod, Obbe, Ufe, Uffe, Uke, Uko

Uwe Johnson (dt. Schriftsteller), Uwe Kröger (dt. Musicalsänger), Uwe Seeler (dt. Fußballspieler)

V/W

Volker

AHDT. FOLC, VOLK, UND HERI, HEER, VOLK

Volkher, Folker, Fulger

VOLKER VON SEGEBERG (2. H. 11. Jh.–1135), Missionar, Märtyrer – Gedenktag: 7. März

Volker Lechtenbrink (dt. Schauspieler), Volker Schlöndorff (dt. Regisseur)

Walter

AHDT. WALTAN, WALTEN, HERRSCHEN, UND HERI, HEER, VOLK

Walther, Waltger, Welter, Wolter, Wolt, Wold, Woltje, Wälti, Welti, Walz, Walt, Watt, Wattie, Watty, Walty, Wally, Wauter, Wouter, Wout, Gautier, Gauthier, Gualtiero, Gualtieri, Gualterio, Gutierre

WALTER VON MONDSEE (1. H. 11. Jh.–1095), Abt – Gedenktag: 25. März;
WALTER VON BIERBECK (Mitte 12. Jh.–1220), Ordensmann – Gedenktag: 22. Januar;
WALTER VON BRÜGGE (1225–1307), Bischof von Poitiers – Gedenktag: 23. Januar

Walter Giller (dt. Schauspieler), Walter Gropius (dt.-amerik. Architekt), Walter Jens (dt. Schriftsteller), Walter Kempowski (dt. Schriftsteller), Walter Matthau (amerik. Filmschauspieler) – Walther von der Vogelweide (dt. Minnesänger), Walt Disney (amerik. Filmproduzent), Walt Whitman (amerik. Schriftsteller), Gualtiero Marchesi (ital. Autor, Koch)

Werner

AHDT. WARIN, ZUM STAMM DER WARNEN GEHÖREND, ODER WARJAN, WEHREN, UND HERI, VOLK

Wernher, Verner, Warner, Werno, Wenz, Wernz, Wernt, Wetz, Wetzel, Wätzold, Wessel, Witzel, Widsel, Neres, Vernier, Garnier, Guenard, Guarniero, Guarnerio, Guernerio

WERNER VON WAIBLINGEN (um 1050–1126), Abt – Gedenktag: 4. Juli;
WERNER VON WITTEN (um 1260–1331), Abt – Gedenktag: 1. Oktober

WERNER BARKHOLT (1902–1942), *Jesuitenpater, wurde 1933 Kaplan in Essen. Er wurde angezeigt, weil er sich angeblich negativ über das Nazi-Regime geäußert haben soll. Am 18. Juli 1942 starb er im Konzentrationslager Dachau den Hungertod.*

Werner Egk (dt. Komponist), Werner Finck (dt. Kabarettist, Schauspieler), Werner Heisenberg (dt. Physiker, Nobelpreisträger), Werner Schmidbauer (dt. TV-Moderator), Werner Schneyder (dt. Kabarettist), Werner von Siemens (dt. Erfinder) – Wernher von Braun (dt.-amerik. Weltraumforscher)

Wilhelm

AHDT. WILLO, WILLE, UND HELM, HELM, SCHUTZ = DER AUF SCHUTZ BEDACHTE

Willehalm, Willi, Willy, Will, Wil, Wille, Wilm, Wim, Wims, Willem, Wellem, Wilken, Wilke, Wilko, Wiltz, Helm, Helmi, Helmet, Helmes, Helmke, William, Willie, Bill, Billy, Bile, Wilkin, Guillaume, Guglielmo, Guillermo, Guillem, Vilém, Viléme, Viliam, Vilgelm, Vilmos

Wilhelm von Hirsau (von Regensburg). Abt. Er war der Begründer der Hirsauer Reform (Constitutiones Hirsaugienses), einer der maßgeblichen Klosterreformen des Mittelalters. Geboren in der ersten Hälfte des 11. Jh. in Regensburg in Bayern, kam er schon als Kind zur Erziehung in das damals berühmte Regensburger Benediktinerkloster St. Emmeram. Später trat er dem Benediktinerorden bei und empfing die Priesterweihe. Einige Zeit wirkte er als Lehrer für Mathematik und Astronomie; viele seiner Schriften aus dieser Zeit stellen die ersten naturwissenschaftlichen Werke Bayerns dar. 1069 wurde er zum ersten Abt des Benediktinerklosters Hirsau in Baden-Württemberg ernannt. Mit seiner Reform, die sich an das berühmte Vorbild von Cluny (Cluniazensische Reform) anlehnte, brachte er Hirsau zu höchster Blüte und erhielt von Rom sogar die Exemtion. Die Hirsauer Reform schrieb ein streng reglementiertes Ordensleben vor, die Mönche sahen sich außerdem als Prediger für den Papst und gegen den Kaiser. Der Zustrom von Mönchen und Laien nach Hirsau war so gewaltig, dass das Kloster bald das größte in Deutschland war; rund 120 weitere Klöster schlossen sich der Reform an. Wilhelm starb, hoch verehrt und viel bewundert, am 5. Juli 1091 in Hirsau und wurde dort in der Peter-und-Paul-Kirche beigesetzt. Als man 1500 sein Grab öffnete, fand man den Leichnam sowie die Abtgewänder noch erhalten vor. – Gedenktag: 5. Juli

Wilhelm von Hirsau, Abt

Wilhelm von St-Bénigne (962–1031), Abt – Gedenktag: 1. Januar;
Wilhelm von Vercelli (um 1085–1142), Ordensgründer – Gedenktag: 24. Juni;
Wilhelm Eislin (um 1564–1588), Ordensmann – Gedenktag: 28. März

Wilhelm Busch (dt. Schriftsteller, Zeichner), Wilhelm von Humboldt (dt. Forscher), Wilhelm Furtwängler (dt. Dirigent), Wilhelm Leibl (dt. Maler) – Willi Daume (dt. Sportmanager), Willi Fritsch (dt. Filmschauspieler), Willy Millowitsch (dt. Schauspieler), Will Quadflieg (dt. Schauspieler), Will Smith (amerik. Filmschauspieler), Wim Thoelke (dt. TV-Unterhalter), Wim Wenders (dt. Regisseur), Willem de Kooning (holl.-amerik. Maler), William Holden (amerik. Filmschauspieler), William Shakespeare (engl. Schriftsteller), Bill Clinton (US-Präsident), Bill Haley (amerik. Rockmusiker), Billy Wilder (österr.-amerik. Filmregisseur), Guillaume Apollinaire (franz. Schriftsteller), Guglielmo Marconi (ital. Physiker, Nobelpreisträger), Guillermo Vilas (argent. Tennisspieler)

Willi

Kurzform von > Wilhelm

Willy

Kurzform von > Wilhelm

Wolfgang

Ahdt. wolf, Wolf, und gang, Gang, Waffengang, Streit = wie ein Wolf Angreifender

Wolf, Wölfle, Wülfken, Wulf, Ulf, Ulv, Ulvi, Gangel, Volfango, Wolfango, Wolfang, Volfgang, Volbenk, Farkas, Wolfdietrich, Wolf-Dieter, Wolfheinrich

Wolfgang von Regensburg. Bischof. Um die Gestalt des Heiligen existiert bis heute ein lebendiges Brauchtum: es gibt die Wolfgangsgulden und die Wolfgangsbeile. Lange war St. Wolfgang am österreichischen Wolfgangssee der Hauptverehrungsort für den Bischof aus Bayern. Geboren um 925 in Schwaben, war er zunächst Lehrer an der Domschule von Trier. 965 trat er dem Benediktinerorden bei und empfing von Bischof Ulrich von Augsburg die Priesterweihe. 972 wurde er zum Bischof von Regensburg ernannt. Schnell entfaltete er hier eine segensreiche und lang nachwirkende Tätigkeit, er förderte das gesamte Leben in seinem Bistum, insbesondere die Bildung sowohl im Volk als auch im Klerus. Er gründete neue Klöster, reformierte die bestehenden und kümmerte sich persönlich um die Armen und Kranken. Auch als Bischof führte er weiterhin ein asketisches Mönchsleben. Durch seinen Verzicht auf das ihm zustehende bischöfliche Recht in Böhmen ermöglichte er 973 die Gründung des Bistums Prag. Er starb am 31. Oktober 994, beigesetzt wurde er in St. Emmeram in Regensburg. Papst Leo IX. erhob 1052 seine Gebeine zur Ehre der Altäre. – Gedenktag: 31. Oktober

Wolfgang Borchert (dt. Schriftsteller), Wolfgang Clement (dt. Politiker), Johann Wolfgang von Goethe (dt. Dichter), Wolfgang Holbein (dt. Schriftsteller), Wolfgang Amadeus Mozart (österr. Komponist), Wolfgang Petri (dt. Schlagersänger) – Wolf Biermann (dt. Liedermacher), Ulf Merbold (dt. Raumfahrer), Wolfdietrich Schnurre (dt. Schriftsteller)

Register

Weibliche Vornamen

A

Ada > Edith 35f.
Adelfrida > Elfriede 37f.
Adelheid 41, 54
Aggie > Angelika 11
Aggy > Angelika 11
Agi > Agnes 7f.
Agna > Agnes 7f., 59
Agnes 7f., 59
Agnesa > Agnes 7f.
Agnese > Agnes 7f.
Agnet(h)a > Agnes 7f.
Agnete > Agnes 7f.
Agnita > Agnes 7f.
Agnola > Angela 10f.
Aleen > Helena 54ff.
Alejandra > Alexandra 8f.
Al(e)ke > Elke 41
Alessa > Alexandra 8f.
Alessandra > Alexandra 8f.
Alessia > Alexandra 8f.
Alex > Alexandra 8f.
Alexa > Alexandra 8f.
Alexandra 8f., 106
Alexia > Alexandra 8f.
Alfreda > Elfriede 37f.
Alfrida > Elfriede 37f.
Alfryth > Elfriede 37f.
Alice > Adelheid 41, 54 > Alexandra 8f. > Elisabeth 38ff.
Alison > Elisabeth 38ff.
Alja > Alexandra 8f.
Alma > Amalia 9 > Amalie 9
Amalberga > Amalia 9 > Amalie 9
Amalia 9
Amalie 9
Amalina > Amalia 9 > Amalie 9
Amalindis > Amalia 9 > Amalie 9
Amanda 81
Amelia > Amalia 9 > Amalie 9
Amelie > Amalia 9 > Amalie 9
Ameline > Amalia 9 > Amalie 9
Amely > Amalia 9 > Amalie 9
Ämilia > Emily 41f.
An(n)ette > Anna 12ff.
An(n)ika > Anna 12ff.
An(n)ouk > Anna 12ff.
An(n)uschka > Anna 12ff.
An(ne)li > Anna 12ff.
Ana > Anna 12ff.
Andra > Alexandra 8f. > Andrea 9
Andrea 9
Andreane > Andrea 9
Andrée > Andrea 9
Andrejana > Andrea 9
Anette > Annette 12
Ange > Angela 10f.
Angel > Angela 10f.
Angela 10f.
Angelia > Angela 10f.
Angelica > Angelika 11
Angelika 10f.
Angelina > Angela 10f.
Angeline > Angela 10f.
Angélique > Angelika 10f.
Angie > Angela 10f.
Angiola > Angela 10f.
Ania > Anna 12ff.
Anica > Anna 12ff.
Aniela > Angela 10ff.
Anita > Anna 12ff.
Anja > Anna 12ff.
Anjelica > Angelika 11
Anjuschka > Anna 12ff.
Anjuta > Anna 12ff.
Anka > Anna 12ff.
Anke > Anna 12ff.
Ann > Anna 12ff.
Anna 12ff., 52
Annamaria > Anna 12ff. > Maria 84ff.
Anne > Anna 12ff.
Anneke > Anna 12ff.
An(ne)li > Anna 12ff.
Anneliese > Anna 12ff. > Elisabeth 38ff.> Lisa 79
Annemarie >Anna 12ff. > Maria 84ff.
Annerl > Anna 12ff.
Annerose > Anna 12ff.
Annet(t) > Annette 14
Annette 12, 14
Anni > Anna 12ff.
Annie > Anna 12ff.
Annik(a) > Anna 12ff.
Ann-Kathrin > Anna 12ff.
Antine > Antje 15
Antje 12, 15
Antoinette > Antonia 15
Antonella > Antonia 15
Antonetta > Antonia 15
Antonia 15
Antonie > Antonia 15
Antonina > Antonia 15
Armgard > Irmgard 62f.
Asja > Alexandra 8f. > Anna 12ff.

Asta > Astrid 15f.
Asteria > Astrid 15f.
Astra > Astrid 15f.
Astrid 15f.
Avelina 45

B

Babetta > Elisabeth 38ff.
Babette > Barbara 16f. > Elisabeth 38ff.
Babro > Barbara 16ff.
Balba > Barbara 16f.
Barbara 16f.
Barbe > Barbara 16f.
Bärbel > Barbara 16f.
Barberina > Barbara 16f.
Barbi > Barbara 16f.
Barbli > Barbara 16f.
Barbra > Barbara 16f.
Barbro > Barbara 16f.
Basia > Barbara 16f.
Bea > Beate 17f. > Beatrix 18f.
Beata > Beate 17f.
Beate 17f.
Beatrice > Beatrix 18f.
Beatrix 18f.
Beatrixa > Beatrix 18f.
Beatriz > Beatrix 18f.
Becca > Rebekka 98
Beckie > Rebekka 98
Becky > Rebekka 98
Beke > Beate 17f. > Elisabeth 38ff.> Rebekka 98
Bela > Isabel 63f.
Bele > Elisabeth 38ff.> Gabriele 48 > Sibylle 107
Beleke > Sibylle 107
Belilla > Isabel 63f.
Belisa > Isabel 63f.
Bella > Elisabeth 38ff.> Isabel 63f.
Benedetta 19
Berenice > Veronika 119
Berenike > Veronika 119
Bergit(a) > Birgit 19f.
Berit > Birgit 19f.
Bernice > Veronika 119
Beronica > Veronika 119
Bess > Elisabeth 38ff.
Bessie > Elisabeth 38ff.
Bessy > Elisabeth 38ff.
Beth > Elisabeth 38ff.
Betina > Bettina 19
Betine > Bettina 19
Betsy > Elisabeth 38ff.
Betta > Elisabeth 38ff.
Bette > Elisabeth 38ff.
Bettina 19
Betty > Elisabeth 38ff.
Biddy > Brigitte 20f.
Bilke > Sibylle 107
Billa > Sibylle 107
Bille > Sibylle 107
Billie > Sibylle 107
Bina > Sabine 104f.
Bine > Sabine 104f.
Bingel > Sabine 104f.
Birga > Birgit 19f.
Birgid(a) > Birgit 19f.
Birgit 19f.
Birgitt > Birgit 19f.
Birgitta > Birgit 19f.
Birgitte > Birgit 19f.
Birke > Birgit 19f.
Birkide > Birgit 19f.
Birt(h)e > Birgit 19f.
Bolla > Ingeborg 60
Breite > Brigitte 20f.
Briddy > Brigitte 20f.
Bride > Brigitte 20f.
Bridged > Brigitte 20f.
Bridget > Brigitte 20f.
Briga > Brigitte 20f.
Brigida > Brigitte 20f.
Brigide > Brigitte 20f.
Brigitt(a) > Brigitte 20f.
Brigitte 19, 20f., 51
Brina > Sabrina 105
Brit(t) > Brigitte 20f.
Britta > Brigitte 20f.

C

Cäcilia 21f., 50
Cäcilie > Cäcilia 21f.
Calla > Carola 23
Calle > Katharina 72ff.
Cara > Katharina 72ff.
Caren > Katharina 72ff.
Carina > Katharina 72ff.
Carla > Charlotte 24f.
Carlina > Caroline 23f.
Carlot(t)a > Charlotte 24f.
Caro > Caroline 23f.
Carol(e) > Carola 23
Carola 23
Carolin(a) > Caroline 23f.
Caroline 23f., 72
Caroll > Carola 23
Carolyn(e) > Caroline 23f.
Carrie > Carola 23
Carry > Carola 23
Cat(h)arina > Katharina 72ff.
Cat(h)erina > Katharina 72ff.
Catalina > Katharina 72ff.
Catharina > Katharina 72ff.
Catherine > Katharina 72ff.
Cathleen > Katharina 72ff.
Cathrin > Katharina 72ff.
Catrien > Katharina 72ff.
Catriena > Katharina 72ff.
Catrin > Katharina 72ff.
Cecca > Franziska 45f.
Cécile > Cäcilia 21f.
Cecilia > Cäcilia 21f.
Cecilie > Cäcilia 21f.
Cecily > Cäcilia 21f.
Celia > Cäcilia 21f.

Charlott > Charlotte 24f.
Charlotte 23, 24f., 72
Chel > Rahel 97
Chiara > Klara 74f.
Chiarella > Klara 74f.
Chris > Christiane 25f.
Chrissy > Christiane 25f.
Christa 25
Christ(e)l > Christa 25 > Christiane 25f.
Christela > Christa 25
Christele > Christa 25
Christian(n)a > Christiane 25f.
Christiane 25f., 27
Christianne > Christiane 25f.
Christin > Christiane 25f.
Christina > Christiane 25f.
Christine > Christiane 25f.
Christiona > Christiane 25f.
Cicely > Cäcilia 21f.
Cilli > Cäcilia 21f.
Cilly > Cäcilia 21f.
Ciss > Cäcilia 21f.
Cissi > Franziska 45f.
Claire > Klara 74f.
Clairette > Klara 74f.
Clara > Klara 74f.
Clare > Klara 74f.
Cläre > Klara 74f.
Clarette > Klara 74f.
Clarice > Klara 74f.
Clarina > Klara 74f.
Clarinda > Klara 74f.
Clarissa > Klara 74f.
Clarita > Klara 74f.
Clartje > Klara 74f.
Claude > Claudia 28f.
Claudette > Claudia 28f.
Claudia 28f.
Claudiana > Claudia 28f.
Claudiane > Claudia 28f.
Claudine > Claudia 28f.
Claudinette > Claudia 28f.
Clodia > Claudia 28f.
Connie > Cornelia 30f. > Konstanze 76
Conny > Cornelia 30f. > Konstanze 76
Constance > Konstanze 76
Constanza > Konstanze 76
Constanze > Konstanze 76
Cora > Cordula 29f. > Corinna 30 > Cornelia 30f.
Cordel > Cordula 29f.
Cordelia > Cordula 29f.
Cordula 29f. 76
Coretta > Cordula 29f.
Corette > Cordula 29f.
Corin(n)e > Corinna 30
Corina > Corinna 30
Corinna 30
Cornela > Cornelia 30f.
Cornelia 30f.
Cornélie > Cornelia 30f.
Cornell > Cornelia 30f.
Corny > Cornelia 30f.
Corrie > Cordula 29f. > Cornelia 30f.
Corry > Cordula 29f. > Cornelia 30f.
Costanza > Konstanze 76
Crystel > Christa 25

D

Daggi > Dagmar 31
Daggy > Dagmar 31
Dagmar 31
Dagmara > Dagmar 31
Dagny > Dagmar 31
Dana > Daniela 31
Dana > Daniela 31
Danaila > Daniela 31
Danela > Daniela 31
Dania > Daniela 31
Danie > Daniela 31
Daniela 31
Danièle > Daniela 31
Daniella > Daniela 31
Danielle > Daniela 31
Danila > Daniela 31
Danilka > Daniela 31
Danja > Daniela 31
Dany > Daniela 31
Denice > Denise 32
Denise 32
Dénise > Denise 32
Denny > Denise 32
Desider(i)a > Désirée 32
Desire > Désirée 32
Désirée 32
Dian > Diana 32f.
Diana 32f.
Diane > Diana 32f.
Dianne > Diana 32f.
Dina > Christiane 25f.
Dionisia > Denise 32
Dionne > Diana 32f.
Dionysia > Denise 32
Dita > Edith 35f.
Ditte > Edith 35f.
Dodo > Dorothea 33ff.
Dolly > Dorothea 33ff.
Döniz > Denise 32
Dora > Doris 33
Dore > Doris 33
Doreen > Dorothea 33ff.
Doret > Dorothea 33ff.
Doretta > Dorothea 33ff.
Dorette > Dorothea 33ff.
Doria > Doris 33
Dorice > Doris 33
Doriet > Doris 33 > Dorothea 33ff.
Dorina > Dorothea 33ff.
Dorinda > Dorothea 33ff.
Dorinde > Dorothea 33ff.

Doris 33
Dorise > Doris 33
Dorit > Doris 33
Dorita > Doris 33 > Dorothea 33ff.
Dorle > Doris 33
Doro > Dorothea 33ff.
Dorofea > Dorothea 33ff.
Dorota > Dorothea 33ff.
Dorotea > Dorothea 33ff.
Dorothea 33ff.
Dorothée > Dorothea 33ff.
Dorothy > Dorothea 33ff.
Dorris > Doris 33
Dorte > Dorothea 33ff.
Dörte > Dorothea 33ff.
Dortel > Dorothea 33ff.
Dortje > Dagmar 31 > Dorothea 33ff.
Dory > Dorothea 33ff.
Dragomira > Dagmar 31
Druda > Gertrud 49f.
Drudel > Gertrud 49f.
Dutti > Dorothea 33ff.

E

Edda > Edith 35f.
Edite > Edith 35f.
Edith 35f.
Edit(h)a > Edith 35f.
Edithe > Edith 35f.
Edvige > Hedwig 53
Edwige > Hedwig 53
Edwina > Hedwig 53
Edyth > Edith 35f.
Effi > Elfriede 37f.
Eila > Elisabeth 38ff.
Eileen > Helena 54ff.
Eister > Esther 44
Ekaterina > Katharina 72ff.
Ela > Elisabeth 38ff.
Eleanor > Eleonore 36f.
Eleanora > Eleonore 36f.
Elen > Helena 54ff.
Elena > Helena 54ff.
Eleonora > Eleonore 36f.
Eleonore 36f., 52, 94
Elfe > Elfriede 37f.
Elfi > Elfriede 37f.
Elfie > Elfriede 37f.
Elfreda > Elfriede 37f.
Elfrieda > Elfriede 37f.
Elfriede 37f., 46
Elfrith > Elfriede 37f.
Eli > Eleonore 36f.
Eliette > Elisabeth 38ff.
Elin > Helena 54ff.
Elinor > Eleonore 36f.
Elinore > Eleonore 36f.
Elisa > Elisabeth 38ff. > Isabel 63f.
Elisabeth 19, 38ff., 59, 63
Elisabetha > Elisabeth 38ff.
Elisabetta > Elisabeth 38ff.
Elisawet(w)a > Elisabeth 38ff.
Elise > Elisabeth 38ff.
Elisenda > Elisabeth 38ff.
Elixane > Elisabeth 38ff.
Elizabeth > Elisabeth 38ff.
Elka > Elke 41
Elke 41
Ella > Elisabeth 38ff. > Helena 54ff.
Elle > Eleonore > Elisabeth 38ff.
Elleke > Elke 41
Ellen > Helena 54ff.
Elli > Elisabeth 38ff.
Ellinor > Eleonore 36f.
Elly > Eleonore 36f. > Elisabeth 38ff..
Elsa > Elisabeth 38ff.
Elsabe > Elisabeth 38ff.
Elsbeth > Elisabeth 38ff.
Else > Elisabeth38ff.
Elsina > Elisabeth 38ff.
Elske > Elisabeth 38ff.
Eltje > Elke 41
Elzbieta > Elisabeth 38ff.
Em > Emma 42f.
Ema > Emma 42f.
Emanuela > Manuela 81f.
Emele > Emily 41f.
Emelka > Emily 41f.
Emi > Emily 41f. > Emma 42f.
Emila > Emily 41f.
Emilia > Emily 41f.
Emilie > Emily 41f.
Emilka > Emily 41f.
Emily 41f.
Emma 42f.
Emmanuelle > Manuela 81f.
Emme > Emma 42f.
Emmelina > Emma 42f.
Emmeline > Emma 42f.
Emmi > Emily 41f.
Emmi(e) > Emma 42f.
Emmy > Emma 42f.
Ena > Helena 54ff.
Eri > Erika 43
Erica > Erika 43
Erika 43
Erina > Irene 61
Erma > Irma 62
Ermengarda > Irmgard 62f.
Ermengardis > Irmgard 62f.
Ermgard > Irmgard 62f.
Erzsebet > Elisabeth 38ff.
Esfira > Esther 44
Essa > Esther 44
Essie > Esther 44
Esta > Esther 44
Estefania > Stefanie 111
Ester > Esther 44
Esterina > Esther 44

Esther 44
Estrid > Astrid 15f.
Etheldritha > Elfriede 37f.
Etiennette > Stefanie 111
Ev > Eva 44f.
Eva 44f.
Evalilli > Eva 44f.
Evamarete > Eva 44f.
Evamaria > Eva 44f.
Evchen > Eva 44f.
Eve > Eva 44f.
Eveke > Eva 44f.
Eveleen > Evelyn 45
Evelin > Evelyn 45
Evelina > Evelyn 45
Eveline > Evelyn 45
Evelyn 45
Evelyne > Evelyn 45
Everl > Eva 44f.
Everose > Eva 44f.
Evi > Eva 44f.
Evie > Eva 44f.
Evita > Eva 44f.
Evken > Eva 44f.
Ewa > Eva 44f.
Ewe > Eva 44f.
Eydie > Edith 35f.

F

Fanchon > Franziska 45f.
Fanie > Stefanie 111
Fanika > Franziska 45f.
Fannerl > Franziska 45f.
Fanni > Franziska 45f. > Stefanie 111
Fanny > Franziska 45f. > Stefanie 111
Federica > Friederike 47
Fei > Sophia 110
Feie > Sophia 110
Ferike > Franziska 45f.
Fey > Sophia 110
Fi > Sophia 110
Fia > Sophia 110
Fieke > Sophia 110 > Viktoria 119f.
Fige > Sophia 110
Fike > Viktoria 119f.
Fina > Josephine 68f.
Fine > Josephine 68f.
Finette > Josephine 68f.
Frances > Franziska 45f.
Francesca > Franziska 45f.
Francette > Franziska 45f.
Francine > Franziska 45f.
Francis > Franziska 45f.
Francisca > Franziska 45f.
Francoise > Franziska 45f.
Franika > Franziska 45f.
Franja > Franziska 45f.
Frantiska > Franziska 45f.
Fränze > Franziska 45f.
Franzi > Franziska 45f.
Fränzi > Franziska 45f.
Franziska 45f.
Frasquita > Franziska 45f.
Frauke > Veronika 119
Frederica > Friederike 47
Frederika > Friederike 47
Frederike > Friederike 47
Frédérique > Friederike 47
Frieda 46f.
Fri(e)da > Elfriede 37f.
Fricka > Friederike 47
Frida > Frieda 46f.
Friede > Frieda 46f.
Fridel > Frieda 46f.
Frideswide > Frieda 46f.
Frideswitha > Frieda 46f.
Fridl > Frieda 46f.
Fried(e)l > Elfriede 37f. > Frieda 46f.
Friederike 47
Friedeswind > Frieda 46f.
Frigga > Friederike 47
Frigge > Friederike 47
Frika > Friederike 47
Fritzi > Friederike 47
Frony > Veronika 119
Fryderyka > Friederike 47

G

Gabi > Gabriele 48
Gabriela > Gabriele 48
Gabriele 48
Gabriella > Gabriele 48
Gabrielle > Gabriele 48
Gaby > Gabriele 48
Gaenor > Jennifer 66
Gala > Angela 10f.
Ganja > Gabriele 48
Garda > Gerda 48f.
Gawrila > Gabriele 48
Geertje > Gerda 48f.
Gela > Angela 10f. > Gertrud 49f.
Gele > Gertrud 49f.
Geli > Gertrud 49f.
Geltruda > Gertrud 49f.
Geltrudis > Gertrud 49f.
Gerda 48f.
Gerde > Gerda 48f.
Gerdi > Gerda 48f.
Gerdie > Gerda 48f.
Gerdina > Gerda 48f.
Gerdken > Gerda 48f.
Gerdy > Gerda 48f.
Gerke > Gertrud 49f.
Gerta > Gerda 48f.
Gerte > Gerda 48f.
Gerti > Gerda 48f.
Gertraud > Gertrud 49f.
Gertraude > Gertrud 49f.
Gertraudis > Gertrud 49f.
Gertrud 49f.

Gertrude > Gertrud 49f.
Gertrudis > Gertrud 49f.
Gesa > Gertrud 49f.
Gesche > Gertrud 49f.
Gesina > Gertrud 49f.
Gesine > Gertrud 49f.
G(h)islaine > Gisela 50f.
Gianna > Jana 65 > Johanna 66ff.
Giannina > Jana 65 > Johanna 66ff.
Giesa > Gisela 50f.
Gila > Gisela 50f.
Gill > Julia 69ff.
Gilla > Gisela 50f.
Gille > Gisela 50f.
Gillian > Julia 69ff.
Gillie > Julia 69ff.
Gina > Regina 98f.
Ginebra > Jennifer 66
Ginevra > Jennifer 66
Giovanna > Johanna 66ff.
Gisa > Gisela 50f.
Gisberga > Gisela 50f.
Gisburga > Gisela 50f.
Gisela 50f.
Giselberga > Gisela 50f.
Giselberta > Gisela 50f.
Giselburga > Gisela 50f.
Giselda > Gisela 50f.
Gisele > Gisela 50f.
Giselheid > Gisela 50f.
Gisella > Gisela 50f.
Giselle > Gisela 50f.
Gisla > Gisela 50f.
Gismara > Gisela 50f.
Gitta > Brigitte 20f.
Gitte > Brigitte 20f.
Giulia > Julia 69ff.
Giuliana > Julia 69ff.
Giulietta > Julia 69ff.
Giuseppina > Josephine 68f.
Gret > Margaret 82ff.
Gret(h)a > Margaret 82ff.
Gret(h)e > Margaret 82ff.
Gudrun 51f.
Gudrune > Gudrun 51f.
Gudula > Gudrun 51f.
Gudule > Gudrun 51f.
Guenièvre > Jennifer 66
Guinevere > Jennifer 66
Gul > Gudrun 51f.
Gundela > Gudrun 51f.
Gunderun > Gudrun 51f.
Gundrun > Gudrun 51f.
Gundula > Gudrun 51f.
Gutrune > Gudrun 51f.
Gwendolin > Jennifer 66

H

Hadassa > Esther 44
Hadewig > Hedwig 53
Halina > Helena 54ff.
Halinka > Helena 54ff.
Halka > Helena 54ff.
Hanja > Johanna 66ff.
Hanka > Johanna 66ff.
Hanke > Johanna 66ff.
Hanna > Johanna 66ff.
Hanna(h) > Anna 12ff. > Johanna 66ff.
Hannchen > Johanna 66ff.
Hanne > Anna 12ff. > Johanna 66ff.
Hannelore 52
Hannerl > Johanna 66ff.
Hanni > Johanna 66ff.
Hanny > Johanna 66ff.
Hansi > Johanna 66ff.
Hed(d)a > Hedwig 53
Hed(d)y > Hedwig 53
Hede > Hedwig 53
Hedel > Hedwig 53
Hedewig > Hedwig 53
Hedi > Hedwig 53
Hedvig > Hedwig 53
Hedwig 53
Hedwigis > Hedwig 53
Heida > Heidi 54
Heide > Heidi 54
Heidegret > Heidi 54
Heidelinde > Heidi 54
Heidelore > Heidi 54
Heidemarie > Heidi 54
Heiderose > Heidi 54
Heidi 54
Heidina > Heidi 54
Heidrun > Heidi 54
Heidwig > Heidi 54
Heike 54
Heinrike > Heike 54
Hela > Helga 56f.
Helen > Helena 36, 54ff., 78
Helena 54ff.
Helene > Helena 54ff.
Helga 56f.
Heli > Helena 54ff.
Helke > Helga 56f.
Hella > Helena 54ff. > Helga 56f.
Helle > Helga 56f.
Helli > Helga 56f.
Hemma > Emma 42f.
Henny > Helena 56f.
Henrike > Heike 54
Hert(h)a 57
Hese > Hedwig 53
Heseke > Hedwig 53
Hester > Esther 44
Hetty > Hedwig 53
Hidda > Hildegard 57ff.
Hilda > Hildegard 57ff.
Hilde > Hildegard 57ff.
Hildegard 57ff.
Hilga > Helga 56f.
Hilke > Hildegard 57ff.
Hilla > Hildegard 57ff.
Hilta > Hildegard 57ff.
Hroswitha > Roswitha 103

I

Idita > Jutta 71
Ildegarda > Hildegard 57ff.
Ilga > Helga 56ff.
Iliana > Helena 54ff.
> Julia 69ff.
Iliane > Julia 69ff.
Ilka > Helena 54ff.
Ilona > Helena 54ff.
Ilonka > Helena 54ff.
Ilsa > Elisabeth 38ff.
Ilsabe > Elisabeth 38ff.
Ilse > Elisabeth 38ff.
Ilsebill > Isabel 63f.
Ilsegard > Hildegard 57ff.
Im(m)ina > Emma 42f.
Imela > Irma 62
Imelda > Irma 62
Imka > Irma 62
Imke > Emma 42f.
Imma > Emma 42f.
Imme > Emma 42f.
Ina > Caroline 23
> Katharina 72ff.
> Regina 98f.
Ine > Katharina > Regina 98f.
Ines > Agnes 7f.
Inga > Inge 59
Inge 59
Ingeborg 60
Ingeburg > Ingeborg 60
Ingeburga > Ingeborg 60
Ingela > Inge 59
Ingelore > Inge 59
Ingelotte > Inge 59
Ingemarie > Inge 59
Inger > Ingrid 60f.
Ingerid > Ingrid 60f.
Ingerose > Inge 59
Ingetraud > Inge 59
Ingrid 60f.
Inka > Inge 59
Inke > Inge 59
Inken > Inge 59
Inse > Inge 59
Inske > Inge 59
Ira > Irene 61
Ireen > Irene 61
Iren > Irene 61
Irena > Irene 61
Irene 61
Irène > Irene 61
Irina > Irene 61
Irinka > Irene 61
Irka > Irene 61
Irm > Irma 62
Irma 62
Irmberga > Irma 62
Irmchen > Irma 62
Irmela > Irma 62
Irmelda > Irma 62
Irmelies > Irma 62
Irmelin > Irma 62
Irmenburg > Irma 62
Irmene > Irma 62
Irmengard > Irmgard 62f.
Irmgard 62f.
Irmi > Irma 62
Irmina > Irma 62
Irmingard > Irmgard 62f.
Irmline > Irma 62
Irmtrud > Irma 62 > Irmgard 62f.
Isa > Elisabeth 38ff.
> Isabel(le) 63f. > Luise 80f.
Isabe > Isabel 63f.
Isabeau > Elisabeth 38ff.
> Isabel 63f.
Isabel 63f.
Isabell > Isabel 63f.
Isabella > Elisabeth 38ff.
> Isabel 63f.
Isabelle > Isabel 63f.
Isobel > Isabel 63f.
Itta > Jutta 71
Iva > Yvonne 121
Ivanna > Johanna 66ff.
Ivetta > Yvonne 121
Ivette > Yvonne 121
Ivona > Yvonne 121
Ivonne > Yvonne 121
Izabel > Isabel 63f.

J

Jackie > Jacqueline 64
Jacky > Jacqueline 64
Jacqueline 64
Jadwiga > Hedwig 53
Jakeline > Jacqueline 64
Jakobine > Jacqueline 64
Jana 65
Jane > Christiane 25f.
> Johanna 66ff.
Janika > Jana 65
Janina > Jana 65
Janine > Jana 65 > Johanna 66ff.
Janita > Jana 65
Janka > Jana 65 > Johanna 66ff.
Janna > Jana 65
Janne > Jana 65
Janneke > Jana 65
Jannina > Jana 65
Jannine > Jana 65
Janny > Jana 65
Jantina > Jana 65
Janula > Johanna 66ff.
Jasmin 65
Jasmina > Jasmin 65
Jasminka > Jasmin 65
Jean > Johanna 66ff.
Jean(n)ette > Johanna 66ff.
Jeaninne > Johanna 66ff.
Jeanne > Johanna 66ff.
Jehanna > Johanna 66ff.
Jekateria > Katharina 72ff.

Jelena > Helena 54ff.
Jelisaweta > Elisabeth 38ff.
Jelka > Helena 54ff.
Jella > Gabriele 48
Jenifer > Jennifer 66
Jennefer > Jennifer 66
Jenni > Jennifer 66
Jennie > Jennifer 66
Jennifer 66
Jenny > Jennifer 66
> Johanna 66ff.
Jensine > Johanna 66ff.
Jess > Jessica 66
Jessi > Johanna 66ff.
Jessica 66
Jessika > Jessica 66
Jessy > Johanna 66ff.
Jessye > Johanna 66ff.
Jette > Elisabeth 38ff.
Jeva > Eva 44f.
Jevka > Eva 44f.
Jil > Julia 69ff.
Jill > Julia 69ff.
Jitka > Jutta 71
Joan > Johanna 66ff.
Joan(n)a > Johanna 66ff.
Joanne > Johanna 66ff.
Johanna 52, 65, 66ff.
Johanne > Johanna 66ff.
Johannetta > Johanna 66ff.
Johannina > Johanna 66ff.
Joka > Johanna 66ff.
Jonna > Johanna 66ff.
Josefa > Josephine 68f.
Josefina > Josephine 68f.
Josefine > Josephine 68f.
Josefita > Josephine 68f.
Josepha > Josephine 68f.
Josephine 68f.
Josette > Josephine 68f.
Josi > Josephine 68f.
Josiana > Josephine 68f.
Josiane > Josephine 68f.
Josianna > Josephine 68f.
Josie > Josephine 68f.
Josy > Josephine 68f.
Jot > Jutta 71
Jovanka > Johanna 66ff.
Juana > Johanna 66ff.
Juanita > Johanna 66ff.
Judenta > Judith 69
Judif > Judith 69
Judintha > Judith 69
Judit > Judith 69
Judita > Judith 69
Judith 69, 71
Juditha > Judith 69
Juditta > Judith 69
Judy > Judith 69
Jula > Julia 69ff.
Julchen > Julia 69ff.
Jule > Julia 69ff.
Julia 69ff.
Juliana > Julia 69ff.
Juliane > Julia 69ff.
Julianka > Julia 69ff.
Julianne > Julia 69ff.
Julie > Julia 69ff.
Julienne > Julia 69ff.
Juliet > Julia 69ff.
Julietta > Julia 69ff.
Juliette > Julia 69ff.
Julija > Julia 69ff.
Julika > Julia 69ff.
Juliska > Julia 69ff.
Julita > Julia 69ff.
Julka > Julia 69ff.
July > Julia 69ff.
Jut > Jutta 71
Juta > Jutta 71
Jüth > Jutta 71
Juthitta > Judith 69
Jutka > Jutta 71
Jutta 69, 71
Jutte > Jutta 71
Jütte > Jutta 71
Jytte > Jutta 71

K

Kai > Katharina 72ff.
Kaja > Katharina 72ff.
Kareen > Katharina 72ff.
Karelina > Caroline 23f.
Karen > Katharina 72ff.
Karena > Katharina 72ff.
Kari > Katharina 72ff.
Karilina > Caroline 23f.
Karin > Katharina 72ff.
Karina > Katharina 72ff.
Karine > Katharina 72ff.
Karla > Charlotte 24f.
Karlin(e) > Carola 23
Karlina > Caroline 23ff.
Karna > Katharina 72ff.
Karo > Caroline 23f.
Karola > Carola 23
Karolin > Caroline 23f.
Karolina > Caroline 23f.
Karoline > Caroline 23f.
Karsta > Christa 25
Kata > Katharina 72ff.
Katalin > Katharina 72ff.
Katalyn > Katharina 72ff.
Katarina > Katharina 72ff.
Katarzyna > Katharina 72ff.
Kätchen > Katharina 72ff.
Kate > Katharina 72ff.
Kateline > Katharina 72ff.
Kateri > Katharina 72ff.
Katharina 22,24, 72ff.
Katharine > Katharina 72ff.
Kat(h)erina > Katharina 72ff.
Käthe > Katharina 72ff.
Kathi > Katharina 72ff.
Kathleen > Katharina 72ff.
Kathrein > Katharina 72ff.
Kathrin > Katharina 72ff.
Kathrina > Katharina 72ff.
Kathrine > Katharina 72ff.

Käthy > Katharina 72ff.
Kati > Katharina 72ff.
Katia > Katharina 72ff.
Katinka > Katharina 72ff.
Katja > Katharina 72ff.
Katjana > Katharina 72ff.
Katka > Katharina 72ff.
Katna > Katharina 72ff.
Katrein > Katharina 72ff.
Katrin > Katharina 72ff.
Katrischa > Katharina 72ff.
Katty > Katharina 72ff.
Kay > Katharina 72ff.
Kaya > Katharina 72ff.
Kersten > Christiane 25f.
Kersti > Christiane 25f.
Kerstin > Christiane 25f.
Kerstina > Christiane 25f.
Kirsten > Christiane 25f.
Kirsti > Christiane 25f.
Kirstin > Christiane 25f.
Kitty > Katharina 72ff.
Klara 28, 74f.
Klärchen > Klara 74f.
Kläre > Klara 74f.
Klarina > Klara 74f.
Klarinda > Klara 74f.
Klarissa > Klara 74f.
Klaudia > Claudia 28f.
Klaudiana > Claudia 28f.
Konny > Konstanze 76
Konstans > Konstanze 76
Konstantia > Konstanze 76
Konstanze 29, 76
Kora > Cordula 29f.
Kordel > Cordula 29f.
Kordelia > Cordula 29f.
Kordula > Cordula 29f.
Kore > Corinna 30
Korinna > Corinna 30
Korinne > Corinna 30
Kornelia > Cornelia 30f.
Krista > Christa 25
Kristian(n)e > Christiane 25f.
Kristiana > Christiane 25f.
Kristin > Christiane 25f.
Kristina > Christiane 25f.
Kristine > Christiane 25f.
Krystel > Christa 25

L

Lale > Laura 77
Lalla > Laura 77
Lara > Laura 77
Larsina > Laura 77
Laura 77
Laure > Laura 77
Laureen > Laura 77
Laureina > Laura 77
Laurena > Laura 77
Laurentia > Laura 77
Laurentien > Laura 77
Laurentina > Laura 77
Laurentine > Laura 77
Laurenza > Laura 77
Laurette > Laura 77
Laurine > Laura 77
Lea 78
Leah > Lea 78
Lee > Eleonore 36f.
Lena > Helena 54ff.
Lenchen > Helena 54ff.
Lene > Helena 54ff.
Leni > Helena 54ff.
Lenka > Helena 54ff.
Lenore > Eleonore 36f.
Lenorka > Eleonore 36f.
Leonella > Leonie 78f.
Leonia > Leonie 78f.
Leonie 78f.
Leonilla > Leonie 78f.
Leonora > Eleonore 36f.
Leonore > Eleonore 36f.
Leontina > Leonie 78f.
Leontine > Leonie 78f.
Leonzia > Leonie 78f.
Lexa > Alexandra 8f.
Li(e)se > Elisabeth 38ff.
Lia > Cornelia 30f. > Elisabeth 38ff. > Julia 69ff. > Lea 78
Liane > Julia 69ff.
Lies > Elisabeth 38ff.
Lies(e)l > Elisabeth 38ff.
Li(e)selotte 79
Liessie > Elisabeth 38ff.
Lil > Elisabeth 38ff. > Julia 69ff.
Lili > Elisabeth > Julia 69ff.
Lilian > Elisabeth 38ff.
Lilli > Elisabeth 38ff. > Julia 69ff.
Lilly > Elisabeth 38ff. > Julia 69ff.
Lilo 79
Lina > Caroline 23f.
Linda > Sieglinde 108
Line > Caroline 23f.
Lis > Elisabeth 38ff.
Lisa > Elisabeth 38ff.
Lisbeth > Elisabeth 38ff.
Lisenka > Elisabeth 38ff.
Lisetta > Elisabeth 38ff.
Lisette > Elisabeth 38ff.
Lissy > Elisabeth 38ff.
Liz > Elisabeth 38ff.
Liza > Elisabeth 38ff.
Lola > Caroline 23f. > Charlotte 24f.
Lolita > Charlotte 24f.
Lolo > Charlotte 24f.
Lon(n)i > Leonie 78f.
Lon(n)y > Leonie 78f.
Lona > Leonie 78f.
Lone > Leonie 78f.
Lonje > Leonie 78f.
Lora > Laura 77
Lore > Eleonore 36f. > Laura 77
Loredana > Laura 77

Lorella > Laura 77
Lorena > Laura 77
Lorene > Laura 77
Lorenza > Laura 77
Loretta > Laura 77
Lorette > Laura 77
Lorina > Laura 77
Lorita > Laura 77
Loritta > Laura 77
Lorle > Laura 77
Lotte > Charlotte 24f.
Lou > Luise 80f.
Louisa > Luise 80f.
Louise > Luise 80f.
L(o)uisella > Luise 80f.
Lu > Luise 80f.
Ludovica > Luise 80f.
Ludowika > Luise 80f.
Luigia > Luise 80f.
Luisa > Luise 80f.
Luise 80f.

M

Madge > Margaret 82ff.
Mae > Maria 84ff.
Mafalda > Mathilde 89f.
Mag > Margaret 82ff.
Magdalena > Marlene 87
Maggy > Margaret 82ff.
Magie > Margaret 82ff.
Mago > Margaret 82ff.
Maika > Maria 84ff.
Maike > Maria 84ff.
Maire > Maria 84ff.
Maja > Maria 84ff.
Mala > Amalia 9 > Amalie 9
Malanka > Melanie 90
Malchen > Amalia 9 > Amalie 9
Male > Amalia 9 > Amalie 9
Malenka > Melanie 90
Mali > Amalia 9 > Amalie 9
Mami > Maria 84ff.
Mana > Manuela 81f.
Manda > Mandy 81
Mandi > Mandy 81
Mandy 81
Manka > Maria 84ff.
Manon > Maria 84ff.
Manuela 81f.
Manuelita > Manuela 81f.
Manuella > Manuela 81f.
Manuelle > Manuela 81f.
Mara > Maria 84ff.
Marcia > Maria 84ff.
Mareike > Maria 84ff.
Maren > Maria 84ff.
Maret > Margaret 82f.
Marfa > Martha 87f.
Marga > Margaret 82ff.
Margalida > Margaret 82ff.
Margalita > Margaret 82ff.
Margaret 82ff., 100
Margaret(h)a > Margaret 82ff.
Margarete > Margaret 82ff.
Margarethe > Margaret 82ff.
Margarita > Margaret 82ff.
Margaritta > Margaret 82ff.
Margarte > Margaret 82ff.
Margery > Margaret 82ff.
Margherita > Margaret 82ff.
Margit > Margaret 82ff.
Margita > Margaret 82ff.
Margitta > Margaret 82ff.
Margo > Margaret 82ff.
Margot > Margaret 82ff.
Margotine > Margaret 82ff.
Margret > Margaret 82ff.
Margrethe > Margaret 82ff.
Margriet > Margaret 82ff.
Margrit > Margaret 82ff.
Marguérite > Margaret 82ff.
Maria 84ff.
Mariah > Maria 84ff.
Mariana > Maria 84ff. > Marianne 86f.
Marianna > Marianne 86f.
Marianne 86f.
Marie > Maria 84ff.
Mariechen > Maria 84ff.
Marieke > Maria 84ff.
Mariele > Maria 84ff.
Mariella > Maria 84ff.
Marieluise > Maria 84ff.
Marietheres > Maria 84ff.
Marietta > Maria 84ff.
Marija > Maria 84ff.
Marika > Maria 84ff.
Marilene > Marlene 87
Marilyn > Maria 84ff.
Marinella > Maria 84ff.
Marion > Maria 84ff.
Marisa > Maria 84ff.
Mariska > Maria 84ff.
Marit > Margaret 82ff.
Marita > Margaret 82ff.
Marita > Maria 84ff.
Marja > Maria 84ff.
Marjorie > Margaret 82ff.
Marka > Maria 84ff.
Marketta > Margaret 82ff.
Marla > Marlene 87
Marle > Marlene 87
Marleen > Marlene 87
Marlen > Marlene 87
Marlene 87
Marta > Martha 87f.
Marte > Martha 87f.
Märte > Martha 87f.
Märtel > Martha 87f.
Martha 87f.
Märtha > Martha 87f.
Marthe > Martha 87f.
Märthe > Martha 87f.

Marti > Martina 88f.
Martina 88f.
Martine > Martina 88f.
Martje > Martha 87f.
Marula > Maria 84ff.
Maruscha > Maria 84ff.
Maruska > Maria 84ff.
Mary > Maria 84ff.
Marya > Maria 84ff.
Maryse > Maria 84ff.
Mascha > Maria 84ff.
Mat > Martha 87f.
Mat(h)ilda > Mathilde 89f.
Mathilde 89f.
Matilde > Mathilde 89f.
Matty > Martha 87f.
Matty > Mathilde 89f.
Maud > Mathilde 89f.
Maude > Mathilde 89f.
Maudie > Mathilde 89f.
Maureen > Maria 84ff.
May > Maria 84ff.
Mechteld > Mathilde 89f.
Mechthild(e) > Mathilde 89f.
Mechtild > Mathilde 89f.
Meeltje > Melanie 90
Meg > Margaret 82ff.
Meggy > Margaret 82ff.
Meike > Maria 84ff.
Mel > Melanie 90
Mela > Melanie 90
Melana > Melanie 90
Melania > Melanie 90
Melanie 90
Melanija > Melanie 90
Melanka > Melanie 90
Melany > Melanie 90
Mele > Melanie 90
Meline > Amalia 9 > Amalie 9 > Melanie 90
Mellony > Melanie 90
Melly > Melanie 90
Meloney > Melanie 90
Menka > Melanie 90
Merete > Margaret 82ff.
Merga > Maria 84ff.
Meri > Maria 84ff.
Merit > Margaret 82ff.
Merta > Margaret 82ff.
Meta > Margaret 82ff. > Mathilde 89f.
Mete > Mathilde 89f.
Mettild > Mathilde 89f.
Mia > Maria 84ff.
Micaela > Michaela 90f.
Michaela 90f.
Michaele > Michaela 90f.
Michaeline > Michaela 90f.
Michalina > Michaela 90f.
Michaline > Michaela 90f.
Michela > Michaela 90f.
Michèle > Michaela 90f.
Michelina > Michaela 90f.
Micheline > Michaela 90f.
Michelle > Michaela 90f.
Mie > Maria 84ff.
Mieke > Maria 84ff.
Mielchen > Emily 41f.
Miele > Emily 41f.
Migeli > Emily 41f.
Miggi > Emily 41f.
Miguela > Michaela 90f.
Mihaela > Michaela 90f.
Mihala > Michaela 90f.
Mikala > Michaela 90f.
Mikela > Michaela 90f.
Mikele > Michaela 90f.
Mila > Emily 41f.
Miliane > Emily 41f.
Milka > Emily 41f.
Mille > Melanie 90
Milli(e) > Emily 41f.
Mimi > Maria 84ff.
Miquela > Michaela 90f.
Mira > Maria 84ff.
Miri > Maria 84ff.
Miriam > Maria 84ff.
Mirjam > Maria 84ff.
Mirl > Maria 84ff.
Mizzi > Maria 84ff.
Molly > Maria 84ff.
Mona > Monika 91f.
Moncha > Monika 91f.
Mone > Monika 91f.
Moni > Monika 91f.
Monica > Monika 91f.
Monika 91f.
Monike > Monika 91f.
Monique > Monika 91f.
Monnica > Monika 91f.
Myrjam > Maria 84ff.

N

Nada > Nadine 93
Nadascha > Natalie 93f.
Nadeschda > Nadine 93
Nadia > Nadine 93
Nadina > Nadine 93
Nadine 93
Nadinka > Nadine 93
Nadja > Nadine 93
Nadjeschda > Nadine 93
Nadya > Nadine 93
Nancy > Anna 12ff.
Nane > Anna 12ff. > Christiane 25f.
Nanette > Anna 12ff.
Nanine > Anna 12ff.
Nanna > Marianne 86f.
Nanne > Marianne 86f.
Nannerl > Anna 12ff.
Nanni > Anna 12ff.
Nanny > Anna 12ff.
Nanon > Anna 12ff.
Nata > Natalie 93f. > Renate 99f.
Natali > Natalie 93f.
Natalia > Natalie 93f.
Natalie 93f.

Natalija > Natalie 93f.
Natalina > Natalie 93f.
Natalja > Natalie 93f.
Natalka > Natalie 93f.
Nataly > Natalie 93f.
Natasa > Natalie 93f.
Natascha > Natalie 93f.
Nate > Renate 99f.
Nathalie > Natalie 93f.
Nati > Renate 99f.
Natina > Natalie 93f.
Natti > Renate 99f.
Ne(h)le > Cornelia 30f.
Neela > Cornelia 30f.
Neelke > Cornelia 30f.
Nel > Cornelia 30f. > Eleonore 36f.
Nelia > Cornelia 30f.
Nelie > Cornelia 30f.
Nella > Cornelia 30f. > Helena 54ff.
Nelli > Cornelia 30f. > Eleo-nore 36f.
Nelly > Cornelia 30f. > Eleonore 36f.
Nena > Helena 54ff.
Neonilla > Leonie 78f.
Nesa > Agnes 7f.
Nete > Agnes 7f.
Netta > Annette 14
Netti > Annette 14 > Katharina 72ff.
Netty > Annette 14 > Katharina 72ff.
Nicky > Nicole 94 > Veronika 119
Nicla > Nicole 94
Nicol > Nicole 94
Nicole 94
Nicoletta > Nicole 94
Nicolette > Nicole 94
Niki > Nicole 94
Nikol > Nicole 94
Nikoletta > Nicole 94
Nikoline > Nicole 94
Nila > Daniela 31
Nina > Christiane 25f. > Elisabeth 38ff. > Antonia 15
Noelle > Natalie 93f.
Noor > Eleonore 36f.
Nora > Eleonore 36f.
Nore > Eleonore 36f.
Noreen > Eleonore 36f.
Norina > Eleonore 36f.
Nortje > Eleonore 36f.
Nuschi > Ursula 116f.

O

Oda > Ute 118
Olga > Helga 56f.
Orsch > Ursula 116f.
Orscheli > Ursula 116f.
Orseli > Ursula 116f.
Orsine > Ursula 116f.
Orsola > Ursula 116f.
Orsolya > Ursula 116f.
Orthia > Dorothea 33ff.

P

Padge > Margaret 82ff.
Page > Margaret 82ff.
Paola > Paula 95f.
Paolina > Paula 95f.
Pat > Patricia 94f.
Patricia 94f.
Patrizia > Patricia 94f.
Patsy > Mathilde 89f. > Patricia 94f.
Patty > Mathilde 89f. > Patricia 94f.
Paula 95f.
Paule > Paula 95f.
Paulette > Paula 95f.
Paulina > Paula 95f.
Pauline > Paula 95f.
Pavla > Paula 95f.
Peetje > Petra 96
Peg > Margaret 82ff.
Peggy > Margaret 82ff.
Pepita > Josephine 68f.
Perette > Petra 96
Peterke > Petra 96
Petke > Petra 96
Petra 96
Petrina > Petra 96
Phie > Sophia 110
Phya > Sophia 110
Piera > Petra 96
Pierina > Petra 96
Pierrette > Petra 96
Pierrine > Petra 96
Pieterke > Petra 96
Pietje > Petra 96
Pietra > Petra 96
Pola > Paula 95f.
Polly > Maria 84ff.

R

Rachael > Rahel 97
Rachel > Rahel 97
Rachele > Rahel 97
Rachelle > Rahel 97
Ragie > Rahel 97
Rahel 97
Rakel > Rahel 97
Raquel > Rahel 97
Raquela > Rahel 97
Ray > Rahel 97
Reba > Rebekka 98
Rebe(c)ka > Rebekka 98
Rebec(c)a > Rebekka 98
Rebecque > Rebekka 98
Rebekah > Rebekka 98
Rebekka 98
Reda > Rita 100f.
Rega > Regina 98f.
Regina 98f.
Regine > Regina 98f.
Rena > Irene 61 > Renate 99f. > Verena 118f.
Renata > Renate 99f.

Renate 99f.
Rene > Renate 99f.
> Verena 118f.
Renée > Renate 99f.
Renette > Renate 99f.
Reni > Irene 61 > Renate 99f.
Renja > Regina 98f.
Rentje > Renate 99f.
Res > Theresia 113ff.
Reserl > Theresia 113ff.
Resi > Theresia 113ff.
Resl > Theresia 113ff.
Resli > Theresia 113ff.
Reta > Rita 100f.
Revekka > Rebekka 98
Rey > Rahel 97
Ri(e)ke > Ulrike 115f.
Ria > Maria 84ff.
Ricka > Friederike 47
Rika > Erika 43 > Friederike 47 > Maria 94ff. > Ulrike 115f.
Rike > Friederike 47
Riken > Erika 43 > Ulrike 115f.
Rina > Katharina 72ff.
Rita 82, 100f.
Rivkah > Rebekka 98
Romy > Rosa 101ff.
Ronnie > Veronika 119
Ros > Rosa 101ff.
Rosa 101ff.
Rosalia > Rosa 101ff.
Rosalie > Rosa 101ff.
Rosamunde > Rosa 101ff.
Rosanna > Rosa 101ff.
Rosaria > Rosa 101ff.
Röschen > Rosa 101ff.
Rose > Rosa 101ff.
Ros(e)l > Rosa 101ff.
Roselene > Rosa 101ff.
Roselinde > Rosa 101ff.
Roselita > Rosa 101ff.
Rosemarie 103
Ros(e)marie > Rosa 101ff.
Ros(s)ella > Rosa 101ff.
Ros(s)ellina > Rosa 101ff.
Rosetta > Rosa 101ff.
Rosi > Rosa 101ff.
Rosika > Rosa 101ff.
Rosina > Rosa 101ff.
Rosine > Rosa 101ff.
Rosita > Rosa 101ff.
Rosmargret > Rosa 101ff.
Roswith > Roswitha 103
Roswitha 101, 103
Rosyne > Rosa 101ff.
Rut > Ruth 103f.
Ruta > Ruth 103f.
Rutena > Ruth 103f.
Ruth 103f.
Ruthena > Ruth 103f.

S

Saartje > Sara 106
Sabela > Elisabeth 38ff.
Sabina > Sabine 104f.
Sabine 104f.
Sabri > Sabrina 105
Sabrin > Sabrina 105
Sabrina 105
Sad > Sara 106
Saddie > Sara 106
Sadie > Sara 106
Sagga > Sara 106
Sallie > Sara 106
Sally > Sara 106
Sandra > Alexandra 8f.
Sandrina > Alexandra 8f.
Sandrine > Alexandra 8f.
Sandy > Alexandra 8f.
Sanja > Alexandra 8f.
Sanna > Susanne 111f.
Sanne > Susanne 111f.
Sanneke > Susanne 111f.
Sanni > Susanne 111f.
Sanny > Susanne 111f.
Santje > Susanne 111f.
Sara 106
Sarah > Sara 106
Sari > Sara 106
Sarie > Sara 106
Sarika > Sara 106
Sarina > Sara 106
Sarra > Sara 106
Saskia 107
Sassa > Sara 106
Sassy > Sara 106
Savina > Sabine 104f.
Savine > Sabine 104f.
Seferl > Josephine 68f.
Segri > Sigrid 108
Selinde > Sieglinde 108
Sheila > Cäcilia 21f.
Shelley > Rahel 97
Shelly > Rahel 97
Sib > Sibylle 107
Sibilla > Sibylle 107
Sibulla > Sibylle 107
Sibyl > Sibylle 107
Sibylla > Sibylle 107
Sibylle 107
Sibyllina > Sibylle 107
Sieggie > Sigrid 108
Sieglind > Sieglinde 108
Sieglinde 108
Siegrid > Sigrid 108
Sigerith > Sigrid 108
Sigga > Sigrid 108
Sigi > Sigrid 108
Siglind > Sieglinde 108
Siglinde > Sieglinde 108
Sigri > Sigrid 108
Sigrid 108
Sigrit > Sigrid 108
Silja > Cäcilia 21f.
Silje > Cäcilia 21f. > Gisela 50f.
Silka > Cäcilia 21f.
> Gisela 50f.
Silke > Cäcilia 21f.
> Gisela 50f.
Silva > Silvia 108f.

Silvana > Silvia 108f.
Silvelie > Silvia 108f.
Silvelin > Silvia 108f.
Silvetta > Silvia 108f.
Silvette > Silvia 108f.
Silvia 108f.
Silvie > Silvia 108f.
Silvina > Silvia 108f.
Simen > Simone 109
Simke > Simone 109
Simkje > Simone 109
Simona > Simone 109
Simone 109
Simonetta > Simone 109
Simonette > Simone 109
Simonia > Simone 109
Simonie > Simone 109
Simonne > Simone 109
Siri > Sigrid 108
Sirid > Sigrid 108
Sirida > Sigrid 108
Sirin > Sigrid 108
Sissi > Bettina 19 > Elisabeth 38ff.
Sissy > Elisabeth 38ff.
Sivvy > Silvia 108
Soffi > Sophia 110
Sofi > Sophia 110
Sofia > Sophia 110
Sofie > Sophia 110
Sonia > Sonja 110
Sonja 110
Sonya > Sonja 110
Sophia 110
Sophie > Sophia 110
Sophy > Sophia 110
Sownja > Sonja 110 > Sophia 110
Stanze > Konstanze 76
Stanzel > Konstanze 76
Stanzerl > Konstanze 76
Stanzi > Konstanze 76
Stefa > Stefanie 111
Stefana > Stefanie 111
Stefania > Stefanie 111
Stefanida > Stefanie 111
Stefanie 111
Stefel > Stefanie 111
Steffi > Stefanie 111
Stefka > Stefanie 111
Stephania > Stefanie 111
Stephanie 111
Stephine > Stefanie 111
Su > Susanne 111f.
Sue > Susanne 111f.
Sula > Ursula 116f.
Sus > Susanne 111f.
Susa > Susanne 111f.
Susan(n) > Susanne 111f.
Susana > Susanne 111f.
Susanka > Susanne 111f.
Susanna > Susanne 111f.
Susanne 111f.
Suse > Susanne 111f.
Susen > Susanne 111f.
Susette > Susanne 111f.
Susi > Susanne 111f.
Susie > Susanne 111f.
Suson > Susanne 111f.
Susy > Susanne 111f.
Suzanne > Susanne 111f.
Suzette > Susanne 111f.
Sybil > Sibylle 107
Sybille > Sibylle 107
Sylke > Cäcilia 21f. > Gisela 50f.
Sylva > Silvia 108f.
Sylvelin > Silvia 108f.
Sylvi > Silvia 108f.
Sylvia > Silvia 108f.
Sylviane > Silvia 108f.
Sylvie > Silvia 108f.
Sylwia > Silvia 108f.
Szabina > Sabine 104f.

T

Taina > Tatjana 112f.
Tamara 112
Tammy > Tamara 112
Tania > Tatjana 112f.
Tanja > Tatjana 112f.
Tanjura > Tatjana 112f.
Tanya > Tatjana 112f.
Tara > Tamara 112
Tasja > Tatjana 112f.
Tata > Tatjana 112f.
Tatiana > Tatjana 112f.
Tatienne > Tatjana 112f.
Tatjana 112f.
Taziana > Tatjana 112f.
Teresa > Theresia 113ff.
Terese > Theresia 113ff.
Teresita > Theresia 113ff.
Terezie > Theresia 113ff.
Terka > Theresia 113ff.
Tess > Theresia 113ff.
Tessa > Theresia 113ff.
Tessie > Theresia 113ff.
Tessy > Theresia 113ff.
Thamar > Tamara 112
Thea > Dorothea 33ff. > Theresia 113ff.
Theda > Dorothea 33ff.
Theodora > Dorothea 33ff.
Theres > Theresia 113ff.
Theresa > Theresia 113ff.
Therese > Theresia 113ff.
Theresia 113ff.
Theresina > Theresia 113ff.
Thery > Theresia 113ff.
Thesi > Theresia 113ff.
Thesy > Theresia 113ff.
Thilde > Mathilde 89f.
Tiana > Christiane 25f.
Tien(n)ette > Stefanie 111
Tilde > Mathilde 89f.
Tilla > Mathilde 89f.
Tilly > Mathilde 89f.
Tina > Martina 88f.
Tine > Martina 88f.
Tinette > Martina 88f.
Tinka > Katharina 72ff.

Toma > Tamara 112
Toni > Antonia 15
Tonja > Antonia 15
Tony > Antonia 15
Tonya > Tatjana 112f.
Tracey > Theresia 113ff.
Tracy > Theresia 113ff.
Traudchen > Gertrud 49f.
Traud(e)l > Gertrud 49f.
Traute > Gertrud 49f.
Tricia > Patricia 94f.
Trigga > Friederike 47
Trina > Katharina 72ff.
Trine > Katharina 72ff.
Trix > Beatrix 18f.
Trixa > Beatrix 18f.
Trixi(e) > Beatrix 18f.
Trude > Gertrud 49f. > Waltraud 120f.
Trudel > Gertrud 49f.
Trudi > Gertrud 49f.
Trudie > Gertrud 49f.
Trudl > Gertrud 49f.
Trudy > Gertrud 49f.
Trui > Gertrud 49f.
Tusja > Natalie 93f.

U

Uli > Ulrike 115f.
Uljana > Julia 69ff.
Ulla > Ulrike 115f. > Ursula 116f.
Ulli > Ulrike 115f.
Ulrica > Ulrike 115f.
Ulrika > Ulrike 115f.
Ulrike 115f.
Ulrique > Ulrike 115f.
Uota > Ute 118
Ursa > Ursula 116f.
Urschel > Ursula 116f.
Urschla > Ursula 116f.
Ursel > Ursula 116f.
Ursetta > Ursula 116f.
Ursina > Ursula 116f.
Ursl > Ursula 116f.
Ursola > Ursula 116f.
Ursula 116f.
Ursulane > Ursula 116f.
Ursule > Ursula 116f.
Ursulina > Ursula 116f.
Ursuline > Ursula 116f.
Urte > Ruth 103f.
Uschi > Ursula 116f.
Uta > Ute 118
Ute 118
Utta > Ute 118

V

Vanesa > Vanessa 118
Vanessa 118
Varena > Verena 118f.
Varena > Veronika 119
Vera > Verena 118f. > Veronika 119
Verena 118f.
Vérène > Verena 118f.
Verona 119
Veronia > Veronika 119
Veronika 119
Véronique > Veronika 119
Vicky > Viktoria 119f.
Victoire > Viktoria 119f.
Victoria > Viktoria 119f.
Victorien > Viktoria 119f.
Victorina > Viktoria 119f.
Victorine > Viktoria 119f.
Viki > Sophia 110
Viktoria 119f.
Vittoria > Viktoria 119f.
Vrein > Verena 118f.
Vrenele > Verena 118f.
Vreneli > Verena 118f.
Vreni > Verena 118f.
Vroni > Veronika 119

W

Waldetrud > Waltraud 120f.
Waldetrudis > Waltraud 120f.
Waldtraut > Waltraud 120f.
Waltraud 120f.
Waltraut > Waltraud 120f.
Waltrud > Waltraud 120f.
Waltrude > Waltraud 120f.
Waltrudis > Waltraud 120f.
Warwara > Barbara 16f.
Waudru > Waltraud 120f.

Y

Yasmin > Jasmin 65
Yasmina > Jasmin 65
Yvetta > Yvonne 121
Yvette > Jutta > Yvonne 121
Yvonne 121

Z

Zara > Sara 106
Zarah > Sara 106
Zäzilie > Cäcilia 21f.
Zilla > Cäcilia 21f.
Ziska > Franziska 45f.
Zissi > Franziska 45f.
Zissy > Franziska 45f.
Zofia > Sophia 110
Zus > Susanne 111f.
Zusel > Susanne 111f.
Zusi > Susanne 111f.

Männliche Vornamen

A

Abbe > Albert 123ff.
Abbo > Albert 123ff.
Äbi > Eberhard 153f.
Abo > Albert 123ff.
Achim > Joachim 186
Adalbert >Albert 123ff.
Adalberto > Albert 123ff.
Adalbrecht > Albert 123ff.
Adelbert > Albert 123ff.
Adelbrecht > Albert 123ff.
Ainers > Andreas 129ff.
Akim > Joachim 186
Al > Albert 123ff. > Alfred 127f.
Alajos > Alois 128f.
Alberad > Alfred 127f.
Albert 123ff.
Albertinus > Albert 123ff.
Alberto > Albert 123ff.
Albertus > Albert 123ff.
Albo > Albert 123ff.
Albrad > Alfred 127f.
Albrecht > Albert 123ff.
Aldebert > Albert 123ff.
Alec > Alexander 125ff.
Alejandro > Alexander 125ff.
Alejo > Alexander 125ff.
Aleko > Alexander 125ff.
Aleksandr > Alexander 125ff.
Aleksej > Alexander 125ff.
Alesander > Alexander 125ff.
Aleschka > Alexander 125ff.
Alessandro > Alexander 125ff.
Alessio > Alexander 125ff.
Alex > Alexander 125ff.
Alexander 8, 125ff., 245
Alexandre > Alexander 125ff.
Alexandro > Alexander 125ff.
Alexandros > Alexander 125ff.
Alexej > Alexander 125ff.
Alexis > Alexander 125ff.
Alexius > Alexander 125ff.
Alexsander > Alexander 125ff.
Alf > Alfred 127f.
Alfered > Alfred 127f.
Alfi > Alfred 127f.
Alfrad > Alfred 127f.
Alfred 127f., 166
Alfredo > Alfred 127f.
Alfrid > Alfred 127f.
Alfried > Alfred 127f.
Alic > Alexander 125ff.
Alick > Alexander 125ff.
Alik > Alexander 125ff.
Alja > Alexander 125ff.
Aljoscha > Alexander 125ff.
Allessio > Alexander 125ff.
Allo > Albert 123ff.
Alois 128f.
Aloise > Alois 128f.
Aloisio > Alois 128f.
Aloisius > Alois 128f.
Aloys > Alois 128f.
Aloyse > Alois 128f.
Aloysius > Alois 128f.
Alprad > Alfred 127f.
Alverat > Alfred 127f.
Ander > Andreas 129ff.
Änder > Andreas 129ff.
Anderl > Andreas 129ff.
Anderle > Andreas 129ff.
Anders > Andreas 129ff.
Andi > Andreas 129ff.
Andoni > Anton 131ff.
Andor > Andreas 129ff.
Andra > Andreas 129ff.
Andrä > Andreas 129ff.
András > Andreas 129ff.
Andrassy > Andreas 129ff.
André > Andreas 129ff.
Andrea > Andreas 129ff.
Andreas 9, 129ff.
Andrees > Andreas 129ff.
Andrei > Andreas 129ff.
Andrej > Andreas 129ff.
Andres > Andreas 129ff.
Andrew > Andreas 129ff.
Andries > Andreas 129ff.
Andrij > Andreas 129ff.
Andriko > Andreas 129ff.
Andris > Andreas 129ff.
Andro > Andreas 129ff.
Andrus > Andreas 129ff.
Andruscha > Andreas 129ff.
Andruschka > Andreas 129ff.
Andrzej > Andreas 129ff.
Andy > Andreas 129ff.
Ansat > Johannes 187ff.
Antal > Anton 131ff.
Ante > Anton 131ff.
Antek > Anton 131ff.
Anthonis > Anton 131ff.
Anthony > Anton 131ff.
Antoine > Anton 131ff.
Anton 15, 131ff.
Antonello > Anton 131ff.
Antoni > Anton 131ff.
Antonin > Anton 131ff.
Antonino > Anton 131ff.
Antoninus > Anton 131ff.
Antonio > Anton 131ff.
Antonios > Anton 131ff.
Antony > Anton 131ff.
Antoon > Anton 131ff.

Antusch > Anton 131ff.
Apke > Albert 123ff.
Araldo > Harald 176
Ari > Herbert 179
Aribert > Herbert 179
Ariberto > Herbert 179
Arie > Herbert 179
Armand > Hermann 179ff.
Armando > Hermann 179ff.
Armant > Hermann 179ff.
Arnest > Ernst 157f.
Arnost > Ernst 157f.
Arnst > Ernst 157f.
Arnust > Ernst 157f.
Arrigo > Heinrich 176ff.
Art > Artur 133f.
Arthur > Artur 133f.
Arthus > Artur 133f.
Artie > Artur 133f.
Artturi > Artur 133f.
Artur 133f.
Arturo > Artur 133f.
Artus > Artur 133f.
Arty > Artur 133f.
Ary > Herbert 179
Atze > Artur 133f.
Aubert > Albert 123ff.

B

Baernd > Bernhard 137f.
Barnd > Bernhard 137f.
Barnet > Bernhard 137f.
Barney > Bernhard 137f.
Barthold> Berthold 139
Bas > Sebastian 245ff.
Basch > Sebastian 245ff.
Basche > Sebastian 245ff.
Baschel > Sebastian 245ff.
Baschi > Sebastian 245ff.
Bascho > Sebastian 245ff.
Bast > Sebastian 245ff.
Baste > Sebastian 245ff.
Bästel > Sebastian 245ff.
Basti > Sebastian 245ff.
Bastia > Sebastian 245ff.
Bastiaan > Sebastian 245ff.
Bastian > Sebastian 245ff.
Bastiano > Sebastian 245ff.
Bastien > Sebastian 245ff.
Bastin > Sebastian 245ff.
Bastle > Sebastian 245ff.
Basto > Sebastian 245ff.
Bean > Bernhard 137f.
Bearn > Bernhard 137f.
Bearnt > Bernhard 137f.
Beart > Bernhard 137f.
Bechtel > Berthold 139
Bedrich > Friedrich 166ff.
Bela > Albert 123ff.
Ben > Benjamin 136
Bendicht > Benedikt 134ff.
Bendikt > Benedikt 134ff.
Bendix > Benedikt 134ff.
Bendt > Benedikt 134ff.
Bene > Benedikt 134ff. > Benjamin 136
Benedetto > Benedikt 134ff.
Benedicht> Benedikt 134ff.
Benedict> Benedikt 134ff.
Benedicto > Benedikt 134ff.
Benedictus > Benedikt 134ff.
Benedikt 134ff.
Benediktus > Benedikt 134ff.
Benedix> Benedikt 134ff.
Beneke > Benedikt 134ff. > Bernhard 137f.
Bengt > Benedikt 134ff.
Beni > Benedikt 134ff.
Beniamino > Benjamin 136
Benit > Benedikt 134ff.
Benito > Benedikt 134ff.
Benjam > Benjamin 136
Benjamin 136
Benjamino > Benjamin 136
Benjy > Benjamin 136
Benke > Benedikt 134ff.
Benne > Bernhard 137f.
Bennet > Benedikt 134ff.
Bennett > Benedikt 134ff.
Benni > Benjamin 136
Benno > Benedikt 134ff. > Benjamin 136 > Bernhard 137f.
Benny > Benjamin 136
Beno > Benjamin 136
Bénoit > Benedikt 134ff.
Benso > Bernhard 137f.
Bent > Benedikt 134ff.
Bentz > Benedikt 134ff.
Benz > Benedikt 134ff. > Bernhard 137f.
Benzing > Benedikt 134ff.
Benzo > Bernhard 137f.
Beppe > Josef 190ff.
Beppi > Josef 190ff.
Beppo > Josef 190ff.
Berchtel> Berthold 139
Berchthold> Berthold 139
Berchtold> Berthold 139
Berend > Bernhard 137f.
Berhard > Bernhard 137f.
Bernaldo > Bernhard 137f.
Bernard > Bernhard 137f.
Bernardin > Bernhard 137f.
Bernardino > Bernhard 137f.
Bernardo > Bernhard 137f.
Bernardus > Bernhard 137f.
Bernát > Bernhard 137f.

Bernd > Bernhard 137f.
Bernet > Bernhard 137f.
Berney > Bernhard 137f.
Bernhard 137f.
Bernhardin > Bernhard 137f.
Berni > Bernhard 137f.
Bernie > Bernhard 137f.
Berno > Bernhard 137f.
Bernt > Bernhard 137f.
Bero > Bernhard 137f.
Bert > Albert 123ff. > Berthold 139 > Hubert 181f. > Robert 241f.
Bertel > Albert 123ff. > Berthold 139
Bertes > Hubert 181f. > Robert 241f.
Berthold 139
Berti > Albert 123ff. > Berthold 139
Bertin > Albert 123ff.
Bertino> Berthold 139
Bertke > Albert 123ff.
Bertl > Albert 123ff. > Berthold 139
Berto > Berthold 139
Bertold > Berthold 139
Bertoldo > Berthold 139
Bertolt > Berthold 139
Bessel > Albert 123ff.
Best > Sebastian 245ff.
Bestian > Sebastian 245ff.
Bestlin > Sebastian 245ff.
Bettino > Berthold 139
Betto > Berthold 139
Betz > Bernhard 137f.
Bienes > Benjamin 136
Bile > Wilhelm 261f.
Bill > Wilhelm 261f.
Billy > Wilhelm 261f.
Bines > Benjamin 136
Birk > Burkhard 141f.
Birkl > Burkhard 141f.
Björn > Bruno 140f.
Bob > Robert 241f.
Bobby > Robert 241f.
Bódog > Felix 160f.
Borchard > Burkhard 141f.
Borchert > Burkhard 141f.
Bork > Burkhard 141f.
Bosco > Berthold 139
Bosse > Burkhard 141f.
Bosso > Burkhard 141f.
Braun > Bruno 140f.
Brecht > Hubert 181f.
Bronno > Bruno 140f.
Brown > Bruno 140f.
Brun > Bruno 140f.
Brün > Bruno 140f.
Brunhard > Bruno 140f.
Bruno 140f.
Brunold > Bruno 140
Brunone > Bruno 140f.
Brunwald > Bruno 140
Buggo > Burkhard 141f.
Buko > Burkhard 141f.
Burcardo > Burkhard 141f.
Burchard > Burkhard 141f.
Burchart > Burkhard 141f.
Burghard > Burkhard 141f.
Burk > Burkhard 141f.
Bürk > Burkhard 141f.
Burkard > Burkhard 141f.
Burkart > Burkhard 141f.
Burkert > Burkhard 141f.
Burkhard 141f.
Burkhart > Burkhard 141f.
Burt > Burkhard 141f.
Bury > Burkhard 141f.
Busse > Burkhard 141f.
Busso > Burkhard 141f.
Butz > Burkhard 141f.

C

Carel > Karl 193ff.
Cariberto > Herbert 179
Carl > Karl 193ff.
Carle > Karl 193ff.
Carles > Karl 193ff.
Carletto > Karl 193ff.
Carli > Karl 193ff.
Carlo > Karl 193ff.
Carlos > Karl 193ff.
Carol > Karl 193ff.
Carolo > Karl 193ff.
Carolus > Karl 193ff.
Carsten > Christian 142f.
Cary > Karl 193ff.
Cecco > Franz 163ff.
Ceno > Konrad 198f.
Cesco > Franz 163ff.
Charles > Karl 193ff.
Charley > Karl 193ff.
Charlie > Karl 193ff.
Charlton > Karl 193ff.
Charly > Karl 193ff.
Chim > Joachim 186
Chlodwig > Ludwig 204ff.
Chlotar > Lothar 203f.
Chres > Christian 142f.
Chresta > Christian 142f.
Chresten > Christian 142f.
Chrestien > Christian 142f.
Chrétien > Christian 142f.
Chris > Christian 142f. > Christoph 143ff.
Chrisch > Christian 142f.
Chrischo > Christian 142f.
Chrissie > Christian 142f. > Christoph 143ff.
Christ > Christian 142f.
Christe > Christoph 143ff.
Christel > Christian 142f.
Christer > Christian 142f.
Christiaan > Christian 142f.

Christian 142f., 195
Christianus > Christian 142f.
Christiern > Christian 142f.
Christo > Christoph 143ff.
Christof > Christoph 143ff.
Christoff > Christoph 143ff.
Christoffel > Christoph 143ff.
Christoffer > Christoph 143ff.
Christoph 143ff.
Christophe > Christoph 143ff.
Christopher > Christoph 143ff.
Christophoros > Christoph 143ff.
Christos > Christian 142f.
Christow > Christoph 143ff.
Chrystafor > Christoph 143ff.
Chrystal > Christoph 143ff.
Chura > Alexander 125ff.
Claas > Klaus 196ff.
Claes > Klaus 196ff.
Claus > Klaus 196ff.
Clemens 145f.
Clement > Clemens 145f.
Clemente > Clemens 145f.
Clos > Klaus 196ff.
Clovis > Ludwig 204ff.
Coert > Kurt 199f.
Cola > Nikolaus 221ff.
Colin > Nikolaus 221ff.
Con > Konrad 198f.
Conni > Konrad 198f.
Connie > Konrad 198f.
Conny > Konrad 198f.
Conrad > Konrad 198f.
Conradin > Konrad 198f.
Conrado > Konrad 198f.
Conradus > Konrad 198f.
Conz > Konrad 198f.
Cord > Kurt 199f.
Cordt > Kurt 199f.
Corrado > Konrad 198f.
Cors > Christian 142f.
Corstia(a)n > Christian 142f.
Crest > Christian 142f.
Cris > Christian 142f.
Cristian > Christian 142f.
Cristiano > Christian 142f.
Cristóbal > Christoph 143ff.
Cristoforo > Christoph 143ff.
Cuno > Konrad 198f.
Curd > Kurt 199f.
Curro > Franz 163ff.
Curt > Kurt 199f.

D

Daaf > David 147f.
Dabi > David 147f.
Daen > Daniel 146f.
Dammo > Thomas 253f.
Dan > Daniel 146f.
Danco > Daniel 146f.
Dane > Daniel 146f.
Daneel > Daniel 146f.
Danel > Daniel 146f.
Dani > Daniel 146f.
Däni > Daniel 146f.
Danie > Daniel 146f.
Daniel 146f.
Daniele > Daniel 146f.
Danil > Daniel 146f.
Danila > Daniel 146f.
Danilo > Daniel 146f.
Dannel > Daniel 146f.
Danni > Daniel 146f.
Dänni > Daniel 146f.
Danny > Daniel 146f.
Dano > Daniel 146f.
Dános > Daniel 146f.
Dany > Daniel 146f.
Dave > David 147f.
David 147f.
Davide > David 147f.
Davies > David 147f.
Davis > David 147f.
Davy > David 147f.
Davyd > David 147f.
Daw > David 147f.
Dawes > David 147f.
Dawid > David 147f.
Dawie > David 147f.
Deddo > Diether 150
Dedo > Diether 150
Dehmel > Thomas 253f.
Deis > Matthias 214ff.
Dénes > Dennis 148ff.
Denis > Dennis 148ff.
Dennis 148ff., 221
Denny > Dennis 148ff.
Den(n)ys > Dennis 148ff.
Derek > Dietrich 150f.
Derik > Dietrich 150f.
Derk > Dietrich 150f.
Derrick > Dietrich 150f.
Dese > Andreas 129ff.
Deter > Diether 150
Diaz > Jakob 184f.
Dick > Richard 239ff.
Dick > Dietrich150f. > Richard 239ff.
Dickie > Richard 239ff.
Dicky > Richard 239ff.
Diddo > Diether 150
Dider > Diether 150
Diderich > Dietrich 150f.
Diderik > Dietrich 150f.
Dido > Diether 150
Diede > Diether 150

Dieder > Diether 150
Diederich > Dietrich 150f.
Diederick > Dietrich 150f.
Diedrich > Dietrich 150f.
Diego > Jakob 184f.
Diek > Dietrich 150f.
Dienes > Dennis 148ff.
Dierck > Dietrich 150f.
Dierk > Dietrich 150f.
Dieter > Diether 150
Diethe > Diether 150
Diether 150
Dietje > Diether 150
Dietmar 181, 255
Dietreich > Dietrich 150f.
Dietrich 150f.
Dietz > Dietrich 150f.
Dimme > Tim 255f.
Dimmen > Tim 255f.
Dines > Dennis 148ff.
Dini > Dennis 148ff.
Dinko > Dominik 152f.
Dinnies > Dennis 148ff.
Dino > Bernhard 137f.
Dins > Dennis 148ff.
Dion > Dennis 148ff.
Dionis > Dennis 148ff.
Dionys > Dennis 148ff.
Dionysios > Dennis 148ff.
Dionysius > Dennis 148ff.
Dionysos > Dennis 148ff.
Dirk > Dietrich 150f.
Ditrich > Dietrich 150f.
Diwis > Dennis 148ff.
Dix > Benedikt 134ff.
Djordje > Georg 168ff.
Dob > Robert 241f.
Dobbin > Robert 241f.
Dobby > Robert 241f.
Dofele > David 147f.
Dohmes > Thomas 253f.
Dold > Berthold 139
Dolf > Rudolf 244f.
Dolfi > Rudolf 244f.
Doman > Dominik 152f.
Domenic > Dominik 152f.
Domenico > Dominik 152f.
Domenik > Dominik 152f.
Domenikos > Dominik 152f.
Domenkos > Dominik 152f.
Domien > Dominik 152f.
Domiku > Dominik 152f.
Domingo > Dominik 152f.
Domini > Dominik 152f.
Dominic > Dominik 152f.
Dominick > Dominik 152f.
Dominicus > Dominik 152f.
Dominik 152f.
Dominikus > Dominik 152f.
Dominique > Dominik 152f.
Domni > Dominik 152f.
Domokos > Dominik 152f.
Domonkos > Dominik 152f.
Domos > Dominik 152f.
Dönges > Anton 131ff.
Dönjes > Anton 131ff.
Dores > Theodor 251f.
Döres > Theodor 251f.
Drea > Andreas 129ff.
Drees > Andreas 129ff.
Dreesmann > Andreas 129ff.
Dreis > Andreas 129ff.
Dresel > Andreas 129ff.
Dress > Andreas 129ff.
Dreus > Andreas 129ff.
Drewes > Andreas 129ff.
Dries > Andreas 129ff.
Duarte > Eduard 154f.
Dulf > Rudolf 244f.
Dunko > Dominik 152f.
Dusan > Stephan 249ff.

E

Eadweard > Eduard 154f.
Earnest > Ernst 157f.
Earvin > Erwin 158
Earwyn > Erwin158
Ebbo > Eberhard 153f.
Eber > Eberhard 153f.
Eberhard 153f.
Eberhart > Eberhard 153f.
Ebert > Eberhard 153f.
Eberwin > Erwin 158
Ebo > Eberhard 153f.
Ed > Eduard 154f.
Eddi > Eduard 154f.
Eddie > Eduard 154f.
Eddo > Eduard 154f.
Eddy > Eduard 154f.
Ede > Eduard 154f.
Edelbert > Albert 123ff.
Edelbrecht > Albert 123ff.
Edi > Eduard 154f.
Edo > Eduard 154f.
Edoardo > Eduard 154f.
Edouard > Eduard 154f.
Edu > Eduard 154f.
Eduard 154f.
Eduardo > Eduard 154f.
Edvard > Eduard 154f.
Edvin > Edwin 156
Edward > Eduard 154f.
Edwin 156
Edwyn > Edwin 156
Edy > Eduard 154f.
Eherich > Erich 156f.
Eirik > Erich 156f.
Emanuel > Manuel 208
Enderle > Andreas 129ff.
Enderlein > Andreas 129ff.

Enders > Andreas 129ff.
Endre > Andreas 129ff.
Endres > Andreas 129ff.
Endrich > Heinrich 176ff.
Endrik > Heinrich 176ff.
Endris > Andreas 129ff.
Enric > Heinrich 176ff.
Enrico > Heinrich 176ff.
Enrik > Heinrich 176ff.
Enrique > Heinrich 176ff.
Enzio > Heinrich 176ff. > Heinz 178
Enzo > Heinrich 176ff. > Heinz 178
Epp > Eberhard 153f.
Eppo > Eberhard 153f.
Eraldo > Harald 176
Erberto > Herbert 179
Erdmut > Hartmut 176
Eric > Erich 156f.
Erich 43, 156f.
Erick > Erich 156f.
Erico > Erich 156f.
Erie > Erich 156f.
Erik > Erich 156f.
Erk > Erich 156f.
Erken > Erich 156f.
Erker > Erich 156f.
Ermanno > Hermann 179ff.
Ermano > Hermann 179ff.
Erminio > Hermann 179ff.
Ermut > Hartmut 176
Ermute > Hartmut 176
Ern > Ernst 157f.
Ernest > Ernst 157f.
Ernestin > Ernst 157f.
Ernestinus > Ernst 157f.
Ernesto > Ernst 157f.
Ernestus > Ernst 157f.
Erni > Ernst 157f.
Ernie > Ernst 157f.
Ernio > Ernst 157f.
Erno > Ernst 157f.
Ernö > Ernst 157f.
Ernst 157f.
Erving > Erwin 158
Ervino > Erwin 158
Erwijn > Erwin 158
Erwin 158
Estéban > Stephan 249ff.
Estévan > Stephan 249ff.
Estienne > Stephan 249ff.
Ethelbert > Albert 123ff.
Etienne > Stephan 249ff.
Eugen 158f.
Eugene > Eugen 158f.
Eugène > Eugen 158f.
Eugenian > Eugen 158f.
Eugenio > Eugen 158f.
Eugenius > Eugen 158f.
Evan > Johannes 187ff.
Everard > Eberhard 153f.
Everhard > Eberhard 153f.
Everhart > Eberhard 153f.
Evert > Eberhard 153f.
Evgenij > Eugen 158f.
Evgeny > Eugen 158f.
Evrard > Eberhard 153f.

F

Fab > Fabian 159f.
Fabel > Fabian 159f.
Fabian 159f.
Fabiano > Fabian 159f.
Fabianus > Fabian 159f.
Fabie > Fabian 159f.
Fabien > Fabian 159f.
Fabijan > Fabian 159f.
Fabio > Fabian 159f.
Fabius > Fabian 159f.
Fabó > Fabian 159f.
Farkas > Wolfgang 263
Fedde > Friedrich 166ff.
Fedder > Friedrich 166ff.
Feddo > Friedrich 166ff.
Federico > Friedrich 166ff.
Federigo > Friedrich 166ff.
Fedor > Friedrich 166ff. > Theodor 251f.
Fedor > Friedrich 166ff.
Feel > Felix 160f.
Feiko > Friedrich 166ff.
Felice > Felix 160f.
Feliciaan > Felix 160f.
Felician > Felix 160f.
Felicianus > Felix 160f.
Felicius > Felix 160f.
Feliks > Felix 160f.
Felipe > Philipp 235f.
Felix 160f.
Felizian > Felix 160f.
Felizianus > Felix 160f.
Felizius > Felix 160f.
Fendel > Ferdinand 161f.
Feodor > Theodor 251f.
Feodor > Friedrich 166ff. > Theodor 251f.
Ferand > Ferdinand 161f.
Ferante > Ferdinand 161f.
Ferd > Ferdinand 161f.
Ferdel > Ferdinand 161f.
Ferdi > Ferdinand 161f.
Ferdinand 161f.
Ferdinando > Ferdinand 161f.
Ferdl > Ferdinand 161f.
Ferdy > Ferdinand 161f.
Ferenc > Franz 163ff.
Ferencz > Franz 163ff.
Ferges > Ferdinand 161f.
Feri > Franz 163ff.
Ferke > Franz 163ff.
Fernán > Ferdinand 161f.
Fernand > Ferdinand 161f.
Fernandel > Ferdinand 161f.
Fernandez > Ferdinand 161f.

Fernando > Ferdinand 161f.
Fernao > Ferdinand 161f.
Ferran > Ferdinand 161f.
Ferry > Friedrich 166ff.
Fery > Friedrich 166ff.
Fiddy > Friedrich 166ff.
Fiedje > Friedrich 166ff.
Fiete > Friedrich 166ff.
File > Philipp 235f.
Filip > Philipp 235f.
Filipe > Philipp 235f.
Filipp > Philipp 235f.
Filippo > Philipp 235f.
Filippus > Philipp 235f.
Filko > Philipp 235f.
Filo > Philipp 235f.
Fips > Philipp 235f.
Fiz > Felix 160f.
Fjodor > Friedrich166ff. > Theodor 251f.
Fjodr > Friedrich 166ff.
Flips > Philipp 235f.
Floor > Florian 162f.
Flor > Florian 162f.
Flöres > Florian 162f.
Flori > Florian 162f.
Floriaan > Florian 162f.
Florian 162f.
Floriano > Florian 162f.
Florianus > Florian 162f.
Florien > Florian 162f.
Florin > Florian 162f.
Florino > Florian 162f.
Floris > Florian 162f.
Floryjan > Florian 162f.
Flur > Florian 162f.
Fluri > Florian 162f.
Flurin > Florian 162f.
Flurus > Florian 162f.
Folker > Volker 259
Fóris > Florian 162f.
Fran > Franz 163ff.
Franc > Franz 163ff.
France > Frank 163
Francesco > Franz 163ff.
Francis > Franz 163ff.
Francisco > Franz 163ff.
Francisk > Franz 163ff.
Francisko > Franz 163ff.
Francisque > Franz 163ff.
Franciszek > Franz 163ff.
Franco > Frank 163 > Franz 163ff.
Francois > Franz 163ff.
Francus > Franz 163ff.
Francysk > Franz 163ff.
Frane > Franz 163ff.
Franek > Franz 163ff.
Frangiskos > Franz 163ff.
Franjo > Franz 163ff.
Frank 163
Franke > Frank 163
Fränkel > Frank 163
Frankie > Frank 163
Franklin > Frank 163
Franko > Frank 163
Franky > Frank 163
Frans > Franz 163ff.
Frantek > Franz 163ff.
Frantisek > Franz 163ff.
Franz 163ff.
Franziskus > Franz 163ff.
Franz-Josef > Franz 163ff. > Josef 190ff.
Franz-Xaver > Franz 163ff.
Frasquito > Franz 163ff.
Fred > Alfred 123f. > Friedrich 166ff. > Manfred 208
Freddi > Alfred 127f.
Freddie > Alfred 127f.
Freddo > Alfred 127f. > Friedrich 166ff.
Freddy > Alfred 127f.
Frédéric > Friedrich 166ff.
Frederich > Friedrich 166ff.
Frederick > Friedrich 166ff.
Fredericus > Friedrich 166ff.
Frederik > Friedrich 166ff.
Fredi > Friedrich 166ff.
Fredo > Friedrich 166ff.
Fredric > Friedrich 166ff.
Fredrich > Friedrich 166ff.
Fredrik > Friedrich 166ff.
Fredy > Friedrich 166ff.
Frek > Friedrich 166ff.
Frenk > Frank 163
Frenkel > Frank 163
Frens > Franz 163ff.
Frerich > Friedrich 166ff.
Frerik > Friedrich 166ff.
Frerk > Friedrich 166ff.
Friddo > Friedrich 166ff.
Fridemann > Friedrich 166ff.
Friderich > Friedrich 166ff. > Fritz 168
Fridericus > Friedrich 166ff.
Frido > Friedrich 166ff.
Fridolin > Friedrich 166ff.
Fridrich > Friedrich 166ff.
Fried > Friedrich 166ff.
Friedel > Friedrich 166ff.
Friedemann > Friedrich 166ff.
Frieder > Friedrich 166ff.
Friederich > Friedrich 166ff.
Friedl > Friedrich 166ff.
Friedo > Friedrich 166ff.
Friedolin > Friedrich 166ff.
Friedrich 47, 166ff.
Frigyes > Friedrich 166ff.
Frily > Friedrich 166ff.
Frits > Friedrich 166ff.
Frits > Fritz 168
Fritz 168
Fritze > Fritz 168

Fritzel > Friedrich 166ff. > Fritz 168
Fritzl > Friedrich > Fritz 168
Fryderyk > Friedrich 166ff.
Fulger > Volker 259
Fülöp > Philipp 235f.

G

Gaard > Gerhard 171f.
Gaddo > Gerhard 171f.
Gait > Gerhard 171f.
Gaitie > Gerhard 171f.
Galdo > Gerhard 171f.
Gangel > Wolfgang 263
Garard > Gerhard 171f.
Gard > Gerhard 171f.
Garnier > Werner 260
Garrard > Gerhard 171f.
Garret > Gerhard 171f.
Garrett > Gerhard 171f.
Garriet > Gerhard 171f.
Garrit > Gerhard 171f.
Gart > Gerhard 171f.
Gary > Gerhard 171f.
Gauthier > Walter 259f.
Gautier > Walter 259f.
Geel > Michael 218f.
Geert > Gerhard 171f.
Geertje > Gerhard 171f.
Geerto > Gerhard 171f.
Gehrt > Gerhard 171f.
Gellért > Gerhard 171f.
Gemmes > Jakob 184f.
Gene > Eugen 158f.
Geno > Eugen 158f.
Genrich > Heinrich 176ff.
Geo > Georg 168ff.
Georg 168ff.
George > Georg 168ff.
Georges > Georg 168ff.
Georgij > Georg 168ff.
Georgio > Georg 168ff.
Georgios > Georg 168ff.
Georgius > Georg 168ff.
Geraad > Gerhard 171f.
Gérard > Gerhard 171f.
Gerardo > Gerhard 171f.
Gerardus > Gerhard 171f.
Gerd > Gerhard 171f.
Geret > Gerhard 171f.
Gerg > Georg 168ff.
Gergl > Georg 168ff.
Gerhard 171f.
Gerhardt > Gerhard 171f.
Gerhart > Gerhard 171f.
Geriet > Gerhard 171f.
Gerit > Gerhard 171f.
Gerjet > Gerhard 171f.
Gerke > Gerhard 171f.
Gerko > Gerhard 171f.
German > Hermann 179ff.
Gero > Gerhard 171f.
Gerret > Gerhard 171f.
Gerrit > Gerhard 171f.
Gert > Gerhard 171f.
Gertse > Gerhard 171f.
Gherardo > Gerhard 171f.
Giacco > Jakob 184f.
Giacobbe > Jakob 184f.
Giacomo > Jakob 184f.
Gian > Hans 174f. > Johannes 187ff.
Gianni > Johannes 187ff.
Gierd > Gerhard 171f.
Giergl > Georg 168ff.
Gigio > Ludwig 204ff.
Gino > Ludwig 204ff.
Gioacchino > Joachim 186
Giona > Jonas 189f.
Giorgio > Georg 168ff.
Giorgios > Georg 168ff.
Giovane > Johannes 187ff.
Giovanni > Johannes 187ff.
Girard > Gerhard 171f.
Girg > Georg 168ff.
Girgel > Georg 168ff.
Giuseppe > Josef 190ff.
Gjert > Gerhard 171f.
Goesta > Gustav 174
Gonthier > Günter 172f.
Gontier > Günter 172f.
Göran > Georg 168ff.
Gorch > Georg 168ff.
Göres > Georg 168ff.
Gorg > Georg 168ff.
Görge > Georg 168ff.
Görgel > Georg 168ff.
Görgl > Georg 168ff.
Görres > Georg 168ff.
Gösse > Gustav 174
Gösta > Gustav 174
Goy > Guido 173
Grades > Gerhard 171f.
Gualterio > Walter 259f.
Gualtieri > Walter 259f.
Gualtiero > Walter 259f.
Guarnerio > Werner 260
Guarniero > Werner 260
Guenard > Werner 260
Guernerio > Werner 260
Guglielmo > Wilhelm 261f.
Gui > Guido 172f.
Guide > Guido 172f.
Guido 172f.
Guillaume > Wilhelm 261f.
Guillem > Wilhelm 261f.
Guillermo > Wilhelm 261f.
Gunar > Günter 173
Gundahar > Günter 173
Gunder > Günter 173
Gunnar > Günter 173
Gunner > Günter 173
Günter 173
Gunter > Günter 173
Gunther > Günter 173
Günther > Günter 173

Günzel > Günter 173
Gunzilo > Günter 173
Gus > Gustav 174
Gust > Gustav 174
Gustaaf > Gustav 174
Gustaf > Gustav 174
Gustau > Gustav 174
Gustav 174
Gustave > Gustav 174
Gustavo > Gustav 174
Gustavus > Gustav 174
Gustel > Gustav 174
Gusti > Gustav 174
Gustl > Gustav 174
Gutierre > Walter 259f.
Guy > Guido 172f.
György > Georg 168ff.

H

Hainrich > Heinrich 176ff.
Hamme > Helmut 178f.
Han > Johannes 187ff.
Han(n)s-Martin > Hans 174f. > Martin 212ff.
Hanke > Johannes 187ff.
Hanko > Hans 174f. > Johannes 187ff.
Hannemann > Johannes 187ff.
Hannes > Johannes 187ff.
Hanno > Johannes 187ff.
Hanns > Hans 174f. > Johannes 187ff.
Hans 174f.
Hänschen > Hans 174f. > Johannes 187ff.
Hans-Dietrich > Dietrich 150f. > Hans 174f.
Hänsel > Hans 174f. > Johannes 187ff.
Hansen > Johannes 187ff.
Hansgeorg > Georg 168f. > Hans 174f.
Hans-Georg > Georg 168ff. > Hans 174f. > Johannes 187ff.
Hans-Günt(h)er > Günter 173 > Hans 174f.
Hansi > Hans 174f. > Johannes 187ff.
Hansie > Hans 174f. > Johannes 187ff.
Hans-Joachim > Hans 174f. > Joachim 186 > Johannes 187ff.
Hans-Jochen > Hans 174f. > Joachim 186
Hans-Jürgen > Georg 168ff. > Hans 174f. > Johannes 187ff. > Jürgen 193
Hansko > Hans 174f. > Johannes 187ff.
Hansl > Hans 174f. > Johannes 187ff.
Hansli > Hans 174f. > Johannes 187ff.
Hans-Peter > Hans 174f. > Johannes 187ff. > Peter 233ff.
Hanus > Hans 174f. > Johannes 187ff.
Harald 176
Harbert > Herbert 179
Hard > Bernhard 137f.
Hardi > Leonhard 200ff.
Hardl > Leonhard 200ff.
Hare > Hermann 179ff.
Hari > Herbert 179
Haribert > Herbert 179
Hariwald > Harald 176
Hark > Herbert 179
Harke > Herbert 179
Harko > Herbert 179
Harm > Hermann 179ff.
Harman > Hermann 179ff.
Harme > Hermann 179ff.
Harmen > Hermann 179ff.
Harms > Hermann 179ff.
Haro > Hermann 179ff.
Harold > Harald 176
Harre > Hermann 179ff.
Harris > Hermann 179ff.
Harro > Herbert 179 > Hermann 179ff.
Harry > Heinrich 176ff.
Hartmod > Hartmut 176
Hartmut 176
Hartmuth > Hartmut 176
Has > Hans 174f. > Johannes 187ff.
Haske > Hans 174f. > Johannes 187ff.
Hasse > Hans 174f. > Johannes 187ff.
Haubert > Hubert 181
Haug > Hugo 182f.
Hauk > Hugo 182f.
Hauke > Hugo 182f.
Heiko > Heinrich 176ff.
Heimrich > Heinrich 176ff.
Hein > Heinrich 176ff.
Heinar > Heinrich 176ff.
Heiner > Heinrich 176ff.
Heini > Heinrich 176ff.
Heinke > Heinrich 176ff.
Heinko > Heinrich 176ff.
Heinmann > Heinrich 176ff.
Heino > Heinrich 176ff.
Heinrich 54, 176ff.
Heintje > Heinrich 176ff.
Heinz 178. 195
Heiri > Heinz 178
Heis > Heinrich 176ff. > Matthias 214ff.
Heise > Heinrich 176ff.
Heisel > Hans 174f. > Johannes 187ff.

Heiseli > Hans 174f.
> Johannes 187ff.
Heisi > Hans 174f.
> Johannes 187ff.
Hel > Helmut 178f.
Hele > Helmut 178f.
Helle > Helmut 178f.
Hellmut > Helmut 178f.
Hellmuth > Helmut 178f.
Helm > Helmut 178f.
> Wilhelm 261f.
Helmes > Helmut 178f.
> Wilhelm 261f.
Helmet > Helmut 178f.
> Wilhelm 261f.
Helmi > Helmut 178f.
> Wilhelm 261f.
Helmke > Helmut 178f.
> Wilhelm 261f.
Helmo > Helmut 178f.
Helmoed > Helmut 178f.
Helmut 178f.
Helmuth > Helmut 178f.
Hemm > Hermann 179ff.
Hemmo > Hermann 179ff.
Hendrik > Heinrich 176ff.
Hendrikus > Heinrich 176ff.
Hendryk > Heinrich 176ff.
Henke > Heinrich 176ff.
> Johannes 187ff.
Henne > Heinrich 176ff.
> Johannes 187ff.
Henneke > Heinrich 176ff.
Henneken > Johannes 187ff.
Henner > Heinrich 176ff.
Hennes > Heinrich 176ff.
> Johannes 187ff.
Hennig > Heinrich 176ff.
Henning > Heinrich 176ff. > Johannes 187ff.
Henno > Heinrich 176ff.
> Johannes 187ff.
Henny > Heinrich 176ff.
Henri > Heinrich 176ff.
Henrich > Heinrich 176ff.
Henrik > Heinrich 176ff.
Henry > Heinrich 176ff.
Henryk > Heinrich 176ff.
Henschel > Johannes 187ff.
Hensel > Hans 174f.
> Johannes 187ff.
Herald > Harald 176
Herard > Gerhard 171f.
Héraud > Harald 176
Herb > Herbert 179
Herbert 179
Herbie > Herbert 179
Herbort > Herbert 179
Heribert > Herbert 179
Herm > Hermann 179ff.
Herman > Hermann 179ff.
Hermann 179ff.
Hermano > Hermann 179ff.
Herme > Hermann 179ff.
Hermel > Hermann 179ff.
Hermeli > Hermann 179ff.
Hermes > Hermann 179ff.
Hermien > Hermann 179ff.
Hermin > Hermann 179ff.
Hermo > Hermann 179ff.
Herms > Hermann 179ff.
Hernando > Ferdinand 161f.
Hero > Hermann 179ff.
Herold > Harald 176
Herrmann > Hermann 179ff.
Herwin > Erwin 158
Hesse > Hermann 179ff.
Hias > Matthias 214ff.
Hick > Richard 239ff.
Hies > Matthias 214ff.
Hiesl > Matthias 214ff.
Himrich > Heinrich 176ff.
Hinderk > Heinrich 176ff.
Hinnerk > Heinrich 176ff.
Hinrich > Heinrich 176ff.
Hinrik > Heinrich 176ff.
Hintz > Heinrich 176ff.
> Heinz 178
Hinz > Heinrich 176ff.
> Heinz 178
Hob > Robert 241f.
Hobby > Robert 241f.
Hobe > Richard 239ff.
Hodge > Robert 241f.
Hogge > Holger 181
Holde > Reinhold 238f.
Holder > Reinhold 238f.
Holdger > Holger 181
Holge > Holger 181
Holger 181
Holmger > Holger 181
Hoppert > Hubert 181f.
Horst 181
Horstl > Horst 181
Horstmar > Horst 181
Hotte > Horst 181
Howard > Hubert 181f.
Hubert 181f.
Huberto > Hubert 181f.
Hubertus > Hubert 181f.
Hubrecht > Hubert 181f.
Hug > Hugo 182f.
Hugbald > Hugo 182f.
Hugbert > Hubert 181f.
Hugh > Hugo 182f.
Hughes > Hugo 182f.
Hugo 182f.
Hugon > Hugo 182f.
Hugues > Hugo 182f.
Hukko > Hugo 182f.
Hüp > Hubert 181f.

Hupp > Hubert 181f.
Hüppe > Hubert 181f.
Huppel > Hubert 181f.
Huppert > Hubert 181f.
Huprecht > Hubert 181f.
Huschka > Johannes 187ff.
Hustav > Gustav 174

I

Iacopo > Jakob 184f.
Iago > Jakob 184f.
Ian > Johannes 187ff.
Immanuel > Manuel 208
Ingo 183
Ingobald > Ingo 183
Ingobert > Ingo 183
Ingolf > Ingo 183
Iosif > Josef 190ff.
Irg > Georg 168ff.
Irvin > Erwin 158
Irving > Erwin 158
Irwin > Erwin 158
Iskander > Alexander 125ff.
István > Stephan 249ff.
Ivan > Johannes 187ff.
Iven > Johannes 187ff.
Iwan > Johannes 187ff.

J

Jaap > Jakob 184f.
Jabbo > Jakob 184f.
Jack > Johannes 187ff.
Jackel > Jakob 184f.
Jäckel > Jakob 184f.
Jackie > Johannes 187ff.
Jacky > Johannes 187ff.
Jacob > Jakob 184f.
Jacobo > Jakob 184f.
Jacobus > Jakob 184f.
Jacomus > Jakob 184f.
Jacques > Jakob 184f.
Jacub > Jakob 184f.
Jacubowski > Jakob 184f.
Jäg > Jakob 184f.
Jagge > Johannes 187ff.
Jäggi > Jakob 184f.
Jago > Jakob 184f.
Jahn > Johannes 187ff.
Jaime > Jakob 184f.
Jake > Johannes 187ff.
Jakes > Jakob 184f.
Jakkes > Johannes 187ff.
Jakob 184f.
Jakobus > Jakob 184f.
Jakov > Jakob 184f.
Jakow > Jakob 184f.
Jakub > Jakob 184f.
Jam > Jakob 184f.
James > Jakob 184f.
Jamos > Jakob 184f.
Jan > Johannes 187ff.
Janek > Johannes 187ff.
Janekin > Johannes 187ff.
Janes > Sebastian 245ff.
Jani > Johannes 187ff.
Janis > Johannes 187ff.
Jankin > Johannes 187ff.
Janko > Johannes 187ff.
Jann > Johannes 187ff.
Janne > Johannes 187ff.
Jannes > Johannes 187ff. > Sebastian 245ff.
Jannes > Johannes 187ff.
Jannich > Johannes 187ff.
Jannick > Johannes 187ff.
Jannik > Johannes 187ff.
Janning > Johannes 187ff.
Jannis > Johannes 187ff.
Janno > Johannes 187ff.
Janns > Johannes 187ff.
Jano > Johannes 187ff.
János > Johannes 187ff.
Janosch > Johannes 187ff.
Janus > Johannes 187ff.
Janusch > Johannes 187ff.
Janusz > Johannes 187ff.
Jascha > Jakob 184f.
Jayme > Jakob 184f.
Jean > Hans 174f. > Johannes 187ff.
Jehan > Johannes 187ff.
Jehannes > Johannes 187ff.
Jendera > Andreas 129ff.
Jenderzej > Andreas 129ff.
Jendrik > Heinrich 176ff.
Jenik > Johannes 187ff.
Jenni > Eugen 158f.
Jeno > Eugen 158f.
Jenö > Eugen 158f.
Jens > Johannes 187ff.
Jensen > Johannes 187ff.
Jerg > Georg 168ff.
Jerik > Erich 156f.
Jerker > Erich 156f.
Jerre > Erich 156f.
Jerrit > Gerhard 171f.
Jerryt > Gerhard 171f.
Jert > Gerhard 171f.
Jerzy > Georg 168ff.
Jes > Johannes 187ff.
Jevgenij > Eugen 158f.
Jim > Jakob 184f.
Jimi > Jakob 184f.
Jimmi > Jakob 184f.
Jimmy > Jakob 184f.
Jindrich > Heinrich 176ff.
Jirg > Georg 168ff.
Jiri > Georg 168ff.
Jirik > Georg 168ff.
Jirka > Georg 168ff.
Jo > Johannes 187ff. > Josef 190ff.
Joachim 123, 186
Joakim > Joachim 186
Joan > Johannes 187ff.
Joanes > Johannes 187ff.
Joao > Johannes 187ff.
Joaquim > Joachim 186

Joaquin > Joachim 186
Jobbi > Jakob 184f.
Jóca > Josef 190ff.
Jochem > Joachim 186
Jochen > Joachim 186
Jochim > Joachim 186
Jockel > Jakob 184f.
Jocki > Jakob 184f.
Joder > Theodor 251f.
Joe > Josef 190ff.
Joep > Josef 190ff.
Joey > Josef 190ff.
Joggel > Jakob 184f.
Joggi > Jakob 184f.
Johan > Johannes 187ff.
Johann > Johannes 187ff.
Johannes 174, 179, 185, 187ff.
Johanno > Johannes 187ff.
John > Johannes 187ff.
Johnny > Johannes 187ff.
Jojakim > Joachim 186
Jóka > Josef 190ff.
Jokum > Joachim 186
Jon > Jonas 189f.
Jona > Jonas 189f.
Jonah > Jonas 189f.
Jonas 189f.
Jonny > Johannes 187ff.
Jons > Johannes 187ff.
Joos > Josef 190ff.
Jop > Josef 190ff.
Jopp > Josef 190ff.
Joppes > Jakob 184f.
Jöran > Georg 168ff.
Jordi > Georg 168ff.
Jorg > Georg 168ff.
Jörg > Georg 168ff.
Jorge > Georg 168ff. > Josef 190ff.
Jörgel > Georg 168ff.
Jorgen > Georg 168ff.
Jörgen > Georg 168ff. > Jürgen 193
Jörgl > Georg 168ff.
Jori > Eberhard 153f.
Joris > Eberhard 153f. > Georg 168ff.
Jorit > Eberhard 153f.
Jork > Eberhard 153f. > Georg 168ff.
Jörn > Georg 168ff.
Jorrit > Eberhard 153f.
Jos > Josef 190ff.
Jósa > Josef 190ff.
Joschka > Josef 190ff.
Joschra > Josef 190ff.
José > Josef 190ff.
Josef 190ff.
Josel > Josef 190ff.
Josep > Josef 190ff.
Joseph > Josef 190ff.
Josèphe > Josef 190ff.
Josi > Josef 190ff.
Josip > Josef 190ff.
Jóska > Josef 190ff.
Jossif > Josef 190ff.
Josy > Josef 190ff.
Józef > Josef 190ff.
Józsa > Josef 190ff.
Jó(z)sef > Josef 190ff.
Juan > Johannes 187ff.
Juanito > Johannes 187ff.
Juchem > Joachim 186
Juhani > Johannes 187ff.
Juhanni > Johannes 187ff.
Jukka > Johannes 187ff.
Jupke > Josef 190ff.
Jupp > Josef 190ff.
Juras > Georg 168ff.
Jurek > Georg 168ff.
Jürg > Georg 168ff. > Jürgen 193
Jürgen 193
Juri > Georg 168ff.
Jurij > Georg 168ff.
Jurjen > Georg 168ff.
Jürjen > Georg 168ff. > Jürgen 193
Jurka > Georg 168ff.
Jürn > Georg 168ff. > Jürgen
Jussi > Johannes 187ff.
Jussuf > Josef 190ff.

K

Kaale > Karl 193ff.
Kaarle > Karl 193ff.
Kadel > Karl 193ff.
Kai > Nikolaus 221ff.
Kaie > Nikolaus 221ff.
Kaj > Nikolaus 221ff.
Kalle > Karl 193ff.
Kare > Karl 193ff.
Karel > Karl 193ff.
Kari > Karl 193ff.
Karl 23, 24, 193ff.
Karl-Heinz > Heinz 178 > Karl 193ff.
Karli > Karl 193ff.
Karlmann > Karl 193ff.
Karol > Karl 193ff.
Karolis > Karl 193ff.
Károly > Karl 193ff.
Kars > Christian 142f.
Karst > Christian 142f.
Karsten > Christian 142f.
Karus > Karl 193ff.
Kas > Lukas 206f.
Kassen > Christian 142f.
Kasten > Christian 142f.
Kay > Nikolaus 221ff.
Keanu > Konrad 198f.
Kei > Nikolaus 221ff.
Keman > Hermann 179ff.
Kenne > Konrad 198f.
Keno > Konrad 198f.
Kerdel > Karl 193ff.
Kerry > Karl 193ff.
Kers > Christian 142f.
Kerst > Christian 142f.
Kersten > Christian 142f.
Kerstgen > Christian 142f.

Kevin 196
Key > Nikolaus 221ff.
Keye > Nikolaus 221ff.
Kim > Joachim 186
Kirsten > Christian 142f.
Kistain > Christian 142f.
Kit > Christian 142f.
Kitt > Christian 142f.
> Christoph 143ff.
Klaas > Klaus 196ff.
Klas > Klaus 196ff.
Klaus 196ff.
Klaus-Dieter > Klaus 196ff.
Klausjürgen > Klaus 196ff.
Klaus-Jürgen > Klaus 196ff.
Klemens > Clemens 145f.
Klement > Clemens 145f.
Klemenz > Clemens 145f.
Kliment > Clemens 145f.
Klodewig > Ludwig 204ff.
Klothar > Lothar 203f.
Kobel > Jakob 184f.
Kobes > Jakob 184f.
Köbes > Jakob 184f.
Koenraad > Konrad 198f.
Koert > Kurt 199f.
Kolas > Nikolaus 221ff.
Kolja > Nikolaus 221ff.
Konde > Konrad 198f.
Kóndrat > Konrad 198f.
Köne > Konrad 198f.
Konert > Konrad 198f.
Konne > Konrad 198f.
Konni > Konrad 198f.
Konny > Konrad 198f.
Konrad 198f.
Konradin > Konrad 198f.
Konz > Konrad 198f.
Kord > Kurt 199f.
Kordel > Karl 193ff.
Korl > Karl 193ff.
Kors > Christian 142f.
Korsten > Christian 142f.
Korstgen > Christian 142f.
Korstia(a)n > Christian 142f.
Kort > Kurt 199f.
Kres > Christian 142f.
Kreß > Christian 142f.
Kress > Christian 142f.
Krest > Christian 142f.
Kresten > Christian 142f.
Krestian > Christian 142f.
Kris > Christian 142f.
> Christoph 143ff.
Krischan > Christian 142f.
Krist > Christian 142f.
Kristen > Christian 142f.
Krister > Christian 142f.
Kristia(a)n > Christian 142f.
Kristin > Christian 142f.
Kristoff > Christoph 143ff.
Kristoffel > Christoph 143ff.
Kristoffer > Christoph 143ff.
Kristyan > Christian 142f.
Krisztián > Christian 142f.
Krystian > Christian 142f.
Krystof > Christoph 143ff.
Krysztof > Christoph 143ff.
Krzysztof > Christoph 143ff.
Kudli > Konrad 198f.
Kuno > Konrad 198f.
Kunrad > Konrad 198f.
Kunz > Konrad 198f.
Kurt 199f.
Kus > Dominik 152f.

L

Ladewig > Ludwig 204ff.
Lajos > Ludwig 204ff.
Lares > Lars 200
Larry > Lars 200
Lars 200
Las > Lars 200
Lasse > Lars 200
Lassi > Lars 200
Lauks > Lukas 206f.
Laurentius > Laura 77
Laux > Lukas 206f.
Lebold > Leopold 202f.
Lech > Alexander 125ff.
Lee > Leonhard 200ff.
Leen > Leonhard 200ff.
Leent > Leonhard 200ff.
Lehnhard > Leonhard 200ff.
Lei > Leonhard 200ff.
Leibold > Leopold 200ff.
Leindl > Leonhard 200ff.
Lelle > Leonhard 200ff.
Len > Leonhard 200ff.
Lenard > Leonhard200ff.
Lenardo > Leonhard 200ff.
Lenhard > Leonhard 200ff.
Lennart > Leonhard 200ff.
Lenne > Leonhard 200ff.
Lennert > Leonhard 200ff.
Lenni > Leonhard 200ff.
Lennie > Leonhard 200ff.
Lenny > Leonhard 200ff.
Lenz > Leonhard 200ff.
Leo > Leonhard 200ff.
> Leopold 202f.
Leodebald > Leopold 202f.
Leon > Leonhard 200ff.
Leonard > Leonhard 200ff.

Leonardo > Leonhard 200ff.
Leonce > Leonhard 200ff.
Leone > Leonhard 200ff.
Leonello > Leonhard 200ff.
Leonhard 200ff.
Leonz > Leonhard 200ff.
Leonzio > Leonhard 200ff.
Leopold 200, 202f.
Leopoldo > Leopold 202f.
Leps > Philipp 235f.
Leret > Leonhard 200ff.
Lernet > Leonhard 200ff.
Lernhard > Leonhard 200ff.
Lesek > Alexander 125ff.
Leszek > Alexander 125ff.
Leupold > Leopold 202f.
Lev > Leonhard 200ff.
Lew > Leonhard 200ff.
Lewis > Ludwig 204ff.
Lex > Alexander 125ff.
Lexe > Alexander 125ff.
Lexel > Alexander 125ff.
Liendel > Leonhard 200ff.
Lienhard > Leonhard 200ff.
Lienhart > Leonhard 200ff.
Lieni > Leonhard 200ff.
Linhart > Leonhard 200ff.
Linnart > Leonhard 200ff.
Lion > Leonhard 200ff.
Lionardo > Leonhard 200ff.
Lionel > Leonhard 200ff.
Lionnel > Leonhard 200ff.
Lipót > Leopold 202f.
Lipp > Felix 160f. > Philipp 235f.
Lippel > Philipp 235f.
Lipperl > Philipp 235f.
Lippo > Philipp 235f.
Lippold > Leopold 202f.
Lipps > Philipp 235f.
Lippus > Philipp 235f.
Lips > Philipp 235f.
Liutbald > Leopold 202f.
Lix > Felix 160f.
Lixel > Felix 160f.
Lodevicus > Ludwig 204ff.
Lodewig > Ludwig 204ff.
Lodovico > Ludwig 204ff.
Loeks > Lukas 206f.
Lois > Alois 129f. > Ludwig 204ff.
Loisl > Alois 128f.
Lon > Leonhard 200ff.
Lotar > Lothar 203f.
Lotario > Lothar 203f.
Lothaire > Lothar 203f.
Lothar 203f.
Lotz > Ludwig 204ff.
Lotze > Ludwig 204ff.
Louis > Ludwig 204ff.
Lovis > Ludwig 204ff.
Lowik > Ludwig 204ff.
Lowis > Ludwig 204ff.
Loyer > Lothar 203f.
Lu > Ludwig 204ff.
Lubbe > Lukas 206f.
Lübbo > Philipp 235f.
Luc > Lukas 206f.
Luca > Lukas 206f.
Lucano > Lukas 206f.
Lucas > Lukas 206f.
Luce > Lukas 206f.
Luch > Lukas 206f.
Lucja > Lukas 206f.
Lücke > Ludwig 204ff.
Luckel > Lukas 206f.
Luckes > Lukas 206f.
Ludchen > Ludwig 204ff.
Lude > Ludwig 204ff.
Lüdeke > Leopold 202f. > Lothar 203f. > Ludwig 204ff.
Ludel > Ludwig 204ff.
Lüder > Leopold 202f. > Lothar 203f. > Ludwig 204ff.
Lüders > Lothar 203f.
Ludewig > Ludwig 204ff.
Ludi > Ludwig 204ff.
Ludivic > Ludwig 204ff.
Ludovic > Ludwig 204ff.
Ludovico > Ludwig 204ff.
Ludovicus > Ludwig 204ff.
Ludvic > Ludwig 204ff.
Ludvig > Ludwig 204ff.
Ludvik > Ludwig 204ff.
Ludwig 80, 204ff.
Ludwik > Ludwig 204ff.
Lüer > Lothar 203f.
Luggi > Ludwig 204ff.
Lühr > Lothar 203f.
Luigi > Ludwig 204ff.
Luis > Ludwig 204ff.
Luitbald > Leopold 202f.
Luitpold > Leopold 202f.
Luiz > Ludwig 204ff.
Luk > Lukas 206f.
Luka > Lukas 206f.
Lukarz > Lukas 206f.
Lukas 206f.
Lukasz > Lukas 206f.
Luke > Lukas 206f.
Lukes > Lukas 206f.
Lukian > Lukas 206f.
Luks > Lukas 206f.
Lüpold > Leopold 202f.
Lüppo > Philipp 235f.
Lür > Lothar 203f.
Lutbald > Leopold 202f.
Luthe > Ludwig 204ff.
Luther > Lothar 203f.
Lutter > Lothar 203f.

Lutz > Ludwig 204ff.
> Lukas 206f.
Luuk > Lukas 206f.
Luuks > Lukas 206f.
Luwe > Ludwig 204ff.
Lux > Lukas 206f.
Luz > Ludwig 204ff.
Lyonel > Leonhard 200ff.

M

Maan > Manuel 208
Maart > Martin 212ff.
Maarten > Martin 212ff.
Maartinus > Martin 212ff.
Maas > Thomas 253f.
Mades > Matthias 214ff.
Maksim > Maximilian 217f.
Mandi > Manfred 208
Mane > Manuel 208
Manel > Manuel 208
Manes > Hermann 179ff.
Manfred 166, 208
Manfredo > Manfred 208
Manfried > Manfred 208
Manfrit > Manfred 208
Mani > Manfred 208
Mani > Manuel 208
Manifred > Manfred 208
Mann > Hermann 179ff.
Männe > Hermann 179ff.
Manni > Hermann 179ff.
> Manfred 208
Mannie > Manuel 208
Manno > Hermann 179ff.
Manny > Manuel 208
Manoel > Manuel 208
Manoil > Manuel 208
Manolito > Manuel 208
Manolo > Manuel 208
Manu > Manuel 208
Manuel 81, 208
Manuele > Manuel 208
Manuil > Manuel 208
Many > Manfred 208
Mar > Mario 210f.
Marc > Markus 211f.
Marceau > Marcel 209f.
Marcel 209f.
Marceli > Marcel 209f.
Marcelin > Marcel 209f.
Marcelis > Marcel 209f.
Marcell > Marcel 209f.
Marcelle > Marcel 209f.
Marcellin > Marcel 209f.
Marcellino > Marcel 209f.
Marcellinus > Marcel 209f.
Marcello > Marcel 209f.
Marcellus > Marcel 209f.
Marcelo > Marcel 209f.
Marcelus > Marcel 209f.
Marchell > Marcel 209f.
Marcin > Martin 212ff.
Marco > Markus 211f.
Marcos > Markus 211f.
Marcus > Markus 211f.
Marek > Markus 211f.
Mari > Mario 210f.
Marian > Mario 210f.
Marianus > Mario 210f.
Marij > Mario 210f.
Marin > Mario 210f.
Marino > Mario 210f.
Marinus > Mario 210f.
Mario 210f.
Maris > Mario 210f.
Marishino > Mario 210f.
Marius > Mario 210f.
Marjo > Mario 210f.
Mark > Markus 211f.
Marke > Markus 211f.
Markel > Marcel 209f.
Markell > Marcel 209f.
Marko > Markus 211f.
Marks > Markus 211f.
Markus 209f., 211f.
Maro > Mario 210f.
Mart > Martin 212ff.
Marte > Martin 212ff.
Märte > Martin 212ff.
Martel > Martin 212ff.
Märtel > Martin 212ff.
Marten > Martin 212ff.
Märten > Martin 212ff.
Marti > Martin 212ff.
Märti > Martin 212ff.
Martie > Martin 212ff.
Martien > Martin 212ff.
Martijn > Martin 212ff.
Martili > Martin 212ff.
Martin 88, 212ff.
Märtin > Martin 212ff.
Martino > Martin 212ff.
Martinus > Martin 212ff.
Martl > Martin 212ff.
Marton > Martin 212ff.
Mártoni > Martin 212ff.
Martti > Martin 212ff.
Marty > Martin 212ff.
Marx > Markus 211f.
Marzel > Marcel 209f.
Marzell > Marcel 209f.
Marzellin > Marcel 209f.
Marzellinus > Marcel 209f.
Marzellus > Marcel 209f.
Marzio > Marcel 209f.
Marzlof > Marcel 209f.
Marzolf > Marcel 209f.
Mas > Mario 210f.
Masetto > Thomas 253f.
Maso > Thomas 253f.
Massimiliano > Maximilian 217f.
Massimilien > Maximilian 217f.
Massiminiano > Maximilian 217f.
Massimino > Maximilian 217f.
Massimo > Maximilian 217f.
Mat > Matthias 214ff.

Mateusz > Matthias 214ff.
Matheis > Matthias 214ff.
Mathew > Matthias 214ff.
Mathi > Matthias 214ff.
Mathias > Matthias 214ff.
Mathie > Matthias 214ff.
Mathieu > Matthias 214ff.
Mathis > Matthias 214ff.
Mathy > Matthias 214ff.
Mati > Matthias 214ff.
Matías > Matthias 214ff.
Matous > Matthias 214ff.
Mats > Matthias 214ff.
Matt > Matthias 214ff.
Matteo > Matthias 214ff.
Mattes > Matthias 214ff.
Matthäus > Matthias 214ff.
Matthew > Matthias 214ff.
Matthias 214ff.
Matthies > Matthias 214ff.
Matthieu > Matthias 214ff.
Matti > Matthias 214ff.
Mattia > Matthias 214ff.
Mattias > Matthias 214ff.
Mattie > Matthias 214ff.
Mattis > Matthias 214ff.
Matty > Matthias 214ff.
Matwei > Matthias 214ff.
Matz > Matthias 214ff.
Maur > Moritz 220f.
Maurice > Moritz 220f.
Mauricio > Moritz 220f.
Maurilio > Moritz 220f.
Maurin > Moritz 220f.
Maurino > Moritz 220f.
Mauritius > Moritz 220f.
Maurits > Moritz 220f.
Mauritz > Moritz 220f.
Mauriz > Moritz 220f.
Maurizio > Moritz 220f.
Mauro > Moritz 220f.
Maurus > Moritz 220f.
Max > Maximilian 217f.
Maxe > Maximilian 217f.
Maxence > Maximilian 217f.
Maxi > Maximilian 217f.
Maxim > Maximilian 217f.
Maxime > Maximilian 217f.
Maximian > Maximilian 217f.
Maximianus > Maximilian 217f.
Maximilian 216,217f.
Maximilien > Maximilian 217f.
Maximin > Maximilian 217f.
Maximinian > Maximilian 217f.
Maximinianus > Maximilian 217f.
Maximinus > Maximilian 217f.
Maximus > Maximilian 217f.
Mechel > Michael 218f.
Mekel > Michael 218f.
Mendel > Manuel 208
Menzel > Hermann 179ff.
Merkel > Markus 211f.
Merkle > Markus 211f.
Mertel > Martin 212ff.
Merten > Martin 212ff.
Mertin > Martin 212ff.
Mich > Michael 218f.
Micha > Michael 218f.
Michael 90, 218f.
Michaele > Michael 218f.
Michaelis > Michael 218f.
Michail > Michael 218f.
Michal > Michael 218f.
Michalis > Michael 218f.
Michel > Michael 218f.
Michele > Michael 218f.
Michi > Michael 218f.
Michiel > Michael 218f.
Michiels > Michael 218f.
Michl > Michael 218f.
Michon > Michael 218f.
Mick > Michael 218f.
Mickel > Michael 218f.
Mickey > Michael 218f.
Micky > Michael 218f.
Mien > Dominik 152f.
Miguel > Michael 218f.
Mihály > Michael 218f.
Mika > Michael 218f.
Mikael > Michael 218f.
Mike > Michael 218f.
Mikel > Michael 218f.
Mikis > Michael 218f.
Miklas > Nikolaus 221ff.
Miklós > Nikolaus 221ff.
Miko > Michael 218f.
Mikola > Nikolaus 221ff.
Mikolaj > Nikolaus 221ff.
Mikolás > Nikolaus 221ff.
Mikosch > Nikolaus 221ff.
Mikus > Nikolaus 221ff.
Mingo > Dominik 152f.
Mini > Dominik 152f.
Minikus > Dominik 152f.
Minja > Michael 218f.
Minkes > Dominik 152f.
Miquel > Michael 218f.
Mirtel > Martin 212ff.
Mischa > Michael 218f.
Móric > Moritz 220f.
Moritz 220f.
Moriz > Moritz 220f.
Morris > Moritz 220f.
Mort > Martin 212ff.
Morten > Martin 212ff.
Morton > Martin 212ff.
Mos > Mario 210f.
Munja > Manuel 208
Murillo > Moritz 220f.
Mutz > Hartmut 176

N

Nallo > Manuel 208
Nandel > Ferdinand 161f.
Nando > Ferdinand 161f.
Nándor > Ferdinand 161f.
Nanno > Ferdinand 161f.
Nante > Ferdinand 161f.
Nanty > Anton 131ff.
Nardes > Bernhard 137f.
Ned > Eduard 154f.
Neddy > Eduard 154f.
Neeltje > Daniel 146f.
Neklas > Nikolaus 221ff.
Nel > Daniel 146f.
Nels > Nikolaus 221ff.
Neres > Rainer 237
> Werner 260
Nic > Nikolaus 221ff.
Niccolò > Nikolaus 221ff.
Nicholas > Nikolaus 221ff.
Nick > Nikolaus 221ff.
Nickel > Nikolaus 221ff.
Nicki > Nikolaus 221ff.
Niclas > Nikolaus 221ff.
Niclo > Nikolaus 221ff.
Nico > Nikolaus 221ff.
Nicol > Nikolaus 221ff.
Nicola > Nikolaus 221ff.
Nicolaas > Nikolaus 221ff.
Nicolai > Nikolaus 221ff.
Nicolaj > Nikolaus 221ff.
Nicolas > Nikolaus 221ff.
Nicolau > Nikolaus 221ff.
Nicolaus > Nikolaus 221ff.
Nicole > Nikolaus 221ff.
Nicoletto > Nikolaus 221ff.
Nicolò > Nikolaus 221ff.
Nicos > Nikolaus 221ff.
Niculaus > Nikolaus 221ff.
Niculin > Nikolaus 221ff.
Niel > Daniel 146f.
Niels > Dennis 148ff.
> Nikolaus 221ff.
Nier > Rainer 237
Nieres > Rainer 237
Nies > Dennis 148ff.
Niese > Dennis 148ff.
Nigg > Nikolaus 221ff.
Nijs > Dennis 148ff.
Nik > Nikolaus 221ff.
Niki > Nikolaus 221ff.
Nikita > Nikolaus 221ff.
Nikkel > Nikolaus 221ff.
Nikki > Nikolaus 221ff.
Niklas > Nikolaus 221ff.
Niklaus > Nikolaus 221ff.
Niko > Nikolaus 221ff.
Nikol > Nikolaus 221ff.
Nikolaas > Nikolaus 221ff.
Nikolai > Nikolaus 221ff.
Nikolaos > Nikolaus 221ff.
Nikolas > Nikolaus 221ff.
Nikolaus 94, 196, 221ff.
Nikolow > Nikolaus 221ff.
Niku > Nikolaus 221ff.
Nils > Dennis 148ff.
> Nikolaus 221ff.
Nino > Johannes 187ff.
Nis > Dennis 148ff.
Nisse > Dennis 148ff.
> Nikolaus 221ff.
Nitsche > Nikolaus 221ff.
Noberto > Norbert 224f.
Noll > Oliver 226f.
Norbert 224f.
Norberto > Norbert 224f.
Norbertus > Norbert 224f.
Nordbert > Norbert 224f.
Nys > Dennis 148ff.

O

Obbe > Uwe 258f.
Obbo > Otto 227f.
Oberto > Hubert 181f.
Odalric > Ulrich 257f.
Odd > Otto 227f.
Odde > Otto 227f.
Oddo > Otto 227f.
Ode > Otto 227f.
Odelrico > Ulrich 257f.
Odo > Otto 227f.
Odoardo > Eduard 154f.
Odon > Otto 227f.
Odwin > Edwin 156
Ohlsen > Ulrich 257f.
Okke > Otto 227f.
Okko > Otto 227f.
Ol > Oliver 226f.
Ola > Olaf 225f.
Olaf 225f.
Olafr > Olaf 225f.
Olao > Olaf 225f.
Olau > Olaf 225f.
Olaus > Olaf 225f.
Olav > Olaf 225f.
Olavo > Olaf 225f.
Olderico > Ulrich 257f.
Ole > Olaf 225f. > Ulrich 257f.
Oleifr > Olaf 225f.
Oliver 226f.
Oliverto > Oliver 226f.
Olivier > Oliver 226f.
Oliviero > Oliver 226f.
Olle > Olaf 225f.
Olli > Oliver 226f.
Ollie > Oliver 226f.
Olof > Olaf 225f.
Olov > Olaf 225f.
Olsen > Ulrich 257f.
Oluf > Olaf 225f.
Omar > Georg 168ff.
Ondra > Andreas 129ff.
Onno > Otto 227f.
Ono > Otto 227f.

Ontje > Otto 227f.
Orlan > Roland 242
Orland > Roland 242
Orlando > Roland 242
Orlandus > Roland 242
Osip > Josef 190ff.
Ossel > Otto 227f.
Ossip > Josef 190ff.
Otello > Otto 227f.
Otfried > Otto 227
Othello > Otto 227f.
Otho > Otto 227f.
Othon > Otto 227f.
Otil > Otto 227f.
Otl > Otto 227f.
Ott > Otto 227f.
Otte > Otto 227f.
Otto 227f., 257
Ottone > Otto 227f.
Ottorino > Otto 227f.
Otward > Eduard 154f.
Otwin > Edwin 156
Ouwe > Uwe 258f.
Ove > Uwe 258f.
Owe > Uwe 258f.

P

Paale > Paul 230ff.
Paavo > Paul 230ff.
Pabel > Paul 230ff.
Paben > Fabian 159f.
Pablo > Paul 230ff.
Paco > Franz 163ff.
Paddie > Patrick 229f.
Paddy > Patrick 229f.
Padraic > Patrick 229f.
Padraig > Patrick 229f.
Padrig > Patrick 229f.
Pagel > Paul 230ff.
Pál > Paul 230ff.
Pale > Paul 230ff.
Pälle > Paul 230ff.
Pals > Paul 230ff.
Pancho > Franz 163ff.
Paolino > Paul 230ff.
Paolo > Paul 230ff.
Paris > Patrick 229f.
Pat > Patrick 229f.
Patric > Patrick 229f.
Patrice > Patrick 229f.
Patricio > Patrick 229f.
Patricius > Patrick 229f.
Patrick 229f.
Patrico > Patrick 229f.
Patrik > Patrick 229f.
Patrikej > Patrick 229f.
Patrikij > Patrick 229f.
Patriz > Patrick 229f.
Patrizio > Patrick 229f.
Patrizius > Patrick 229f.
Patty > Patrick 229f.
Paul 230ff.
Paule > Paul 230ff.
Paulino > Paul 230ff.
Paulinus > Paul 230ff.
Paulo > Paul 230ff.
Paulos > Paul 230ff.
Paulot > Paul 230ff.
Paulus > Paul 230ff.
Pauw > Paul 230ff.
Pauwels > Paul 230ff.
Pavel > Paul 230ff.
Pawel > Paul 230ff.
Pay > Paul 230ff.
Peder > Peter 233ff.
Pedro > Peter 233ff.
Peeke > Peter 233ff.
Peekje > Peter 233ff.
Peer > Peter 233ff.
Peet > Peter 233ff.
Peider > Peter 233ff.
Peko > Peter 233ff.
Peli > Felix 160f.
Pelle > Peter 233ff.
Pello > Peter 233ff.
Pepe > Josef 190ff.
Pepi > Josef 190ff.
Pepillo > Josef 190ff.
Pepito > Josef 190ff.
Peppi > Josef 190ff.
Peppino > Josef 190ff.
Peppo > Josef 190ff.
Peppone > Josef 190ff.
Per > Peter 233ff.
Pere > Peter 233ff.
Pérez > Peter 233ff.
Pero > Peter 233ff.
Pertti > Peter 233ff.
Pes > Peter 233ff.
Pet > Peter 233ff.
Petar > Peter 233ff.
Pete > Peter 233ff.
Peter 96, 233ff.
Petiri > Peter 233ff.
Petö > Peter 233ff.
Petr > Peter 233ff.
Petri > Peter 233ff.
Petro > Peter 233ff.
Petros > Peter 233ff.
Petrus > Peter 233ff.
Petruschka > Peter 233ff.
Petz > Bernhard 137f.
> Peter 233ff.
Peye > Paul 230ff.
Phil > Philipp 235f.
Philip > Philipp 235f.
Philipp 235f.
Philippe > Philipp 235f.
Philippus > Philipp 235f.
Phillyp > Philipp 235f.
Philo > Philipp 235f.
Phipp > Philipp 235f.
Phipps > Philipp 235f.
Phlip > Philipp 235f.
Pidder > Peter 233ff.
Pieder > Peter 233ff.
Pier > Peter 233ff.
Pierce > Peter 233ff.
Pierino > Peter 233ff.
Pierke > Peter 233ff.
Pierkje > Peter 233ff.
Piero > Peter 233ff.
Pierre > Peter 233ff.
Pierrin > Peter 233ff.

Pierrot > Peter 233ff.
Piertje > Peter 233ff.
Piet > Peter 233ff.
Pieter > Peter 233ff.
Pietje > Peter 233ff.
Pietro > Peter 233ff.
Pike > Peter 233ff.
Piotr > Peter 233ff.
Piotre > Peter 233ff.
Pipp > Josef 190ff.
Pippo > Philipp 235f.
Pit > Peter 233ff.
Pitt > Peter 233ff.
Pitte > Peter 233ff.
Pitter > Peter 233ff.
Pitz > Peter 233ff.
Pjotr > Peter 233ff.
Pold > Leopold 202f.
Polde > Leopold 202f.
Poldi > Leopold 202f.
Poldl > Leopold 202f.
Poldo > Leopold 202f.
Pole > Paul 230ff.
Pols > Paul 230ff.
Polt > Leopold 202f.
Pop > Robert 241f.
Popkin > Robert 241f.
Poul > Paul 230ff.
Praun > Bruno 140f.

R

Räde > Konrad 198f.
Radel > Konrad 198f.
Rädl > Konrad 198f.
Radolf > Rudolf 244f.
Raffe > Ralf 237
Raginald > Reinhold 238f.
Raginhard > Reinhard 238
Raginher > Rainer 237
Ragnar > Rainer 237
Rainald > Reinhold 238f.
Rainar > Rainer 237
Rainer 237
Rainerio > Rainer 237
Rainero > Rainer 237
Rainerus > Rainer 237
Rainhard > Reinhard 238
Rainhart > Reinhard 238
Rainier > Rainer 237
Rajner > Rainer 237
Rajnerij > Rainer 237
Ralf 237, 243
Ralph > Ralf 237
Ranald > Reinhold 238f.
Ranieri > Rainer 237
Raniero > Rainer 237
Raoul > Rudolf 244f.
Raoulf > Ralf 237
Rauf > Ralf 237
Raúl > Rudolf 244f.
Raulf > Ralf 237
Rault > Rudolf 244f.
Raynaud > Reinhold 238f.
Rayner > Rainer 237
Rees > Andreas 129ff.
Regi > Reinhold 238f.
Reginald > Reinhold 238f.
Reginar > Rainer 237
Reginhard > Reinhard 238
Reginhart > Reinhard 238
Regino > Rainer 237 > Reinhold 238f.
Reginold > Reinhold 238f.
Regnar > Rainer 237
Régnard > Reinhard 238
Regnault > Reinhold 238f.
Regner > Rainer 237
Régnier > Rainer 237
Reich > Richard 239ff.
Reichard > Richard 239ff.
Reichart > Richard 239ff.
Reimo > Rainer 237
Reinaert > Reinhard 238
Reinald > Reinhold 238f.
Reinar > Rainer 237
Reinart > Reinhard 238
Reinaud > Reinhold 238f.
Reinecke > Reinhard 238
Reineke > Reinhard 238
Reinelt > Reinhold 238f.
Reiner > Rainer 237
Reinert > Reinhard 238
Reinerus > Rainer 237
Reinhard 238
Reinhart > Reinhard 238
Reinher > Rainer 237
Reinhold 238f.
Reinier > Rainer 237
Reinke > Reinhard 238
Reinken > Rainer 237
Reinko > Reinhard 238
Reinold > Reinhold 238f.
Reinoldo > Reinhold 238f.
Reinoldus > Reinhold 238f.
Reinsch > Reinhold 238f.
Reinwalt > Reinhold 238f.
Reitz > Heinrich 176ff.
Relef > Rolf 243
Relf > Rolf 243
Relke > Rudolf 244f.
Renaat > René 239
Renald > Reinhold 238f.
Rénard > Reinhard 238
Renardo > Reinhard 238
Renat > René 239
Renato > René 239
Renatus > René 239
Renaud > Reinhold 238f.
Renault > Reinhold 238f.
Rendel > Reinhold 238f.
René 239
Rener > Rainer 237
Rénier > Rainer 237
Renja > Andreas 129ff.

Renke > Reinhard 238
Renko > Reinhard 238
Renner > Rainer 237
Reno > René 239
Renold > Reinhold 238f.
Renz > Reinhard 238
Rex > Reinhold 238f.
Reynold > Reinhold 238f.
Ricard > Richard 239ff.
Ricardo > Richard 239ff.
Riccardo > Richard 239ff.
Ricco > Richard 239ff.
Richard 239ff.
Richart > Richard 239ff.
Richeli > Richard 239ff.
Rick > Richard 239ff.
Rickel > Ulrich 257f.
Rickert > Richard 239ff.
Rickie > Richard 239ff.
Ricky > Richard 239ff.
Rico > Richard 239ff.
Ridolfo > Rudolf 244f.
Ridsert > Richard 239ff.
Ridzard > Richard 239ff.
Rieckert > Richard 239ff.
Rieghard > Richard 239ff.
Rieghart > Richard 239ff.
Riek > Richard 239ff.
Riener > Rainer 237
Rietsch > Richard 239ff.
Righard > Richard 239ff.
Righart > Richard 239ff.
Rijkert > Richard 239ff.
Rik > Heinrich 176ff.
Rikert > Richard 239ff.
Rikkard > Richard 239ff.
Rikkart > Richard 239ff.
Rikkerd > Richard 239ff.
Rikkert > Richard 239ff.
Riko > Richard 239ff.
Rinald > Reinhold 238f.
Rinaldo > Reinhold 238f.
Rino > Mario 210f. > Reinhold 238f.
Risto > Christoph 143ff.
Ritsch > Richard 239ff.
Ritsche > Richard 239ff.
Ritser > Richard 239ff.
Ritserd > Richard 239ff.
Ritsert > Richard 239ff.
Ritz > Heinrich 176ff.
Ritzard > Richard 239ff.
Ritzart > Richard 239ff.
Roar > Rüdiger 243f.
Rob > Robert 241f.
Robb > Robert 241f.
Röbbe > Robert 241f.
Robbert > Robert 241f.
Robbie > Robert 241f.
Röbbl > Robert 241f.
Robby > Robert 241f.
Robel > Robert 241f.
Robeli > Robert 241f.
Robelin > Robert 241f.
Robert 241f.
Roberto > Robert 241f.
Robertus > Robert 241f.
Robi > Robert 241f.
Röbi > Robert 241f.
Robin > Robert 241f.
Robrecht > Robert 241f.
Roby > Robert 241f.
Robyn > Robert 241f.
Rodebert > Robert 241f.
Rodebrecht > Robert 241f.
Rodge > Rüdiger 243f.
Rodger > Rüdiger 243f.
Rodolf > Rudolf 244f.
Rodolfo > Rudolf 244f.
Rodolphe > Rudolf 244f.
Rodulf > Rudolf 244f.
Rodulfo > Rudolf 244f.
Roel > Roland 242
Roeland > Roland 242
Roele > Rolf 243 > Rudolf 244f.
Roelef > Rolf 243
Roelf > Rolf 243
Roelke > Rudolf 244f.
Roelof > Rolf 243
Roff > Rudolf 244f.
Roger > Rüdiger 243f.
Roggero > Rüdiger 243f.
Rogier > Rüdiger 243f.
Roland 242
Rolando > Roland 242
Rolf 237, 243
Roll > Rudolf 244f.
Rolland > Roland 242
Rolle > Rudolf 244f.
Rollo > Robert 241f.
> Rudolf 244f.
Rolly > Roland 242
Rolof > Rolf 243
Roloff > Rolf 243
Rolph > Rolf 243
Roluf > Rudolf 244f.
Ron > Reinhold 239f.
> Robert 241f.
Ronald > Reinhold 238f.
Ronnie > Reinhold 238f.
Ronny > Reinhold 238f.
Roope > Robert 241f.
Roor > Rüdiger 243f.
Ror > Rüdiger 243f.
Rötger > Rüdiger 243f.
Rotho > Rudolf 244f.
Roulf > Rolf 243
Roux > Rudolf 244f.
Rowland > Roland 242
Rudbert > Robert 241f.
Rüdeger > Rüdiger 243f.
Rüdeu > Rudolf 244f.
Rudgar > Rüdiger 243f.
Rudger > Rüdiger 243f.
Rüdger > Rüdiger 243f.
Rüdi > Rüdiger 243f.
Rudi > Rudolf 244f.
Rüdiger 243f.
Rudlof > Rudolf 244f.
Rudo > Rudolf 244f.
Rudolf 237, 243, 244f.
Rudolph > Rudolf 244f.

Rüedeli > Rudolf 244f.
Ruedi > Rudolf 244f.
Rüedi > Rudolf 244f.
Ruedli > Rudolf 244f.
Ruel > Rudolf 244f.
Ruggero > Rüdiger 243f.
Ruggiero > Rüdiger 243f.
Rühle > Rudolf 244f.
Rul > Rudolf 244f.
Ruland > Roland 242
Rulant > Roland 242
Rulke > Rudolf 244f.
Rulle > Rudolf 244f.
Rulte > Rudolf 244f.
Ruodi > Rudolf 244f.
Ruodiger > Rüdiger 243f.
Ruof > Rudolf 244f.
Ruopert > Robert 241f.
Rupert > Robert 241f.
Ruperto > Robert 241f.
Rupertus > Robert 241f.
Rutger > Rüdiger 243f.
Rütger > Rüdiger 243f.
Rutland > Roland 242
Rütt > Rudolf 244f.

S

Sander > Alexander 125ff.
Sándor > Alexander 125ff.
Sandro > Alexander 125ff.
Sandy > Alexander 125ff.
Sanja > Alexander 125ff.
Santi > Jakob 184f.
Santiago > Jakob 184f.
Santio > Jakob 184f.
Sascha > Alexander 125ff.
Schack > Jakob 184f.
Schan > Johannes 187ff.
Schani > Johannes 187ff.
Scheifart > Siegfried 247f.
Schorsch > Georg 168ff.
Schura > Alexander 125ff.
Sczepan > Stephan 249ff.
Sean > Johannes 187ff.
Sebastiaan > Sebastian 245ff.
Sebastian 134, 245ff.
Sebastiano > Sebastian 245ff.
Sebastianus > Sebastian 245ff.
Sébastien > Sebastian 245ff.
Sebel > Josef 190ff.
Sebesta > Sebastian 245ff.
Sebi > Josef 190ff.
Sebo > Josef 190ff.
Seidel > Siegfried 247f.
Seifert > Siegfried 247f.
Seifried > Siegfried 247f.
Seit > Siegfried 247f.
Seitz > Siegfried 247f.
Semjon > Simon 248f.
Sepp > Josef 190ff.
Seppel > Josef 190ff.
Sepperl > Josef 190ff.
Seppi > Josef 190ff.
Seppl > Josef 190ff.
Seppli > Josef 190ff.
Seppo > Josef 190ff.
Seufert > Siegfried 247f.
Sidney > Dennis 148ff.
Siegel > Siegfried 247f.
Siegfrid > Siegfried 247f.
Siegfried 247f.
Siem > Simon 248f.
Sieme > Simon 248f.
Siemen > Simon 248f.
Siemon > Simon 248f.
Siffer > Siegfried 247f.
Siffrid > Siegfried 247f.
Sifred > Siegfried 247f.
Sifredo > Siegfried 247f.
Sifrid > Siegfried 247f.
Sigefred > Siegfried 247f.
Sigefrid > Siegfried 247f.
Sigfredo > Siegfried 247f.
Sigfrid > Siegfried 247f.
Sigfrido > Siegfried 247f.
Sigfried > Siegfried 247f.
Sigge > Siegfried 247f.
Siggi > Siegfried 247f.
Sigi > Siegfried 247f.
Sigisfredo > Siegfried 247f.
Sigofrid > Siegfried 247f.
Sigurd > Siegfried 247f.
Sim > Simon 248f.
Sima > Simon 248f.
Siman > Simon 248f.
Sime > Simon 248f.
Simen > Simon 248f.
Simeon > Simon 248f.
Simeone > Simon 248f.
Simke > Simon 248f.
Simme > Simon 248f.
Simmel > Simon 248f.
Simmie > Simon 248f.
Simó > Simon 248f.
Simon 248f.
Simón > Simon 248f.
Simone > Simon 248f.
Sipp > Josef 190ff.
Sizzo > Siegfried 247f.
Sobek > Sebastian 245ff.
Staf > Gustav 174
Steef > Stephan 249ff.
Stef > Stephan 249ff.
Stefaan > Stephan 249ff.
Stefan > Stephan 249ff.
Stefano > Stephan 249ff.
Stefanus > Stephan 249ff.
Steff > Stephan 249ff.
Steffel > Stephan 249ff.
Steffen > Stephan 249ff.
Stefferl > Stephan 249ff.
Steffi > Stephan 249ff.
Steffl > Stephan 249ff.
Stenka > Stephan 249ff.
Stepan > Stephan 249ff.
Stephaan > Stephan 249ff.
Stephan 249ff.

Stéphane > Stephan 249ff.
Stephanos > Stephan 249ff.
Stephanus > Stephan 249ff.
Stephen > Stephan 249ff.
Stepka > Stephan 249ff.
Stepko > Stephan 249ff.
Steve > Stephan 249ff.
Steven > Stephan 249ff.
Stevie > Stephan 249ff.
Stoffel > Christoph 143ff.
Stöffel > Christoph 143ff.
Stoffer > Christoph 143ff.
Stoffges > Christoph 143ff.
Svein > Sven 251
Sven 251
Svend > Sven 251
Svenne > Sven 251
Svente > Sven 251
Swen > Sven 251
Sweyn > Sven 251
Sydney > Dennis 148ff.
Syma > Simon 248f.
Syme > Simon 248f.
Symeon > Simon 248f.
Symke > Simon 248f.
Symon > Simon 248f.

T

Taffy > David 147f.
Tam > Thomas 253f.
Tamás > Thomas 253f.
Tamme > Thomas 253f.
Tammes > Thomas 253f.
Tammy > Thomas 253f.
Täve > Gustav 174
Ted > Eduard 154f.
> Theodor 251f.
Teddy > Eduard 154f.
> Theodor 251f.
Tedje > Theodor 251f.
Teetje > Diether 150
Temmen > Tim 255f.
Teo > Theodor 251f.
Teoderic > Dietrich 150f.
Teodorico > Dietrich 150f.
Teodoro > Theodor 251f.
Tetje > Theodor 251f.
Teunis > Anton 131ff.
Tewes > Tobias 256
Tewes > Matthias 214ff.
Thaisen > Matthias 214ff.
Thed > Theodor 251f.
Theddy > Theodor 251f.
Thederl > Theodor 251f.
Theis > Matthias 214ff.
Theo > Theodor 251f.
Theoderich > Dietrich 150f.
Theodor 251f.
Theodore > Theodor 251f.
Théodore > Theodor 251f.
Theodoros > Theodor 251f.
Theodorus > Theodor 251f.
Theodul > Theodor 251f.
Thetje > Theodor 251f.
Theudoricus > Dietrich 150f.
Thewald > Dietrich 150f.
Thiemo > Tim 255f.
Thierri > Dietrich 150f.
Thierry > Dietrich 150f.
Thies > Matthias 214ff.
Thilo > Dietrich 150f.
This > Matthias 214ff.
Thom > Thomas 253f.
Thoma > Thomas 253f.
Thomas 253f.
Thomé > Thomas 253f.
Thommy > Thomas 253f.
Thön > Anton 131ff.
Thöne > Anton 131ff.
Thorstein > Thorsten 254
Thorsten 254
Thurstan > Thorsten 254
Tide > Diether 150
Tido > Diether 150
Tiede > Diether 150
Tiem > Tim 255f.
Tiemo > Tim 255f.
Tienes > Martin 212ff.
Ties > Matthias 214ff.
Tigges > Matthias 214ff.
Til(l) > Dietrich 150f.
Til(l)man(n) > Dietrich 150f.
Tillo > Dietrich 150f.
Tilo > Dietrich 150f.
Tim 255f.
Time > Tim 255f.
Timm > Tim 255f.
Timme > Tim 255f.
Timmo > Tim 255f.
Timmy > Tim 255f.
Timo > Tim 255f.
Timofej > Tim 255f.
Timoteo > Tim 255f.
Timothée > Tim 255f.
Timotheos > Tim 255f.
Timotheus > Tim 255f.
Timothy > Tim 255f.
Tivadar > Theodor 251f.
Tjark > Dietrich 150f.
Tjarko > Dietrich 150f.
Tjerk > Dietrich 150f.
Tjomme > Tim 255f.
Tobais > Tobias 256
Tobby > Tobias 256
Töbe > Tobias 256
Tobi > Tobias 256
Töbi > Tobias 256
Tobia > Tobias 256
Tobiah > Tobias 256
Tobias 256
Tobie > Tobias 256

Tobies > Tobias 256
Tobija > Tobias 256
Toby > Tobias 256
Todor > Theodor 251f.
Toff > Christoph 143ff.
Toffel > Christoph 143ff.
Togniel > Anton 131ff.
Toinon > Anton 131ff.
Tölke > Berthold 139
Tom > Thomas 253f.
Toma > Thomas 253f.
Tomas > Thomas 253f.
Tomaso > Thomas 253f.
Tomes > Thomas 253f.
Tomi > Thomas 253f.
Tomie > Thomas 253f.
Tomis > Thomas 253f.
Tommaso > Thomas 253f.
Tommes > Thomas 253f.
Tommy > Thomas 253f.
Toms > Thomas 253f.
Tomy > Thomas 253f.
Ton > Anton 131ff.
Tone > Anton 131ff.
Tones > Anton 131ff.
Tönges > Anton 131ff.
Toni > Anton 131ff.
Tonies > Anton 131ff.
Tonino > Anton 131ff.
Tonio > Anton 131ff.
Tonis > Anton 131ff.
Tönjes > Anton 131ff.
Tonke > Anton 131ff.
Tönnies > Anton 131ff.
Töns > Anton 131ff.
Tony > Anton 131ff.
Toon > Anton 131ff.
Topi > Tobias 256
Topias > Tobias 256
Torstein > Thorsten 254
Torsten > Thorsten 254
Toste > Thorsten 254
Totte > Thorsten 254
Tovij > Tobias 256
Tovija > Tobias 256
Tünnes > Anton 131ff.
Tymoteusz > Tim 255f.

U

Ubbe > Uwe 258f.
Ubbo > Uwe 258f.
Ubbod > Uwe 258f.
Uberto > Hubert 181f.
Udalrich > Ulrich 257f.
Udelrico > Ulrich 257f.
Udo > Otto 227f. > Ulrich 257f.
Ueli > Ulrich 257f.
Ufe > Uwe 258f.
Uffe > Uwe 258f.
Ugo > Hugo 182f.
Ugolino > Hugo 182f.
Ugone > Hugo 182f.
Uhl > Ulrich 257f.
Uke > Uwe 258f.
Uko > Uwe 258f.
Ulderico > Ulrich 257f.
Ule > Ulrich 257f.
Ulerk > Ulrich 257f.
Ulf > Wolfgang 263
Uli > Ulrich 257f.
Ulli > Ulrich 257f.
Ullrich > Ulrich 257f.
Ullus > Ulrich 257f.
Ulric > Ulrich 257f.
Ulrich 257f.
Ulrico > Ulrich 257f.
Ulrik > Ulrich 257f.
Ultsch > Ulrich 257f.
Ulv > Wolfgang 263
Ulvi > Wolfgang 263
Unno > Otto 227f.
Uoli > Ulrich 257f.
Uto > Otto 227f.
Utto > Otto 227f.
Utz > Ulrich 257f.
Uve > Uwe 258f.
Uvo > Uwe 258f.
Uwe 258f.
Uwo > Uwe 258f.
Uz > Ulrich 257f.

V

Verner > Werner 260
Vernier > Werner 260
Vico > Ludwig 204ff.
Vid > David 147f.
Vidli > David 147f.
Vilém > Wilhelm 261f.
Viléme > Wilhelm 261f.
Vilgelm > Wilhelm 261f.
Viliam > Wilhelm 261f.
Vilmos > Wilhelm 261f.
Vit > David 147f.
Vito > Guido 173
Vojtech > Albert 123ff.
Volbenk > Wolfgang 263
Volfango > Wolfgang 263
Volfgang > Wolfgang 263
Volker 259
Volkher > Volker 259
Vrank > Frank 163

W

Wally > Walter 259f.
Walt > Walter 259f.
Walter 259f.
Waltger > Walter 259f.
Walther > Walter 259f.
Wälti > Walter 259f.
Walty > Walter 259f.
Walz > Walter 259f.
Wanja > Johannes 187ff.
Warner > Werner 260
Wast(e)l > Sebastian 245ff.
Watt > Walter 259f.
Wattie > Walter 259f.
Watty > Walter 259f.
Wätzold > Werner 260
Wauter > Walter 259f.

Wellem > Wilhelm 261f.
Welter > Walter 259f.
Welti > Walter 259f.
Wenz > Werner 260
Werner 260
Wernher > Werner 260
Werno > Werner 260
Wernt > Werner 260
Wernz > Werner 260
Wessel > Werner 260
Wetz > Werner 260
Wetzel > Werner 260
Wickel > Ludwig 204ff.
Wickes > Ludwig 204ff.
Wickl > Ludwig 204ff.
Wido > Guido 173
Widsel > Werner 260
Wigg > Ludwig 204ff.
Wiggerl > Ludwig 204ff.
Wil > Wilhelm 261f.
Wilhelm 261f.
Wilke > Wilhelm 261f.
Wilken > Wilhelm 261f.
Wilkin > Wilhelm 261f.
Wilko > Wilhelm 261f.
Will > Wilhelm 261f.
Wille > Wilhelm 261f.
Willehalm > Wilhelm 261f.
Willem > Wilhelm 261f.
Willi > Wilhelm 261f.
William > Wilhelm 261f.
Willie > Wilhelm 261f.
Willy > Wilhelm 261f.
Wilm > Wilhelm 261f.
Wiltz > Wilhelm 261f.
Wim > Wilhelm 261f.
Wims > Wilhelm 261f.
Withold > Guido 172f.
Wito > Guido 172f.
Witzel > Werner 260
Woitech > Albert 123ff.
Wold > Walter 259f.
Wolf > Wolfgang 263
Wolfang > Wolfgang 263
Wolfango > Wolfgang 263
Wolf-Dieter > Wolfgang 263
Wolfdietrich > Wolfgang 263
Wolfgang 263
Wolfheinrich > Wolfgang 263
Wölfle > Wolfgang 263
Wolt > Walter 259f.
Wolter > Walter 259f.
Woltje > Walter 259f.
Wout > Walter 259f.
Wouter > Walter 259f.
Wulf > Wolfgang 263
Wülfken > Wolfgang 263

X

Xandel > Alexander 125ff.
Xander > Alexander 125ff.
Xandi > Alexander 125ff.
Xandl > Alexander 125ff.

Y/Z

Yan > Johannes 187ff.
Yanik > Johannes 187ff.
Yann > Johannes 187ff.
Yannick > Johannes 187ff.
Yannik > Johannes 187ff.
Yokin > Joachim 186
Yorck > Georg 168ff.
York > Georg 168ff.
Yussuf > Josef 190ff.
Yvan > Johannes 187ff.
Zander > Alexander 125ff.